PEDAGOGÍA CON CORAZÓN

GUÍA PARA EDUCADORES SOBRE LA EDUCACIÓN EMOCIONAL
CON EL MODELO
HEART IN MIND®

LOREA MARTÍNEZ PÉREZ
PRÓLOGO DE RAFAEL BISQUERRA

*Este libro está dedicado a la memoria
de mi abuelita Teresa, quien me enseñó a seguir adelante
y me bendijo cuando así lo hice.*

Para ti, abuelita Teresa.

NOTA DE LA TRADUCTORA

Estimado lector, en este libro encontrarás una serie de conceptos que, en aras de facilitar la lectura, me permito aclarar a continuación:

- Como se verá en la página 14 y posteriores, el acrónimo inglés «HEART» engloba determinadas habilidades intrapersonales, interpersonales y cognitivas que, de manera conjunta, construyen el término «heart» (en español: «corazón») y constituyen la esencia del modelo de enseñanza que propugna la autora de la presente obra.

- «HEART in Mind®» es precisamente ese modelo de enseñanza creado por la autora y cuya denominación busca establecer un juego de palabras (mediante la conjunción del término «heart» —«corazón»— y el adverbio «in mind» —«en mente / en cuenta»—) que, si bien funciona a la perfección en lengua inglesa, puede no resultar tan evidente al lector hispanohablante.

    El modelo «HEART in Mind®» aboga por una estrategia didáctica en la que los educadores impartan competencias socioemocionales (esto es, las habilidades HEART) y lo hagan «desde el corazón / con el corazón / teniendo en cuenta (en mente o presente) el corazón».

Por otra parte, como no podía ser de otro modo, de conformidad con la Gramática académica, en la presente traducción se ha empleado el masculino genérico —en aras de la corrección, la economía lingüística y la concordancia gramatical—. Así, se ha empleado, por ejemplo, el término «los alumnos» en atención a lo dispuesto por la RAE: «es la única forma correcta de referirse a un grupo mixto, aunque el número de alumnas sea superior al de alumnos varones».

Con todo, la autora de la obra original desea dejar constancia de su voluntad de que la lectura de la presente traducción se haga desde una perspectiva inclusiva (y que, salvo que del contexto se derive otra cosa, las referencias a «los alumnos / los niños / los estudiantes / etc.» se entiendan, como no puede ser de otro modo, como referencias también a «las alumnas / las niñas / las estudiantes / etc.»).

Copyright © 2021 Lorea Martínez
Copyright de la traducción © Patricia Fernández García-Peñuela
Quedan reservados todos los derechos. Ninguna parte de esta publicación puede ser reproducida, distribuida o transmitida por ningún medio ni en ningún formato, sea éste electrónico, mecánico, fotocopia, grabación o cualquier otro, sin el consentimiento previo por escrito de la editorial, salvo en el caso de citas breves incluidas en recensiones y de determinados usos no comerciales amparados en la Ley sobre los derechos de autor. Si desea solicitar permiso, remita un escrito a la editorial a la dirección de correo electrónico que figura más abajo.

Brisca Publishing
infobriscapublishing@gmail.com
ISBN: 978-1-7360620-3-6 (papel)
ISBN: 978-1-7360620-4-3 (digital)
Información sobre pedidos:
Se aplican descuentos especiales en pedidos voluminosos a empresas, asociaciones y otras organizaciones. Para más información póngase en contacto con infobriscapublishing@gmail.com

Algunos nombres y datos identificativos han sido modificados a fin de proteger la privacidad de las personas.

Índice

pág.

Introducción	3
¿Qué es el aprendizaje socioemocional?	5
Enseñar con el modelo HEART in Mind	12
PRIMERA PARTE. EL APRENDIZAJE ES SOCIAL, EMOCIONAL Y ACADÉMICO	21
Capítulo 1. Sentimos, luego aprendemos	23
Cómo afectan las emociones al aprendizaje	25
Entonces, ¿qué son las emociones?	28
Nuestra vida afectiva	32
Estrategias para incorporar las emociones al aula	37
Puntos clave y próximos pasos	39
Capítulo 2. El poder de las relaciones	43
Las relaciones influyen en el desarrollo humano	45
¿Qué características presentan las relaciones positivas?	47
Vínculo afectivo	48
Confianza	49
Sensibilidad cultural	52
Puntos clave y próximos pasos	57
Capítulo 3. Las adversidades afectan al aprendizaje	61
Fomentar la fortaleza de carácter de los estudiantes	66
Prácticas idóneas para el tratamiento de los traumas	67
Puntos clave y próximos pasos	75
SEGUNDA PARTE. LA ENSEÑANZA CON EL MODELO HEART IN MIND	77
Capítulo 4. Desarrollo de condiciones propicias para el aprendizaje	79
Cuatro condiciones socioemocionales fundamentales para el aprendizaje	81
Seguridad física, emocional e intelectual	83
Compromiso y retos académicos	87
Apoyos y vínculo	91
Capacidad socioemocional	93

pág.

Capítulo 5. Enseñanza e incorporación del modelo HEART in Mind   97
    Tres estrategias básicas de aplicación   89
    H: Honrar a las emociones   102
    E: Elegir las respuestas   121
    A: Aplicar empatía   146
    R: Reavivar las relaciones   164
    T: Transformar con un propósito   190

Capítulo 6. Las habilidades HEART en el aula virtual   211
    Un aula virtual con habilidades socioemocionales HEART   212
    La enseñanza a distancia con el modelo HEART in Mind   215

Capítulo 7. Incorporar las habilidades HEART al currículo escolar   221
    Paso 1. Analizar el esquema de las unidades didácticas   223
    Paso 2. Identificar las habilidades HEART que los alumnos precisan   229
    Paso 3. Ligar los contenidos a las habilidades HEART   231

TERCERA PARTE. EL EDUCADOR CON CORAZÓN   **235**
Capítulo 8. Hazte oír   **241**
    Poner en práctica el modelo HEART in Mind   242
    Facilitar la enseñanza eficaz del modelo HEART in Mind   248
    Alimentar la curiosidad en vez de la crítica   252

Capítulo 9. Aumentar la resiliencia   **255**
    Desarrollar la resiliencia con las habilidades HEART   257

Capítulo 10. Hacer el trabajo que de verdad importa   **271**
    Articular tu filosofía de la enseñanza   273
    Reafirmar tu postura   275
    Liderar desde el corazón   276

	pág.

CUARTA PARTE. PEDAGOGÍA CON CORAZÓN — 281

Capítulo 11. La enseñanza y el aprendizaje con el modelo HEART in Mind — 283

    La práctica es primordial — 284

    Los desafíos pueden ser productivos — 285

    Empieza por ti — 286

APÉNDICE — 289

    Alcance y secuencia de las habilidades del modelo HEART in Mind — 290

    Autoevaluación de las habilidades HEART de los adultos — 295

AGRADECIMIENTOS — 301

PEDAGOGÍA CON CORAZÓN

GUÍA PARA EDUCADORES SOBRE LA EDUCACIÓN EMOCIONAL
CON EL MODELO
HEART IN MIND®

LOREA MARTÍNEZ PÉREZ
PRÓLOGO DE RAFAEL BISQUERRA

PRÓLOGO

Rafael Bisquerra
Presidente de la RIEEB
(Red Internacional de Educación Emocional y Bienestar)

Se conoce como el «juicio de Paris» a la decisión que tomó este personaje de la mitología griega al elegir a la diosa más bella. La historia empieza cuando Eris, la diosa de la discordia, se sintió enojada al no ser invitada a la boda de Peleo y Tetis, que después serían los progenitores de Aquiles. Como respuesta, al sentirse excluida, Eris se presentó a la boda y dejó una manzana dorada con la inscripción «τῇ καλλίστῃ» («para la más bella»). Las pretendientes eran Hera, Atenea y Afrodita. Recordemos que Hera es la esposa de Zeus, y se la conoce como Juno en la mitología romana. Atenea era la diosa de la sabiduría, de la ciencia y de la justicia, y adoptó el nombre de Minerva en la mitología romana. Afrodita era la diosa del amor y de la belleza, después conocida como Venus en el imperio romano. Las dos primeras eran griegas; la tercera era troyana. Las tres querían la manzana para sí, y empezaron a discutir y argumentar, cada una defendiendo que le correspondía por ser la diosa más hermosa. Ante esta disputa tuvo que intervenir Zeus, quien, sabiendo del poder de cada una de ellas, no quiso tomar ninguna decisión, sino que eligió a Paris para que decidiera cuál era la más hermosa. Las tres diosas intentaron sobornar a Paris para que tomara la decisión a su favor, ofreciéndole distintos dones. Al final Paris eligió a Afrodita. Esta decisión fue debida a que Afrodita le había ofrecido el amor de Helena, la mujer más guapa del mundo. De esta forma, Paris raptó a Helena, esposa de Menelao, lo cual desencadenó la guerra de Troya.

Este bello fragmento refleja el papel de las emociones en las relaciones sociales e interpersonales, en la toma de decisiones, en los conflictos e incluso en el origen de las guerras. Curiosamente, todavía no hay una historia del papel de las emociones en las grandes decisiones históricas. Pero sabemos que ha sido mucho más importante y decisivo de lo que se nos cuenta. Hay claras evidencias de cómo el clima emocional durante la denominada «paz armada» desembocó en la Primera Guerra Mundial. También se sabe que el contagio emocional que se produjo en la Alemania nazi fue un factor importante y desencadenante de la Segunda Guerra Mundial. Con estos datos a título de ejemplo, queda claro que las emociones no son algo banal, sino que afectan continuamente a la vida de las personas y de la sociedad.

Los grandes problemas del siglo XXI tendrán mucho que ver con las emociones. Se observan incrementos en el nivel de ansiedad, estrés, depresión, desgaste profesional, consumo de ansiolíticos, antidepresivos, tranquilizantes, drogas, etc. La prevalencia de conflictos, violencia (de género, acoso escolar y juvenil), comportamientos de riesgo, suicidios, etc. se mantiene en niveles muy elevados. Todo esto son indicadores del analfabetismo emocional.

En las emociones podemos encontrar lo más difícil de nuestras vidas: miedo, angustia, odio, tristeza, abatimiento… Pero también está lo mejor: alegría, amor, satisfacción, plenitud, armonía, paz interior, serenidad, gozo, bienestar y felicidad. Las decisiones que tomamos sobre lo que hacemos con nuestras emociones pueden suponer la diferencia entre lo uno y lo otro. Para tomar decisiones con mayores probabilidades de éxito se necesita educación emocional.

PRÓLOGO

Los resultados de las investigaciones científicas han puesto de manifiesto la importancia y necesidad de la educación emocional. Conviene señalar que las denominaciones varían según los contextos geográficos. En Estados Unidos se habla de inteligencia emocional, de SEL (*Social Emotional Learning*) y de *positive education*, educación del carácter, educación prosocial y otras denominaciones. En el Reino Unido se utiliza SEAL (*Social and Emotional Aspects of Learning*). En España, Argentina, Chile, Perú, Colombia, Costa Rica y muchos países de Latinoamérica se utiliza la denominación *educación emocional*; en otros, como México, se emplea la acepción «educación socioemocional». En todo caso, más allá de las denominaciones, en el fondo estamos hablando prácticamente de lo mismo. Se trata de una intervención educativa, planificada, sistemática y fundamentada que tiene como objetivo el desarrollo de competencias emocionales.

Las competencias emocionales incluyen la toma de conciencia de las propias emociones y de las emociones de los demás (empatía); la regulación emocional; la autonomía emocional (autoconocimiento, autoaceptación, autoestima, autoconfianza, automotivación, etc.); las habilidades sociales (respeto, gestión de conflictos, asertividad, negociación, etc.); y las habilidades de vida para el bienestar (optimismo, fluir, sentido del humor, actitud positiva, amor, aceptación y felicidad). Todo esto incluye tolerancia a la frustración, control de la impulsividad, resiliencia, etc. De esta forma, la educación emocional es un concepto amplio que constituye un aspecto importante del desarrollo integral de la personalidad.

Entre los efectos de la educación emocional figuran una mejora de las competencias sociales y emocionales, la mejora de actitudes hacia uno mismo, hacia los demás y hacia la escuela, la mejora del comportamiento positivo en clase, la mejora del clima del aula, la reducción del comportamiento disruptivo, de conflictos, agresividad, violencia, ansiedad y estrés, entre otros. Incluso se ha observado una mejora del rendimiento académico.

Sin embargo, no sirve cualquier cosa. Para producir los efectos deseados, hay que cumplir una serie de condiciones necesarias, entre las cuales está la formación del docente. Para contribuir a la necesaria formación del profesorado nos llega este excelente libro de Lorea Martínez, que en su versión en inglés lleva por título *Teaching with the HEART in Mind. A Complete Educator's Guide to Social Emotional Learning*, y que ahora aparece en versión en castellano bajo el título de *Pedagogía con corazón: Guía para educadores sobre la educación emocional con el modelo HEART in Mind®*.

Procuro evitar, siempre que sea posible, el uso de «todo en mayúsculas», ya que esto se puede interpretar como «gritar». Pero en este caso, HEART tiene un doble significado, ya que es «corazón» (*heart*), pero al mismo tiempo significa un acrónimo que resume el método: H (*honor your emotions*, honrar a las emociones); E (*elect your responses*, elegir las respuestas); A (*apply empathy*, aplicar empatía); R (*reignite your relationships*, reavivar las relaciones); T (*transform with purpose*, transformar con un propósito).

Fijémonos en un detalle importante. Este libro se publicó primero en inglés en Estados Unidos en 2021. Después se publica en castellano. Esto puede parecer normal, pero conviene tener presente que Lorea Martínez nació en Vitoria-Gasteiz (Álava, País Vasco) y desde los 2 años vivió en Palafrugell (Girona). Estudió Educación Especial y Pedagogía en la Universitat Autònoma de Barcelona y se doctoró en esa misma universidad en 2014. Conocer estos detalles, para mí son motivo de satisfacción y orgullo.

Actualmente Lorea reside en la Bahía de San Francisco (California, Estados Unidos), donde ha fundado *HEART in Mind*, una consultoría dedicada a apoyar la integración de la educación emocional (SEL) en escuelas y organizaciones educativas, a través de la formación de educadores y equipos de liderazgo. Apoya a compañías de tecnología educativa en la integración del aprendizaje socioemocional en sus productos y aplicaciones. Le avala una dilatada experiencia como educadora, habiendo trabajado con estudiantes de diversas edades. Es profesora del Teachers College de la Universidad de Columbia (Nueva York, EE. UU.), donde enseña inteligencia emocional a directores de escuela. Ha llevado a cabo investigaciones en el campo del aprendizaje emocional en las áreas de formación del profesorado, implementación de programas, evaluación de competencias socioemocionales, formación de directores y clima escolar. Tiene un blog donde frecuentemente escribe sobre la teoría y la práctica de la educación emocional.

Su extenso currículum la convierte en una especialista de primer orden en educación emocional y la acredita para escribir este libro con todas las garantías de calidad, una sólida fundamentación y múltiples aplicaciones prácticas. De esta forma, este libro se convierte en un documento importante para la formación del profesorado, con la intención de proceder a la puesta en práctica eficiente de la educación emocional.

Para el autor de este prólogo es un honor poder redactar estas líneas con la intención de contribuir a la difusión de este libro magnífico por su calidad, su fundamentación y sus aplicaciones prácticas. Deseo que los profesionales de la educación lo conozcan y lo difundan como una guía de gran utilidad para la práctica de la educación emocional.

Introducción

Christine era maestra de quinto grado en una comunidad desfavorecida de East Oakland (California, EE. UU.). Era una persona tranquila y reservada, pero cuando se pronunciaba, todos los demás docentes la escuchaban atentamente. Le movía el firme compromiso de servir y animar a su alumnado. «Llevo seis años enseñando en esta comunidad y puedo afirmar rotundamente que no conseguiremos ayudar a estos niños hasta que creamos en su capacidad y voluntad de aprender, y hasta que los alumnos se sientan valorados y queridos», me confesó una tarde durante una visita a su aula. No es casualidad que Christine mantuviera una buena relación con sus alumnos; ello respondía a una estrategia deliberada.

Los estudiantes de la clase de Christine se sentaban cada mañana en la moqueta formando un círculo para compartir una actividad favorita, analizar acontecimientos de actualidad o resolver un conflicto en el aula. De hecho, tenía un grupo de habilidades sociales durante la hora del almuerzo y a menudo jugaba al fútbol con los alumnos después de clase. Las relaciones constituían un aspecto esencial de la estrategia docente de Christine, quien entendía la interacción con el alumnado como el «interruptor de encendido y apagado» del aprendizaje.

Un nuevo alumno se incorporó a la clase de Christine a mitad de curso. La familia de Xavier se había mudado en varias ocasiones y, para cuando Xavier cursaba quinto grado, ya había estado escolarizado en siete colegios distintos. Christine le dio la bienvenida y designó a un par de alumnos para que ejercieran de sus mentores hasta que se sintiera cómodo, pero Xavier nada quería saber de sus compañeros mentores y se negaba a participar en la mayoría de los trabajos en clase. Christine intentó diferentes estrategias (almorzar con él, proponerle ser su ayudante, ofrecerle diversas opciones para completar sus trabajos, mantener una reunión con su familia, etc.), pero nada parecía surtir efecto. Sintiéndose derrotada, Christine comenzó a preguntarse si sería capaz de conectar con él. Dado que al término del curso Xavier empezaría la escuela secundaria, Christine sintió que debía actuar con urgencia. Si ella se rendía, ¿qué sería de Xavier?

Xavier se graduó al término del curso escolar y Christine no supo más de él hasta el año siguiente, cuando pasó a visitarla y le explicó que le gustaba la escuela secundaria y que se le estaba dando bien. Le confesó que lo que más recordaba de sus tiempos en la clase de Christine era cómo le había tratado, igual que a los demás alumnos, sin hacer distinción, incluso en los peores momentos.

Aunque Christine creía en el poder de las relaciones, temía que sus herramientas no hubieran surtido el efecto deseado con Xavier. Sin embargo, no podía estar más equivocada; sus palabras y actos —y el tiempo que ella y Xavier pasaron juntos— tuvieron un efecto positivo.

Como educadores, sembramos la semilla que, al germinar, permitirá a nuestros alumnos desarrollar sus habilidades académicas, sociales y emocionales. Aunque quizá no veamos el fruto de nuestros esfuerzos hasta años más tarde, los docentes tenemos la capacidad de cultivar relaciones afectivas y de apoyo que empoderen a los estudiantes para dar lo mejor de sí mismos; pero debemos trabajar para conseguirlo. Tenemos la enorme responsabilidad de educar a nuestros alumnos para que sean ciudadanos solidarios, curiosos y comprometidos que puedan enfrentarse al mundo y hacer de él un lugar mejor para toda la humanidad. No podemos llevar a cabo esta tarea sin educar tanto el corazón como la mente de nuestros estudiantes y no podemos esperar a que otros se ocupen de ello, pues el futuro de nuestros jóvenes está en juego.

Un camino hacia el cultivo de corazones en la escuela

Tras más de una década enseñando a estudiantes neurodiversos, brindando apoyo a los docentes y ayudando a las escuelas a salvar las diferencias en cuanto a la igualdad de oportunidades para aquellos alumnos que viven en condiciones desfavorecidas, me di cuenta de que centrarse únicamente en los aspectos académicos y los modelos de evaluación estandarizados no iba a mejorar las oportunidades de los alumnos. Había que hacer algo diferente para lograr sintonizar con los estudiantes, fomentar su fortaleza de carácter y despertar su curiosidad por aprender. Así es como descubrí el aprendizaje socioemocional (SEL, por sus siglas en inglés), una práctica educativa que ha crecido exponencialmente desde que comenzara a investigarla para mi doctorado, allá por el año 2006.

En mi tesis doctoral analicé cómo la praxis de los docentes cambiaba con el tiempo a medida que implementaban lecciones y prácticas de aprendizaje socioemocional. Mis conclusiones pusieron de manifiesto el efecto positivo de este trabajo, no sólo en la enseñanza, sino también en las propias habilidades socioemocionales de nuestros educadores.[1] Esta impactante investigación, así como la transformación positiva que experimenté en mi propia estrategia docente, me llevó a enfocar el trabajo de mi vida en el aprendizaje socioemocional con el objetivo de ayudar a las personas a crecer, liderar y enseñar con el corazón.

¿QUÉ ES EL APRENDIZAJE SOCIOEMOCIONAL?

La organización Colaboración para el Aprendizaje Académico, Social y Emocional (CASEL, por sus siglas en inglés) lo define así: «El aprendizaje socioemocional es el proceso mediante el cual todos los jóvenes y adultos adquieren y aplican conocimientos, habilidades y actitudes para desarrollar identidades sanas, gestionar las emociones, lograr metas personales y colectivas, sentir y mostrar empatía hacia los demás, establecer y cultivar relaciones de apoyo, y tomar decisiones responsables y comprensivas».[2]

Existe hoy en día un amplio consenso entre educadores y progenitores acerca de la necesidad de que la docencia trascienda la enseñanza de las matemáticas, el lenguaje y las ciencias para incorporar el desarrollo de competencias socioemocionales (conciencia de uno mismo, autogestión, conciencia social, capacidad para las relaciones humanas, adopción responsable de decisiones, etc.) que ayudarán a los estudiantes a moverse en un mundo cada vez más complejo con confianza, compasión y éxito. De hecho, el 90 % de los docentes y directores de centros escolares estadounidenses han expresado su firme apoyo a la inclusión del aprendizaje socioemocional en los programas lectivos.[3]

A medida que el mundo se ha visto sacudido por la nueva epidemia por coronavirus y muchas personas —entre las que me incluyo— han perdido a sus seres queridos y se han visto abocadas a una inseguridad laboral y alimentaria o se han visto obligadas a confinarse en casa, la necesidad de fomentar las habilidades socioemocionales de nuestros estudiantes se ha acentuado aún más. La pandemia ha afectado de forma desproporcionada a la población indígena y de color y a las personas con discapacidad, lo que ha puesto de relieve las persistentes desigualdades sistémicas en los sistemas de ingresos, educativos y sanitarios estadounidenses.

En la transición de medidas reactivas a medidas proactivas durante la pandemia, las escuelas han recurrido rápidamente al aprendizaje socioemocional para guiar los esfuerzos encaminados a preservar la salud mental, generar compromiso y aumentar la resiliencia de los estudiantes. El aprendizaje socioemocional se ha convertido en una herramienta fundamental a la hora de «preparar a la comunidad escolar y crear las condiciones necesarias para promover una sociedad próspera».[4]

El aprendizaje socioemocional es el vehículo que apuntala la excelencia académica, el bienestar sostenible y una ciudadanía comprometida. Estas competencias socioemocionales no sólo favorecen que los estudiantes presten atención en clase o trabajen de forma colaborativa en un proyecto de grupo, sino que son asimismo esenciales en el lugar de trabajo y sirven de hoja de ruta para el crecimiento y el grado de satisfacción con la vida en la edad adulta. Al enseñar estas competencias a los jóvenes, estamos sembrando la semilla de un futuro más justo, solidario y equitativo.

El aprendizaje socioemocional mejora el rendimiento académico

El fomento de una comunidad rica en habilidades socioemocionales repercute de forma significativa en el comportamiento y rendimiento académico de los alumnos. En un metanálisis de 213 programas de aprendizaje socioemocional, los investigadores observaron que los estudiantes que participaban en programas de aprendizaje socioemocional basados en datos empíricos mejoraban su comportamiento social positivo, mostraban menos problemas de conducta, sufrían menos angustia emocional y lograban un mayor rendimiento académico.[5] Estos estudiantes mejoraron asimismo su actitud hacia sí mismos y hacia los demás, y desarrollaron un vínculo más estrecho con el aprendizaje y la escuela. La publicación de 2015 de la Organización para la Cooperación y el Desarrollo Económicos (OCDE), *Habilidades para el progreso social: El poder de las habilidades sociales y emocionales*, destaca el conjunto común de competencias que cobran importancia en todas las culturas (incluida la autoestima, la autoeficacia y la sociabilidad).[6] Se demostró que estas habilidades afectan de forma sistemática al rendimiento en términos de finalización de estudios superiores, consecución de un empleo, salud y compromiso cívico. Aunque para muchos educadores estos hallazgos pueden no resultar sorprendentes, es alentador comprobar cómo multitud de estudios corroboran la incidencia del aprendizaje socioemocional.

El aprendizaje socioemocional significa comprender nuestras emociones

Cuando enseñamos y aprendemos competencias socioemocionales, estamos desarrollando la capacidad de las personas de integrar sus pensamientos, emociones y comportamientos con el objetivo de realizar importantes tareas de la vida cotidiana.[7] Sabemos por las investigaciones más recientes en neurociencia que las emociones forman parte integral de los procesos cerebrales; por ello, en cierto modo, cuando impartimos competencias socioemocionales, estamos ayudando a los estudiantes a que empleen *todas* las herramientas que ya tienen a su alcance, para que puedan así marcarse y alcanzar objetivos profesionales y personales.

Las emociones están presentes en todos los principales procesos cognitivos y tienen varias finalidades, por ejemplo:

- Nos protegen de situaciones peligrosas activando nuestro sistema de alarma interno
- Nos ayudan a tomar decisiones evaluando diferentes perspectivas
- Favorecen la comunicación eficaz estableciendo una conexión con otras personas
- Nos alientan a tomar decisiones

Las emociones también tienen una finalidad de bienestar, pues permiten a las personas experimentar y disfrutar de los pequeños y grandes placeres de la vida, y alcanzar metas. De hecho, la Dra. Susan David —prestigiosa psicóloga y autora del libro *Agilidad emocional*— sostiene que la forma en que nos desenvolvemos en nuestro mundo interior (lo que ella define como nuestros pensamientos, emociones e historias personales cotidianas) es el factor determinante más importante del éxito en nuestras vidas.[8] Las personas emocionalmente ágiles también afrontan contratiempos y luchas, pero saben hacerse una composición más crítica de las situaciones a partir de sus sentimientos y emplear este conocimiento para adaptarse, equilibrar sus valores e introducir cambios para dar lo mejor de sí mismas.

El aprendizaje socioemocional implica enseñar estas competencias sociales y emocionales, que son susceptibles de ser aprendidas (tales como ser capaz de reconocer y procesar nuestros sentimientos, resolver un conflicto con un amigo, comprender los puntos de vista de los demás y concebir maneras de realizar una contribución positiva al mundo) y que pueden desarrollarse con el tiempo mediante una enseñanza explícita y entornos de aprendizaje favorables.

El aprendizaje socioemocional es un proceso recíproco

El lector habrá reparado en que, en su definición del aprendizaje socioemocional, CASEL hace alusión a *los adultos*. Esto se debe a que la labor que debe llevarse a cabo no sólo corresponde a los estudiantes. *Las competencias socioemocionales de los adultos importan, y mucho.*

En un informe elaborado por CASEL, que recopilaba las lecciones aprendidas durante seis años de aplicación sistemática del aprendizaje socioemocional en algunos de los distritos escolares urbanos más grandes de Estados Unidos, los investigadores descubrieron que las iniciativas en materia de aprendizaje socioemocional cosechaban un mayor éxito entre aquellos centros educativos que habían tenido en cuenta las competencias sociales y emocionales de los propios docentes.[9] Las habilidades socioemocionales de los educadores mejoran los procesos de enseñanza y aprendizaje, pues:

- Fortalecen las relaciones entre profesores, y entre estudiantes y profesores
- Reducen el agotamiento del personal, dado que los docentes pueden emplear herramientas que les permitan lidiar con el estrés propio de la actividad docente
- Generan confianza entre colegas

Además, los educadores —ya sea de forma consciente o inconsciente— dan ejemplo a los alumnos mediante las competencias socioemocionales.

Pongamos por caso que algo te enfada y, como consecuencia, profieres algunas palabras ásperas en clase; cabe el riesgo de que los alumnos imiten ese comportamiento. Pueden pensar: «Cuando estoy enfadado, tengo derecho a manifestarlo diciendo algo hiriente». No debes ignorar ni reprimir tus emociones en clase; mi recomendación es que compartas tus sentimientos con tus alumnos. Puedes ejemplificar *qué hacer* cuando sientas emociones intensas, y no hay mejor momento para que un docente ponga esto en práctica que cuando se encuentra inmerso en esa situación. En la tercera parte de este libro, «El educador con corazón», profundizo en cómo los profesores pueden cultivar sus habilidades socioemocionales para expresarse, fomentar su fortaleza de carácter y darle sentido a la vida.

El aprendizaje socioemocional repercute en las condiciones de aprendizaje

Al margen de desarrollar las competencias individuales, *el aprendizaje socioemocional tiene asimismo en cuenta las condiciones sociales y emocionales que afectan al aprendizaje, así como al entorno escolar y del aula.* Por ejemplo, el estilo de dirección y liderazgo de los administradores escolares y del personal docente incide en el tipo de entorno de aprendizaje que se crea en las escuelas. Es más probable que los alumnos se sientan bien acogidos y a gusto en el colegio cuando los directores se muestran afectuosos con ellos y accesibles para las familias. Al mismo tiempo, las normas y los protocolos que los centros educativos establezcan para abordar una posible mala conducta de los estudiantes influirán en el entorno de aprendizaje que se crea en la escuela. Por ejemplo, las prácticas restaurativas se centran en forjar relaciones y reparar el daño causado en lugar de simplemente castigar a los alumnos por su mala conducta. En aquellas escuelas que incorporan prácticas restaurativas, cuando las personas cometen errores o causan algún daño, las intervenciones restaurativas ayudan a dichas personas —ya sean estudiantes o adultos— a comprender las consecuencias de sus actos, reparar el daño causado y restaurar la armonía en la comunidad. Estas condiciones de aprendizaje repercuten en la asistencia a clase, la motivación, el aprendizaje académico, la capacidad socioemocional y el bienestar del alumnado.

Algunas escuelas y distritos se centran en la *enseñanza* de competencias sociales y emocionales como un primer paso en sus iniciativas de implementación del aprendizaje socioemocional, pero la educación socioemocional es mucho más que un simple programa o lección; se trata de plantearse cómo las políticas de tu escuela y tus prácticas docentes fomentan (o no) el aprendizaje y crecimiento de los estudiantes, y efectuar los cambios adecuados cuando resulte necesario.

Imagínate a Shakti, una estudiante de secundaria que no participa en los debates en clase. Es posible que se sienta insegura, sea algo tímida o tema cometer un error. El docente podría plantearse enseñar a Shakti estrategias para gestionar sus emociones en este tipo de situaciones, lo cual podría ser de gran utilidad. No obstante, al margen de enseñar estas herramientas de gestión, el educador podría asimismo plantearse adaptar su estrategia docente para satisfacer mejor las necesidades de Shakti —por ejemplo, formulando la pregunta antes de que dé comienzo el debate en clase a fin de que Shakti pueda preparar su respuesta o brindándole la oportunidad de participar en debates en grupos reducidos que vayan aumentando de tamaño paulatinamente—. La clave es tener en cuenta no sólo las habilidades que los alumnos deben desarrollar (y que les enseñaremos), sino también cómo nuestras prácticas docentes pueden afectar a la capacidad de los estudiantes de trabajar con los contenidos lectivos, interactuar con sus compañeros y aprender lo que necesitan aprender. En el capítulo 4, «Desarrollo de condiciones propicias para el aprendizaje», analizaremos los cuatro aspectos clave para crear un entorno seguro y de apoyo al aprendizaje.

El aprendizaje socioemocional elimina y mitiga los obstáculos a la enseñanza

Aunque el aprendizaje socioemocional sea un proceso para impartir competencias sociales y emocionales a los estudiantes, es también un esfuerzo conjunto de toda la escuela encaminado a eliminar los obstáculos al aprendizaje. Ello se consigue mediante la implicación de todos los estamentos de la comunidad escolar: administradores escolares, educadores (incluso los que no pertenecen a la escuela), estudiantes, familias y organizaciones de la comunidad. Estas colaboraciones no sólo enriquecen la experiencia educativa del alumnado, sino que ofrecen asimismo la percepción de que todos trabajan de consuno para respaldar el aprendizaje y crecimiento de los estudiantes.

ENSEÑAR CON EL MODELO HEART IN MIND

En mis esfuerzos dirigidos a apoyar a las escuelas en su implementación del aprendizaje socioemocional, me vi tomando elementos de distintos modelos con el fin de poder prestar un apoyo adecuado e integral a las necesidades de estudiantes y educadores. Si bien ciertos modelos proporcionan una lista de competencias claramente definidas, muchos carecen del necesario alcance y de una secuencia con metas concretas divididas por nivel escolar o rango de edad, lo cual dificulta la planificación efectiva del programa lectivo. En otros casos, el modelo ilustra el desarrollo de las competencias a lo largo del tiempo, pero carece de sensibilidad ante los aspectos culturales. Por mucho que hubiera querido ceñirme a un único modelo —¡mi tarea habría sido mucho más sencilla!— me di cuenta de que tenía que crear algo que superara algunos de los desafíos que planteaban otros modelos. Debía reflejar también mi experiencia en el aula y como consultora de educación socioemocional brindando apoyo a los docentes en el desarrollo de sus propias capacidades socioemocionales. Así fue como nació el modelo HEART in Mind.

Pedagogía con corazón: Guía para educadores sobre la educación emocional con el modelo HEART in Mind® proporciona el tipo de orientación práctica que yo desearía haber tenido cuando ejercía de docente. Se basa en la investigación, las aportaciones de expertos en la materia, así como en mi propia experiencia docente y la adquirida a lo largo de los años como consultora. Con este libro —que se fundamenta asimismo en recientes investigaciones sobre el funcionamiento del cerebro—, aprenderás *por qué* no podemos disociar el aprendizaje socioemocional de la enseñanza eficaz; *qué* debemos enseñar para fomentar el crecimiento académico, social y emocional de nuestros estudiantes; y *cómo* crear una comunidad en el aula solidaria y de apoyo en la que el alumnado pueda desarrollar todo su potencial.

Es importante recordar, no obstante, que este trabajo no se limita a los niños, sino que abarca también a los adultos —los educadores no pueden enseñar con eficacia aquello que ellos mismos no entienden, practican y proyectan—. Sólo cuando los adultos entiendan su propia inteligencia emocional podrán eliminar los obstáculos sociales y emocionales que menoscaban la capacidad de los estudiantes de aprender y alcanzar sus metas. Por consiguiente, los educadores también precisan de apoyo para fomentar su propio bienestar y aprender herramientas que les permitan enfrentarse a los retos sin precedentes que plantea la enseñanza durante y después de una pandemia. *Pedagogía con corazón: Guía para educadores sobre la educación emocional con el modelo HEART in Mind*® es un marco que te ayudará a desarrollar tu inteligencia emocional, fortalecer tu carácter y bienestar, y transformar tu praxis pedagógica.

El modelo HEART in Mind constituye una aplicación práctica de conocimientos, actitudes y habilidades fundamentales para que tanto estudiantes como adultos sean social, emocional y culturalmente competentes en sus vidas. Incorpora *habilidades intrapersonales* —tales como la conciencia de uno mismo y la autogestión—; *habilidades interpersonales* —como pueden ser la conciencia social y el establecimiento de relaciones—; y *habilidades cognitivas* —como, por ejemplo, la adopción de decisiones éticas—. Estas importantes aptitudes están representadas en inglés bajo el acrónimo HEART y la forma en que están organizadas muestra una evolución adecuada del desarrollo de habilidades. Además, estas aptitudes se describen mediante el empleo de un *verbo* para indicar una acción específica (aquello que podemos hacer para poner en práctica la habilidad en cuestión).

El modelo HEART in Mind

HABILIDADES INTRAPERSONALES	H	Honrar a las emociones	Identificar, interpretar y expresar adecuadamente los sentimientos.
	E	Elegir las respuestas	Crear el espacio necesario para adoptar decisiones constructivas y seguras.
HABILIDADES INTERPERSONALES	A	Aplicar empatía	Reconocer y valorar las emociones y perspectivas de los demás, y tomar medidas para apoyarles. Cultivar la autocompasión.
	R	Reavivar las relaciones	Alimentar una red positiva y de apoyo mediante el empleo activo de aptitudes de comunicación y resolución de conflictos, y la cooperación con diversidad de personas y colectivos.
HABILIDADES COGNITIVAS	T	Transformar con un propósito	Utilizar las propias cualidades e intereses personales para contribuir positivamente al desarrollo propio y de los demás.

Pese a que este libro está principalmente dirigido a docentes que deseen enseñar e incorporar las prácticas del aprendizaje socioemocional a sus escuelas y aulas, estas habilidades son igual de importantes en la vida de un docente, un administrador escolar o un progenitor. Las expectativas que podemos tener con respecto a un alumno de siete años pueden diferir, pero las habilidades en sí mismas son relevantes tanto para los estudiantes como para los adultos.

Dado que las herramientas que plantea este libro son de carácter universal, pueden adaptarse fácilmente en los niveles de educación infantil, primaria y secundaria, y en múltiples contextos. Tanto si te preocupa un niño en edad preescolar que grita cuando está disgustado, un alumno de tercer grado que no consigue concentrarse en clase o un estudiante de secundaria que se siente solo, en este libro encontrarás prácticas de apoyo que te ayudarán a comprender, ponderar tus opciones y reaccionar ante estas situaciones desde el cariño, la valentía y la confianza.

El modelo HEART in Mind no es una herramienta de «instalación automática», sino un proceso para ayudar a los educadores a crear las condiciones socioemocionales adecuadas a fin de brindar apoyo a los estudiantes para que sean personas conscientes y comprometidas en el aula, ya sea ésta física o virtual. Aunque enseñar las habilidades socioemocionales HEART a los estudiantes forma parte de este proceso, el aprendizaje socioemocional es más efectivo cuando dichas habilidades se incluyen en los planes de estudios y se integran en el día a día, así como cuando los educadores las practican y aplican.

En resumen, enseñar con el modelo HEART in Mind significa:

- Crear condiciones favorables para el aprendizaje
- Enseñar e integrar el modelo HEART in Mind en el aula
- Cultivar las propias capacidades socioemocionales para convertirse en un educador con corazón

Piensa en la enseñanza con el modelo HEART in Mind no tanto como un destino o un resultado final, sino como un vehículo para aprender, crecer y crear un futuro mejor junto con los estudiantes y en beneficio de éstos.

Acerca de este libro

Con esta obra —que consta de tres partes—, aprenderás maneras prácticas de demostrar e impartir las habilidades HEART, incorporarlas a tu estrategia docente y crear un ambiente en el aula orientado hacia las relaciones humanas que favorezca un aprendizaje fructífero y con un propósito.

La primera parte proporciona información básica fundamental —el *porqué*—. Los capítulos 1-3 ofrecen una visión general de los estudios y las teorías que relacionan el aprendizaje socioemocional con el rendimiento académico y los logros en la vida, y su conexión con la ciencia aplicada al aprendizaje y al desarrollo. Cada capítulo incluye estrategias prácticas para aplicar las conclusiones de investigación en el aula.

La segunda parte contiene información y ejercicios para implementar el modelo HEART in Mind en el aula, incluidas estrategias para entornos virtuales. Se trata de *qué* y *cómo*, es decir, qué habilidades deben impartirse y cómo incorporarlas al aula con el objeto de crear un ambiente propicio para el aprendizaje. El capítulo 4 incluye estrategias para crear condiciones socioemocionales adecuadas que favorezcan el aprendizaje. Por su parte, los capítulos 5 y 6 brindan un profundo análisis de las cinco habilidades HEART, presentan actividades y herramientas concretas para su aplicación práctica e incluyen consejos para integrar este modelo en el aula virtual. El capítulo 7 da cabida a un proceso de revisión de las unidades didácticas a través del prisma del aprendizaje socioemocional. Los estudiantes se verán más beneficiados si estas herramientas se emplean de forma habitual en lugar de puntual.

La tercera parte ofrece información sobre la importancia de las competencias socioemocionales de los adultos —el *qué* y el *cómo* para los educadores—. Los capítulos 7-9 comprenden estrategias prácticas para facilitar la enseñanza eficaz del modelo HEART in Mind, cultivar la resiliencia y dotar de sentido a la labor educativa. Si bien puede resultar tentador omitir esta sección, tú formas parte importante de este proceso. Cuando los educadores son capaces de ser pacientes y compasivos consigo mismos, y cuentan con estrategias encaminadas a reducir su nivel de estrés, es más probable que estén presentes y disponibles para sus alumnos.

Ha llegado la hora de educar los corazones y las mentes de nuestros estudiantes y de los adultos que trabajan con ellos. Tenemos el poder de crear comunidades sanas en las que niños, jóvenes y adultos puedan prosperar. ¡Emprendamos pues este apasionante viaje para aprender a enseñar con corazón a través del modelo HEART in Mind!

El modelo de educación emocional
HEART in Mind®

Equidad y Justicia Social

NIÑO
Competente
Seguro
Apoyado
Comprometido

EDUCADOR CON CORAZÓN
Resiliente
Con un propósito
Compasivo

Relaciones Positivas

Soy social, emocional y culturalmente competente.

Enseño y practico habilidades socioemocionales HEART, fomento la fortaleza de carácter y creo un sentimiento de responsabilidad compartida en mi aula.

Me siento física, emocional e intelectualmente seguro y me tratan con equidad.

Apoyo el comportamiento de mis alumnos, establezco límites saludables y creo espacios seguros para el desarrollo de sus múltiples identidades.

Participo de una enseñanza motivadora y que me reta a mejorar.

Centro la enseñanza en mis estudiantes con expectativas elevadas y el desarrollo de mentalidades académicas.

Me siento apoyado en la escuela y conectado con el mundo que me rodea.

Cultivo vínculos profundos con alumnos y adultos, genero sentimientos de pertenencia y brindo apoyos efectivos.

Condiciones sociales y emocionales de aprendizaje

Habilidades HEART

Honrar a las emociones

Elegir las respuestas

Aplicar empatía

Reavivar las relaciones

Transformar con un propósito

NOTAS AL PIE

1. Martínez, Lorea. "Teachers' Voices on Social Emotional Learning: Identifying the conditions that make implementation possible." *International Journal of Emotional Education*, 8, no.2 (Noviembre de 2016).

2. Collaborative for Academic, Social, and Emotional Learning (CASEL). "What is SEL?" CASEL website. Recuperado el 14 de octubre de 2020 de www.casel.org/what-is-sel/

3. Bridgeland, John, Mary Bruce, and Arya Hariharan. "The Missing Piece: A National Teacher Survey on How Social and Emotional Learning Can Empower Children and Transform Schools." Collaborative for Academic, Social, and Emotional Learning (CASEL). Recuperado el 18 de septiembre de 2020 de https://casel.org/wp-content/uploads/2016/01/the-missing-piece.pdf

4. Cipriano, Christina, Gabrielle Rappolt-Schlichtmann, and Marc Brackett. "Supporting School Community Wellness with Social and Emotional Learning (SEL) During and After a Pandemic." Penn State College of Health and Human Development. Agosto de 2020. https://www.prevention.psu.edu/uploads/files/PSU-SEL-Crisis-Brief.pdf

5. Durlak, Joseph A., Roger P. Weissberg, Alison B. Dymnicki, Rebecca D. Taylor, and Kristen B. Schellinger. "The Impact of Enhancing Students' Social and Emotional Learning: A Meta-Analysis of School-Based Universal Interventions." *Child Development* 82, no. 1 (Enero/Febrero de 2011): 405–432. https://casel.org/wp-content/uploads/2016/06/meta-analysis-child-development-1.pdf

6. OECD, ed. *Skills for Social Progress: The Power of Social and Emotional Skills*. Paris: OECD Publishing, 2015. https://doi.org/10.1787/9789264226159-en

7. Zins, Joseph, Roger P. Weissberg, Margaret C. Wang, and Herbert J. Walberg, eds. *Building Academic Success on Social and Emotional Learning: What Does the Research Say?* New York: Teachers College Press, 2014.

8. David, Susan. *Emotional Agility: Get Unstuck, Embrace Change, and Thrive in Work and Life*. New York: Avery, 2016.

9. Collaborative for Academic, Social, and Emotional Learning (CASEL), ed. "Key Implementation Insights from the Collaborating Districts Initiative." Junio de 2017. https://www.casel.org/wp-content/uploads/2017/06/CDI-Insights-Report-May.pdf

Primera Parte.

EL APRENDIZAJE ES SOCIAL, EMOCIONAL Y ACADÉMICO

Capítulo 1.
Sentimos, luego aprendemos

La maestra Perkins —docente de primer grado— recibe a sus alumnos en la puerta cada mañana, se dirige a ellos por su nombre, establece contacto visual y espera a que ellos elijan un saludo no verbal (como, por ejemplo, darle un abrazo o chocar esos cinco). Cuando llega el turno de Sheila, la maestra Perkins comprueba que algo no marcha bien, pues Sheila se acerca lentamente y con la cabeza gacha.

«Buenos días, Sheila. ¿Qué te pasa?», le pregunta la maestra Perkins. Sheila intenta pasar desapercibida, pero la maestra le acaricia suavemente el hombro y se arrodilla junto a ella para establecer contacto visual. «Tengo la impresión de que hoy las cosas no marchan del todo bien. ¿Necesitas un abrazo o chocar esos cinco?»; Sheila le da un abrazo y la maestra, devolviéndole el abrazo, le dice: «Hoy va a ser un gran día».

Sheila entra en clase y se sienta junto a sus compañeros en la moqueta. Es la hora de la reunión matutina durante la cual los alumnos cantan una canción, juegan brevemente en grupo y pasan lista antes de que la maestra Perkins presente el programa del día.

Las emociones constituyen una parte importante de la vida humana e influyen sobremanera en la disposición del alumnado a aprender. Como educador sabrás que los primeros minutos de clase pueden ser caóticos y suponer una delicada transición para algunos estudiantes (quienes pueden sentirse angustiados por las constantes discusiones de los padres, emocionados de ver a sus amigos o preocupados por la presentación de un proyecto en clase). La tristeza o el estrés que Sheila experimentaba esa mañana probablemente harían que le resultase difícil concentrarse en el contenido académico, salvo que tuviera la oportunidad de gestionar estos sentimientos. La conversación inicial que la maestra Perkins mantuvo con Sheila y la reunión matutina que tuvo lugar a continuación son dos excelentes estrategias que permiten identificar el sentir de los alumnos y brindarles apoyo en su transición de casa a clase.

Muchos profesores son conscientes de que recibir a los alumnos en la puerta contribuye a empezar el día con buen pie y positivismo. Supone una oportunidad para que estudiantes y docentes se saluden y es una ocasión magnífica para que el profesor se haga una composición de lugar oficiosa del estado de ánimo general de la clase —¿gozan los alumnos ese día de buena energía o están, por el contrario, cansados?, ¿están atravesando por un momento difícil?—. Esta información resulta de gran utilidad para el docente, quien puede servirse de ella para adaptar ligeramente su estrategia didáctica ese día, modificar los grupos o prestar más atención a un determinado estudiante.

Mantener una reunión matutina contribuye a crear una comunidad en la que los estudiantes compartan un sentimiento de protección, seguridad y pertenencia, incluso cuando no puedan estar físicamente juntos. La mayoría de estas reuniones se centran en generar confianza y cerciorarse de que cada alumno se siente apreciado y comprendido. Las reuniones matutinas son también idóneas para impartir, de forma explícita, competencias socioemocionales importantes —que denominaremos habilidades HEART, siguiendo el modelo HEART in Mind— y necesarias para garantizar el éxito académico y el bienestar personal de los estudiantes.

Tras decenios de investigación y práctica, hoy sabemos que estas competencias socioemocionales mejoran el rendimiento académico y permiten alcanzar logros en la vida.[10] Cuando las escuelas las imparten y aplican, aumenta la motivación por aprender, disminuyen los problemas de comportamiento y mejoran las notas obtenidas en los exámenes.[11] En cierto modo, los estudios sobre el aprendizaje socioemocional —esto es, el proceso de desarrollo de habilidades intrapersonales, interpersonales y cognitivas que resultan vitales para garantizar el éxito en la escuela, el trabajo y la vida— han puesto de relieve lo que muchos educadores desde siempre han sabido: los estudiantes aprenden más y mejor cuando están capacitados social y emocionalmente y apoyados por adultos comprensivos, y cuando se sienten seguros en la escuela.

En los últimos años, nuevos hallazgos sobre el desarrollo humano —de la neurociencia y la ciencia aplicada al aprendizaje y al desarrollo— han demostrado que las emociones y las relaciones sociales influyen considerablemente en el aprendizaje.[12] De hecho, la Dra. Mary Helen Immordino-Yang, neurocientífica afectiva y psicóloga del desarrollo humano, ha descubierto que es *imposible, desde el punto de vista neurobiológico*, crear recuerdos, tener pensamientos complejos o tomar decisiones importantes sin emociones.[13] Como podrás imaginar, estas conclusiones tienen amplias repercusiones en la enseñanza y el aprendizaje. En este capítulo veremos con más detalle el papel que juegan las emociones en el aprendizaje y cómo podemos aplicar estas conclusiones en el aula.

CÓMO AFECTAN LAS EMOCIONES AL APRENDIZAJE

> «El aprendizaje es dinámico, social y depende del contexto, porque las *emociones* también lo son y constituyen un elemento fundamental de cómo, qué, cuándo y por qué la gente piensa, recuerda y aprende».
>
> Dra. Immordino-Yang

Sentimos emociones todo el tiempo: nos produce frustración que el vecino ponga música a todo volumen a las cinco de la mañana, la enfermedad de un familiar nos despierta preocupación o nos resulta abrumador acumular facturas pendientes. ¡A menudo experimentamos varias de estas emociones a la vez! Las emociones dirigen nuestra atención e influyen en nuestra capacidad de procesar la información y comprender lo que nos sucede; pueden estimular nuestros pensamientos o distraernos de nuestros objetivos. En resumen, necesitamos las emociones para pensar, resolver problemas y tomar decisiones.

La neurociencia ha demostrado que las actividades cotidianas de los estudiantes en la escuela —como pueden ser el análisis sintáctico o los experimentos científicos— se perciben de forma subjetiva y se valoran emocionalmente en función de la predisposición y los recuerdos de la persona en cuestión, aunque ésta no sea consciente de esos sentimientos. Tradicionalmente, en Occidente, las emociones se veían como una interferencia en el proceso de aprendizaje, por lo que a menudo se animaba a los alumnos a que aparcaran sus emociones para poder así centrarse plenamente en el trabajo académico.

Las investigaciones han puesto de manifiesto que las emociones no son un mero añadido distinto o independiente de las habilidades cognitivas. Hoy sabemos que la cognición y la emoción están respaldadas por procesos neuronales interdependientes: no se puede tener pensamientos sin sentimientos y viceversa. La Dra. Immordino-Yang sostiene que, incluso en materias académicas tradicionalmente consideradas carentes de emociones —tales como la física o la ingeniería—, el conocimiento profundo depende de que se establezcan conexiones emocionales entre los conceptos. Por ejemplo, cuando los estudiantes resuelven ecuaciones y las perciben como «hermosas» en lugar de «feas», activan la región emocional de su cerebro necesaria para desarrollar un aprendizaje intrínsecamente motivado.

Muchos educadores habrán tenido alumnos que preguntan: «¿Por qué tenemos que ocuparnos de esto?», cuando se les da información nueva, u otros que dicen: «¿*Otra vez* hay que hacer esto?». Pues bien, estas preguntas tienen una explicación científica: el cerebro no desperdicia energía pensando en cosas que no nos interesan. *Sólo pensamos detenidamente en las cosas que realmente nos importan.* Ésta es la razón por la cual los alumnos, ya sean niños o adultos, prestan atención y permanecen concentrados cuando los temas o las cuestiones que se abordan en clase les afectan directamente.

Lamentablemente, a menudo los docentes recurren a frases tales como: «Esto saldrá en el examen», para que los estudiantes presten atención a los contenidos abordados en clase. Es probable que los alumnos pongan entonces atención, pero seguramente no lo harán movidos por un interés genuino, sino por otra razón que guarda relación con las emociones: el miedo. Puede ser que teman suspender esa asignatura o decepcionar a sus padres, o que se sientan avergonzados. Sin embargo, la Dra. Immordino-Yang sostiene que el miedo altera los patrones de pensamiento y la memoria de uno, forzando a los estudiantes a reaccionar de forma instintiva, lo cual no favorece un compromiso profundo con las ideas o el desarrollo de habilidades.[14] La capacidad de aprendizaje de los alumnos se ve mermada cuando se sienten temerosos, están traumatizados o se ven abrumados por emociones difíciles.

En cambio, la curiosidad es una emoción mucho más propicia para el aprendizaje provechoso, pues aviva la imaginación y estimula la creatividad. Cuando los estudiantes sienten curiosidad, están más receptivos y pueden sentirse intelectualmente juguetones y dispuestos a explorar nuevas posibilidades. Los grandes innovadores, como por ejemplo Thomas Edison o Leonardo da Vinci, eran mentes sumamente curiosas. Esto significa que los educadores decididos a crear entornos de aprendizaje productivos debemos encontrar herramientas más efectivas que nos permitan reforzar la curiosidad. Necesitamos más «alicientes emocionales» que despierten emociones que favorezcan el aprendizaje profundo en clase. El capítulo 5 ofrece ejemplos concretos que reflejan la aplicación de estos «alicientes emocionales».

ENTONCES, ¿QUÉ SON LAS EMOCIONES?

Las emociones son complejos estados mentales y corporales que generalmente se activan por un acontecimiento que se conoce como *estímulo*. Los acontecimientos pueden ser externos (un amigo te da una buena noticia) o internos (tienes dolor de muelas); también pueden ser reales (tu cónyuge ha sufrido un accidente de coche) o imaginarios (te emocionas ante la inminente llegada del fin de semana). Una vez generado el estímulo, se produce un proceso de valoración[15] automático que determina si el acontecimiento se percibe de forma positiva o negativa, lo cual generará una respuesta emocional. Por ejemplo, si vas en bicicleta y un coche se te acerca demasiado, es más que probable que percibas un peligro y ello activará una respuesta emocional. Podemos identificar tres tipos de respuestas emocionales:[16]

1. Respuesta fisiológica. Se trata de respuestas involuntarias en forma de sudor, sequedad de boca, respiración agitada o aceleración de la frecuencia cardíaca.

2. Respuesta conductual. Nos referimos a expresiones faciales, lenguaje corporal o tono de voz.

3. Respuesta cognitiva. Es decir, la experiencia subjetiva de la emoción. Esto nos permite tomar conciencia e identificar nuestros sentimientos. Disponer del lenguaje adecuado para poner nombre a nuestras emociones y describirlas es fundamental para saber qué está sucediendo.

Si bien es cierto que las emociones conllevan reacciones físicas y mentales automáticas ante diferentes situaciones, no todo el mundo reacciona de la misma manera —algunas personas tienen un alto nivel de reacción o simplemente responden de manera distinta a otras—. Los primeros años de la infancia son decisivos a la hora de establecer las conexiones neuronales que sentarán las bases de la salud emocional y las habilidades sociales, tales como el lenguaje, el razonamiento y la resolución de problemas, entre otros.[17] Cuando los estudiantes tienen experiencias traumáticas o sufren estrés de forma recurrente a una edad temprana debido a su situación y/o a la repercusión de cuestiones generacionales —como el racismo, la opresión o las desigualdades—, su sistema nervioso y su capacidad de gestionar las emociones se ven afectados.

Al mismo tiempo, las normas culturales y sociales dominantes en Estados Unidos promueven sesgos y estereotipos negativos sobre la población indígena y de color, y las personas que proceden de entornos con ingresos reducidos.[18] Las experiencias con un trasfondo racista y discriminatorio inciden negativamente en los alumnos que intentan hacer frente a los prejuicios raciales y las microagresiones. Es más, en las escuelas estadounidenses se castiga más a los estudiantes de ese colectivo que a sus homólogos blancos, lo que, a su vez, afecta al crecimiento académico, social y emocional de esos alumnos.[19]

Para entender la vida afectiva de los estudiantes debemos comprender el contexto sociopolítico más amplio, el cual, según la Dra. Dena Simmons —antigua subdirectora del Centro de Inteligencia Emocional de Yale—, «está plagado de injusticia e inequidad y repercute en la vida de nuestros estudiantes».[20] Como educadores que enseñamos con el modelo HEART in Mind, debemos fomentar una conciencia cultural de nuestras creencias aprendidas y razonar cómo los estereotipos y prejuicios que tenemos sobre el alumnado —especialmente las personas de colectivos más desfavorecidos— pueden incidir en nuestra comprensión y práctica del aprendizaje socioemocional.

Las emociones no son estáticas, sino que conforman estados temporales que se desarrollan con la madurez y la experiencia. Imagínate a Kian, un alumno que va a empezar quinto grado en una nueva escuela. ¿Cómo crees que se siente: nervioso, preocupado o quizá esté algo cohibido? Ahora imagínate a Kian al concluir el año escolar: está contento, relajado y orgulloso de todo lo que ha conseguido en ese año. ¿Cómo crees que las emociones de Kian influirán en su capacidad de afrontar futuros desafíos? Las investigaciones han revelado que las emociones guían la visión que tienen las personas del mundo y sus recuerdos del pasado. La experiencia estimulante de Kian de empezar en un colegio nuevo está ahora inexorablemente asociada en su memoria a emociones positivas.

La psicóloga positiva Barbara L. Fredrickson define las emociones positivas como estados afectivos agradables, tales como alegría, gratitud, serenidad, interés, esperanza o amor. En sus investigaciones, Fredrickson descubrió que las emociones positivas amplían la conciencia de las personas de forma que, con el tiempo, aumentan gradualmente sus recursos y fortaleza de carácter.[21] Esto no significa que los educadores deban esforzarse por hacer que los estudiantes se sientan *felices* en todo momento; sin embargo, sí es importante que experimenten una diversidad de emociones agradables —como, por ejemplo, curiosidad, interés o entusiasmo— en clase a fin de que adquieran un mayor compromiso con su rendimiento académico.

Imagínate a Maya, una alumna de cuarto grado que resuelve incorrectamente un problema de matemáticas delante de sus compañeros de clase y el profesor le pide que regrese a su pupitre. Se siente avergonzada y se dice a sí misma: «Se me dan fatal las matemáticas. ¿Cómo se me ha ocurrido ofrecerme voluntaria para resolver ese problema? Qué tonta soy». La reacción emocional de Maya ante el desenlace de esta situación (sentirse avergonzada y hacer una reflexión interior peyorativa) moldeará consciente o inconscientemente su conducta futura y probablemente propiciará que evite encontrarse en una situación similar. La Dra. Immordino-Yang explica que las reacciones emocionales de los alumnos ante las consecuencias de sus elecciones se unen implícitamente al conocimiento cognitivo sobre ese campo (en este caso, la resolución de problemas matemáticos u ofrecerse voluntario en clase de matemáticas). Es decir, para Maya, resolver problemas matemáticos delante de sus compañeros de clase (o, incluso, simplemente resolver problemas matemáticos) ya no supone una experiencia «neutral». *El aprendizaje emocional de los estudiantes moldea su conducta futura.*

Las emociones nos empujan a actuar, ya sea enfrentándonos a una circunstancia o alejándonos de la situación que despertó las emociones en cuestión. Esta predisposición a actuar se conoce también como reacción de lucha, huida o parálisis y refleja comportamientos elementales que garantizan la supervivencia. Cuando los niños, los jóvenes o los adultos sienten emociones «grandes» —como la ira o el miedo—, la amígdala (la «alarma de incendios» del sistema límbico que activa un conjunto de respuestas destinadas a promover la supervivencia) puede interpretar que se trata de una *amenaza* y ordenar a nuestro cuerpo que segregue adrenalina a fin de hacer frente a esa amenaza percibida.

En estas situaciones de «secuestro de la amígdala» —como las denomina el psicólogo Dr. Daniel Goleman—, los factores causantes de estrés que se generan en nuestro cuerpo anulan las partes racionales del cerebro (concretamente, la corteza prefrontal). La corteza prefrontal es el área de procesamiento ejecutivo del cerebro y nos ayuda a prestar atención, controlar nuestros impulsos, resolver problemas o tomar decisiones apropiadas. Cuando un niño se deja llevar por las emociones, puede perfectamente pegar a un compañero de clase mientras compiten jugando durante la hora del recreo o decir algo hiriente a un amigo con el que discrepa. Aunque los estudiantes puedan lamentar a posteriori haber reaccionado de ese modo, en ese momento de fuerte carga emocional su reacción es de «protegerse» ante la amenaza percibida.

La amígdala es un magnífico sistema de protección cuando se usa correctamente: si te persigue un tigre, ¡echa a correr! Sin embargo, en el mundo contemporáneo, el sistema nervioso de las personas se activa innecesariamente por circunstancias que raramente ponen en peligro sus vidas. El significativo aumento de los niveles de estrés entre los ciudadanos estadounidenses[22] indica que, ante situaciones cotidianas, sus cerebros tienen *a menudo* una reacción de lucha, huida o parálisis. A partir de estos datos, los expertos han empezado a referirse a la Generación X (aquellos nacidos entre principios de 1960 y principios de 1980) y a la generación del milenio (aquellos nacidos entre 1981 y 1996) como «Generación estresada».[23]

Cuando las personas experimentan respuestas de estrés frecuentes, no vuelven a un estado normal (de calma) con facilidad. Su punto de referencia cambia, situándose mucho más próximo a una respuesta de supervivencia casi constante, por lo que a menudo pueden sentirse agobiadas, actuar de forma impulsiva y sentir la necesidad de reaccionar. Disminuye asimismo su capacidad de acceder a la corteza prefrontal, lo cual dificulta enormemente pensar con nitidez o prestar atención a los demás. Cuando las personas están expuestas a constantes y diversos factores de perturbación por un período de tiempo prolongado, pueden sufrir estrés crónico, el cual puede deteriorar gravemente su salud física y emocional.

Los niños y los jóvenes pueden sufrir estrés a causa de factores de perturbación importantes (como la violencia intrafamiliar) o modestos (como estar intranquilo por un examen de matemáticas). Los estudiantes también pueden padecer estrés por amenazas a su seguridad emocional y vínculo de pertenencia. Si bien la magnitud de estos factores causantes de estrés varía, la respuesta de estrés del niño es la misma. He aquí la cuestión: cuando los alumnos están demasiado estresados, no pueden aprender; el cerebro no se centra ni recuerda bien la información que recibe en ese estado de estrés. El estrés afecta al funcionamiento neuronal de los estudiantes, privándoles de los recursos de su memoria funcional.[24]

No obstante, los efectos negativos del estrés pueden mitigarse mediante el respaldo de las familias, las relaciones comprensivas, una comunidad compasiva y los programas escolares de apoyo. Por ello, hoy día es aún más importante que las familias y los educadores presten atención a las *condiciones* para el aprendizaje que se dan en las escuelas y los hogares. ¿Estamos brindando el necesario apoyo al desarrollo socioemocional de nuestros jóvenes?, ¿estamos dando prioridad a su bienestar? En caso negativo, pongámonos manos a la obra.

NUESTRA VIDA AFECTIVA

Las emociones constituyen una parte importante del ser humano; no debemos ignorarlas ni reprimirlas, pues nos facilitan información valiosa sobre lo que sucede a nuestro alrededor y en nuestro interior. Sharon Salzberg, profesora de meditación de renombre mundial y autora que copa la lista de éxitos de venta del The New York Times, explica cómo las personas estamos condicionadas a creer que las emociones dolorosas son «malas» y las placenteras son «buenas». A muchas personas a menudo les resulta más fácil evitar el dolor y la tristeza, y sumergirse únicamente en emociones agradables, como la confianza o el amor.[25] El aprendizaje socioemocional supone desarrollar nuestra capacidad de aceptar y asumir *todas* las emociones, incluidas las desagradables, a fin de poder tener una sensación de felicidad y de satisfacción con la vida más duradera.

Los alumnos traen consigo a clase las emociones de su vida fuera de la escuela. Puede ser que estén lidiando con una situación estresante y constante en casa —por ejemplo, un divorcio o la pérdida de trabajo de un progenitor— o tal vez se trate de algo momentáneo —como pueda ser una discusión entre hermanos—. Si los estudiantes no tienen la oportunidad de comprender y gestionar sus emociones antes de llegar a clase, necesitarán apoyo para calmarse y volver a centrarse antes de poder enfrentarse a los retos del día. En la historia de Sheila que cito al principio del capítulo, se aprecia cómo el vínculo personal que se establece con la maestra y la reunión matutina favorecen la transición de los alumnos de casa a clase, respetando el hecho de que éstos llegan a la escuela con diferentes estados de ánimo.

Además, los estudiantes también tienen emociones que se originan en clase, incluso en un entorno de aprendizaje a distancia. Según el Dr. Reinhard Pekrun, psicólogo educativo, existen cuatro grupos de emociones académicas de especial relevancia para el aprendizaje:[26]

1. Las **emociones relativas a los logros académicos** están relacionadas con el éxito o fracaso resultante de las actividades académicas. Los alumnos pueden albergar esperanza y sentirse orgullosos cuando las cosas les salen bien, pero también pueden sentir ansiedad, vergüenza o miedo al fracaso. Los exámenes, por ejemplo, tienden a suscitar altos niveles de ansiedad y estrés entre los estudiantes.

2. Las **emociones epistémicas** vienen desatadas por problemas cognitivos. Por ejemplo, sentirse sorprendido cuando se presenta una nueva tarea en clase, frustrado por algún contratiempo con un proyecto de ciencias o encantado cuando se consigue resolver satisfactoriamente un problema de matemáticas. Estas emociones cobran especial importancia cuando se trata de aprender tareas nuevas que no son rutinarias.

3. Las **emociones temáticas** pertenecen a los temas o las materias que se presentan en clase. Los alumnos pueden sentirse entusiasmados con una nueva clase de arte, repugnados ante determinados experimentos de laboratorio o entristecidos por el destino del personaje de una novela.

4. Las **emociones sociales** guardan relación con los docentes y los compañeros de clase cuando alumnos y profesores trabajan juntos e interactúan en el aula. La compasión, envidia, simpatía, ira o ansiedad social pueden manifestarse en diferentes momentos del día en todos y cada uno de los estudiantes.

Como docente puede resultarte difícil —por no decir prácticamente imposible— prestar constantemente atención a las emociones de los alumnos al tiempo que gestionas la clase y te ocupas de los contenidos académicos. Aun así, es fundamental que los educadores comprendan los tipos de emociones que los estudiantes pueden sentir en clase, cómo esas emociones varían de un alumno a otro y cómo influyen en su grado de compromiso y nivel de rendimiento.

También es importante que los educadores tengan presente de qué manera la vida emotiva de los alumnos afecta a sus propios sentimientos. Con frecuencia los docentes pasan toda la jornada lectiva sin reparar en cómo se sienten, hasta que sucede algo y reaccionan de forma exagerada ante un incidente nimio. Adoptar una pedagogía con corazón supone que los educadores también deben analizar sus vidas afectivas a fin de fomentar la conciencia de sí mismos y contribuir a que los estudiantes hagan lo propio.

Durante una formación sobre cómo aplicar el aprendizaje socioemocional a la praxis pedagógica, una profesora de lengua extranjera de secundaria afirmó: «Los alumnos de mi aula no se sienten intimidados a la hora de participar en los debates y las presentaciones en clase; intervienen todos y lo hacen de buena gana». Si bien la intención de la maestra era crear un ambiente cercano y distendido en el aula, lo cierto es que *no es inusual* que los estudiantes *sientan vergüenza* al hablar en un idioma extranjero. A partir de ese momento, la profesora adquirió un conocimiento más profundo de cómo las emociones influyen en el aprendizaje y empezó a poner en práctica «ejercicios de comprobación de la experiencia emocional» entre sus alumnos al principio y al final de clase.

Uno de sus ejercicios favoritos consistía en que los estudiantes anotaran en un pósit cómo se sentían al principio y al final de clase. Aunque seguramente los alumnos abrigaran más sentimientos durante ese período de tiempo, este *mapa de emociones* permitía a la maestra hacerse una idea más precisa de su sentir. Este «ejercicio de comprobación de la experiencia emocional» se convirtió en una herramienta idónea para evaluar el progreso en la consecución de su objetivo de crear un entorno seguro. De forma paralela, al pedirles y animarles a que sintonizaran con sus sentimientos y les pusieran nombre, los alumnos comenzaron a desarrollar su conciencia de sí mismos.

Como hemos visto, las emociones nos empujan a actuar, ¡pero eso no significa *forzosamente* que debamos hacerlo en base a nuestras emociones! Nuestra predisposición natural a reaccionar puede templarse con un poco de práctica —aquí entra en juego la enseñanza de las habilidades socioemocionales HEART; como en el caso de la profesora de lengua extranjera de secundaria que fortalecía la capacidad de los estudiantes de sintonizar con sus sentimientos y poner nombre a sus emociones a través de una sencilla «rutina de comprobación de la experiencia emocional»—. Los alumnos no pueden comprender ni analizar sus experiencias internas hasta que son conscientes de aquello que sucede en su interior. Cuando los estudiantes toman conciencia de las emociones que sienten, es más probable que consigan interpretar sus sentimientos y entender su vida afectiva. Lo mismo ocurre con nosotros, los educadores.

Cuando los docentes están familiarizados con el papel fundamental que desempeñan las emociones en el aprendizaje, pueden valerse de ese conocimiento para diseñar experiencias educativas que contemplen las emociones en la enseñanza y el aprendizaje, teniendo en cuenta las experiencias vividas por sus alumnos y los diversos contextos entre los que deben hacerse camino.

RESUMEN: EL PAPEL QUE JUEGAN LAS EMOCIONES EN EL APRENDIZAJE

- Las emociones dirigen nuestra atención e influyen en nuestra capacidad de procesar la información y comprender lo que nos sucede.
- La cognición y la emoción están respaldadas por procesos neuronales interdependientes. No se puede tener pensamientos sin sentimientos y viceversa.
- Sólo pensamos detenidamente en las cosas que realmente nos importan. El cerebro no desperdicia energía pensando en cosas que no nos interesan.
- Las experiencias traumáticas y el estrés recurrente de los estudiantes, que surgen a partir de cuestiones personales o sociales —como el racismo, la injusticia y la discriminación—, afectan a su capacidad de expresar y gestionar las emociones.
- Las emociones se desarrollan con la madurez y la experiencia, y guían la visión que tienen las personas del mundo y sus recuerdos del pasado.
- Las emociones positivas, como la curiosidad, son mucho más propicias para el aprendizaje provechoso, mientras que otras emociones, tales como el miedo, merman la capacidad de aprender.
- Cuando el cerebro está sometido a estrés, no se concentra ni recuerda bien la información. El estrés afecta al funcionamiento neuronal de los estudiantes, privándoles de los recursos de su memoria funcional.
- Las experiencias emocionales que los alumnos viven en clase influyen en su nivel de compromiso y rendimiento.

ESTRATEGIAS PARA INCORPORAR LAS EMOCIONES AL AULA

Diversas investigaciones en el campo de la neurociencia han demostrado que las emociones afectan al aprendizaje. Las emociones agradables, tales como la curiosidad o el interés, abren la mente de los alumnos, predisponiéndoles a aprender. Por su parte, los sentimientos de temor o el estrés crónico frustran la buena disposición de los jóvenes ante las exigencias académicas y sociales del aula. Los educadores tienen la capacidad potencial de crear entornos de aprendizaje favorables y seguros que incorporen el conocimiento del que ya disponemos sobre el papel que juegan las emociones en el aprendizaje. A continuación señalaremos algunas estrategias para conseguirlo:

- **Ofrecer a los estudiantes la posibilidad de elegir.** Cuando los estudiantes participan en la toma de decisiones sobre (a) su tema en un proyecto de investigación, (b) las formas de realizar una tarea, o (c) la demostración del dominio de un objetivo curricular, es probable que se sientan más comprometidos emocionalmente con su rendimiento académico y profesen un mayor apego. Esto no es nada nuevo para los educadores, quienes de sobra saben que ofrecer la posibilidad de elegir —cuando se hace de manera estructurada— puede estimular a los estudiantes e inculcarles un sentimiento de autonomía y control del proceso de aprendizaje.

- **Favorecer que los alumnos relacionen el material didáctico abordado en clase con su vida e intereses personales.** Ya hemos hablado de cómo el cerebro no presta atención a las cosas que no nos suscitan interés. Cuando los estudiantes se sienten comprometidos con los contenidos académicos de manera significativa, prestan más atención y logran concentrarse durante períodos de tiempo más prolongados. Un método fácil para conocer a tus alumnos es pedirles que realicen un inventario personal y que anoten las cosas que les gusta hacer, lo que se les da bien y aquello que puede resultarles difícil o aburrido. Interésate por distintos aspectos de sus vidas, como pueden ser sus asignaturas favoritas, los deportes y pasatiempos con los que más disfrutan, así como sus amistades y la familia. La realización de estos inventarios personales contribuirá a que los estudiantes se conozcan mejor a sí mismos.

Como profesor, estos inventarios te permitirán comprender mejor a tus alumnos y conocer sus intereses, así como adecuar los contenidos didácticos a éstos. También puedes mostrar estos inventarios (o parte de ellos) en clase, a modo de recordatorio visual de que todos poseemos cualidades. Estos vínculos emocionales permitirán a los estudiantes poner en práctica en situaciones reales lo aprendido en clase, al tiempo que desarrollan la conciencia de sí mismos.

- **Brindar oportunidades para resolver problemas sin respuestas predeterminadas.** La Dra. Immordino-Yang sostiene que las actividades altamente prescriptivas son pobres desde el punto de vista emocional; es decir, no permiten a los estudiantes establecer los vínculos afectivos necesarios para el aprendizaje cognitivo y la toma de decisiones. Las actividades que tienen lugar en el aula deben permitir que afloren las emociones de los alumnos (ya sean cómodas o incómodas) y que se les brinde la oportunidad de cometer errores y aprender de ellos. El aprendizaje basado en proyectos, los trabajos en grupo o incluso los debates en clase para analizar acontecimientos de actualidad pueden resultar eficaces para permitir que los estudiantes lidien con problemas que carecen de una solución correcta o incorrecta.

- **Presentar diversas tareas y actividades, y combinar tareas de aptitud y desempeño para que los alumnos se sientan satisfechos y triunfen en clase.** Fomentar en los estudiantes la confianza en sí mismos brindándoles oportunidades de éxito es fundamental a la hora de transmitir e inculcar el placer de aprender y evitar la presión por alcanzar logros.

- **Incorporar «ejercicios de comprobación de la experiencia emocional» periódicos (al comienzo, durante y/o al final del día o de la clase).** Estos «ejercicios de comprobación» pueden ser en forma de reunión en el aula, pero también pueden articularse como una actividad tranquila e individual en la que los alumnos compartan o anoten brevemente cómo se sienten. Puedes asimismo aprovechar estos «momentos de comprobación de la experiencia emocional» para pedir a los estudiantes que te formulen comentarios y sugerencias sobre las lecciones, las actividades cotidianas del aula o los proyectos que desarrollan.

- **Crear un espacio en el aula y/o conceder tiempo en clase para que los alumnos vuelvan a concentrarse.** Podría tratarse de un rincón tranquilo del aula al que los estudiantes puedan retirarse para gestionar sus emociones y prepararse para reanudar la clase. Otra posibilidad sería programar y reservar un momento de quietud y tranquilidad para que los alumnos puedan sosegarse, tomarse un respiro o, tal vez, disfrutar de un ratito de lectura en calma o hacer un dibujo libre. La idea es contribuir a que los estudiantes disfruten de un momento de distensión que les permita relajarse y volver a coger fuerzas, lo cual favorecerá, a la larga, su aprendizaje y atención constante.

PUNTOS CLAVE Y PRÓXIMOS PASOS

Con lápiz y papel en mano, responde a las siguientes preguntas:

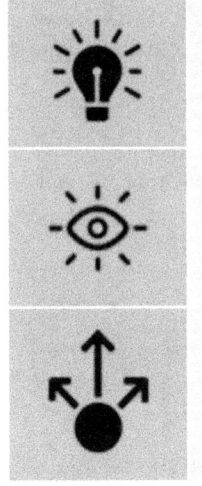

Resumen
¿Cuáles son, en tu opinión, los puntos clave de este capítulo?

Reflexión
¿En qué pensabas mientras leías este capítulo? ¿Cómo te has sentido? ¿Qué te ha sorprendido?

Orientación
¿Qué relevancia tiene lo analizado en este capítulo para tu labor de educador? Cita una o dos medidas que pretendas adoptar con el objeto de incorporar las emociones a tu estrategia docente.

NOTAS AL PIE

10. Durlak, Joseph A., Roger P. Weissberg, Alison B. Dymnicki, Rebecca D. Taylor, and Kristen B. Schellinger. "The Impact of Enhancing Students' Social and Emotional Learning: A Meta-Analysis of School-Based Universal Interventions." *Child Development* 82, no. 1 (Enero/Febrero de 2011): 405–432. https://casel.org/wp-content/uploads/2016/06/meta-analysis-child-development-1.pdf

11. Jones, Stephanie M., and Jennifer Kahn. "The Evidence Base for How We Learn: Supporting Students' Social, Emotional, and Academic Development." The Aspen Institute. 13 de septiembre de 2017.

12. Darling-Hammond, Linda, and Channa M. Cook-Harvey. "Educating the Whole Child: Improving School Climate to Support Student Success." Learning Policy Institute. Septiembre de 2018.

13. Immordino-Yang, Mary Helen. *Emotions, Learning, and the Brain: Exploring the Educational Implications of Affective Neuroscience*. New York: W. W. Norton & Company, 2015.

14. Ibid

15. Lazarus, R. S. "Progress on a cognitive-motivational-relational theory of emotion." *American Psychologist* 46, no. 8 (1991): 819–834.

16. Bisquerra Alzina, Rafael. *Psicopedagogía de las emociones*. Madrid: Síntesis, 2009.

17. Mason, Christine, Michele M. Rivers Murphy, and Yvette Jackson. *Mindfulness Practices: Cultivating Heart Centered Communities Where Students Focus and Flourish (Creating a Positive Learning Environment Through Mindfulness in Schools)*. Bloomington: Solution Tree Press, 2018.

18. Ibid

19. Little, Shafiqua J., and Richard O. Welsh. "Rac(e)ing to punishment? Applying theory to racial disparities in disciplinary outcomes." *Race Ethnicity and Education* (Abril de 2019). https://doi.org/10.1080/13613324.2019.1599344

20. Simmons, Dena. "Why We Can't Afford Whitewashed Social Emotional Learning." *ASCD Education* Update 61, no. 4 (Abril de 2019). http://www.ascd.org/publications/newsletters/education_update/apr19/vol61/num04/Why_We_Can't_Afford_Whitewashed_Social-Emotional_Learning.aspx

21. Fredrickson, Barbara L. "Biological Underpinnings of Positive Emotions and Purpose." In *The Social Psychology of Living Well*, edited by Joseph P. Forgas and Roy F. Baumeister, 163–180. New York: Routledge, 2018.

22. "Stress in America." American Psychological Association. 2020. https://www.apa.org/news/press/releases/stress/index.aspx

23. "Stress by Generation." American Psychological Association. 2012. https://www.apa.org/news/press/releases/stress/2012/generation.pdf

24. Immordino-Yang, Mary Helen, Linda Darling-Hammond, and Christina Krone. *The Brain Basis for Integrated Social, Emotional, and Academic Development. How emotions and social relationships drive learning.* Washington, D.C.: The Aspen Institute, 2018.

25. Salzberg, Sharon. *Real Love. The Art of Mindful Connection.* New York: Flatiron Books, 2017.

26. Pekrun, Reinhard. *Emotions and Learning.* Burbank: The International Academy of Education, 2014.

Capítulo 2.
El poder de las relaciones

Uno de mis primeros puestos docentes fue en un colegio público de Barcelona. En la víspera de la fecha propuesta para mi incorporación, me reuní con la directora y la jefa de estudios, quienes me confesaron: «Te enfrentarás a un grupo de alumnos muy problemáticos; algunos con comportamientos difíciles. ¿Te ves capaz?». Aunque albergaba dudas, lo cierto es que estaba muy ilusionada ante la idea de enseñar en esa escuela, así que mi respuesta fue: «¡Por supuesto!». Esa noche no pegué ojo; estaba asustada y no me sentía preparada.

La directora y la jefa de estudios no exageraban: efectivamente, se trataba de un grupo problemático; sin embargo, yo estaba decidida a hacer que la experiencia mereciera la pena. Viví varias situaciones docentes manifiestamente mejorables, pero, con el tiempo, me fui ganando la confianza de los alumnos hasta el punto de que se sentían realmente felices de tenerme como maestra.

Había un estudiante en particular que me quitaba el sueño. Dos años antes había intentado saltar de un coche en marcha y estaba recibiendo apoyo psicológico por parte de un terapeuta externo. Me resultaba difícil predecir su comportamiento en clase: podía pasar de mostrarse comprometido y cooperativo a desafiante en cuestión de segundos. Los demás alumnos estaban siempre pendientes de mi respuesta a su conducta —¡era francamente estresante!—. La estrategia que adopté con él fue mantener la cercanía y establecer una relación personal. Por muy difícil que fuera lidiar con sus arrebatos, traté de encontrar momentos para relacionarnos (comentando un partido de fútbol o una serie de televisión, o incluso resolviendo un problema de matemáticas).

Unas semanas antes de que finalizara el curso, me llamó su terapeuta. Aunque se trataba de una llamada rutinaria, lo cierto es que no sabía qué esperar y estaba nerviosa. Cuando contesté el teléfono y el terapeuta empezó a hablar, sentí que mi corazón se aceleraba. Jamás olvidaré sus palabras: «No sé qué es lo que estás haciendo con él, pero sea lo que sea, funciona. Nunca le había visto tan contento con la escuela».

Cultivar esa relación personal valió la pena. Si bien es cierto que ese estudiante siguió mostrando problemas de comportamiento en clase, sus arrebatos eran menos frecuentes. Establecimos una buena relación basada en la comprensión de las perspectivas de cada uno y mantuvimos el contacto, incluso una vez finalizado el curso escolar.

Aunque por aquel entonces yo lo desconocía, mi experiencia con ese estudiante ilustra un importante hallazgo de la ciencia aplicada al aprendizaje y al desarrollo: las relaciones de los niños con los adultos son un ingrediente fundamental del aprendizaje y del desarrollo saludable.[27] La calidad del vínculo entre profesor y alumno se ha relacionado en repetidas ocasiones con el rendimiento académico, social y emocional de los estudiantes. Más concretamente, cuando se dan relaciones positivas y de apoyo entre profesores y alumnos en el aula, es más probable que éstos últimos recurran a sus maestros para que les ayuden a resolver problemas, así como que participen activamente en actividades de aprendizaje y satisfagan mejor las exigencias escolares.[28]

¿Qué harías si supieras que está en tu mano reducir las probabilidades de que tus estudiantes tengan problemas de abuso de drogas, mantengan prácticas sexuales de riesgo o sean arrestados por violencia extrema y delitos relacionados con las drogas? Las intervenciones en materia de aprendizaje socioemocional muestran estas condiciones de vida positivas que repercuten en los estudiantes hasta cuando son adultos. Los alumnos cosecharán los beneficios de haber tenido un profesor que educa desde el corazón, ¡incluso en la edad adulta! Ese sí que es un legado que merece la pena preservar, ¿no crees?

Los profesores eficaces cultivan relaciones positivas con los estudiantes no sólo al comienzo del curso escolar, sino todos los días, en el aula física y virtual. Fomentan vínculos afectivos con sus alumnos y entre éstos, y crean un entorno en el cual los estudiantes se sienten física y emocionalmente seguros, abrigan un sentimiento de pertenencia al grupo, y persiguen un objetivo. No se trata de una tarea fácil; de hecho, posiblemente sea una de las estrategias más importantes que un educador pueda poner en práctica para crear condiciones de apoyo a los estudiantes a fin de que se desarrollen académica, social y emocionalmente. Lo bueno es que, como educador, puedes elaborar y aplicar prácticas que respalden este crecimiento. En este capítulo, aprenderemos más sobre la importancia de las relaciones y cómo podemos aplicar estas conclusiones en el aula.

LAS RELACIONES INFLUYEN EN EL DESARROLLO HUMANO

El desarrollo humano no está predeterminado, como tampoco es fijo ni lineal, sino que es exclusivo de cada persona y responde en gran medida a los entornos, las culturas y las relaciones. Esto significa que las personas y los contextos se influyen y moldean mutuamente. Nuestro cerebro está constantemente cambiando, adaptándose y (re)organizándose en respuesta a nuestras experiencias y al sentido que les damos.

Según las recientes investigaciones en la ciencia del desarrollo humano, las relaciones entre niños y adultos son «un proceso primario a través del cual los factores biológicos y contextuales influyen y se refuerzan mutuamente».[29] Las relaciones positivas no sólo crean vías de desarrollo para el aprendizaje, la adaptación y la integración permanente de habilidades sociales, emocionales y cognitivas, sino que también introducen cambios cualitativos en la estructura genética de un niño. Nuestros cerebros son *maleables* y cambian en respuesta a las experiencias, las relaciones y los entornos que vivimos desde que nacemos hasta que somos adultos.

Al mismo tiempo, los contextos enriquecedores dotan a los niños de cualidades que fomentan su fortaleza de carácter —reduciendo así su nivel de vulnerabilidad y la incidencia de los factores adversos en su desarrollo— y sirven para que desarrollen mecanismos de protección. Investigadores del Center on the Developing Child de la Universidad de Harvard (Cambridge, EE. UU.) argumentan que estas experiencias positivas, el apoyo de los adultos y el desarrollo de capacidades de adaptación pueden contrarrestar las consecuencias de las adversidades a lo largo de toda la vida.[30] Además, los investigadores observaron que los niños que han superado dificultades, *casi siempre* han tenido al menos una relación estable y sensible con un progenitor, cuidador u otro adulto que les ha prestado apoyo vital y les ha ayudado a desarrollar una capacidad de superación efectiva.

Si bien es cierto que el cerebro tiene la capacidad de aprender de la experiencia, su receptividad al aprendizaje es mayor en los primeros años de vida, mientras que disminuye con la edad. Esta es la razón por la que resulta más difícil (aunque posible) modificar las actitudes o desarrollar nuevas habilidades cuando los circuitos cerebrales no se han conectado desde el principio. Proporcionar entornos ricos y adecuados que incorporen los ingredientes afectivos necesarios para garantizar un desarrollo saludable permitirá a los estudiantes superar los efectos de las adversidades y acrecentará las posibilidades de obtener mejores resultados.

Los desafíos sin precedentes que la COVID-19 ha planteado para el bienestar de los estudiantes ha puesto de relieve la necesidad de invertir en el aprendizaje socioemocional, prestando especial atención al cuidado de la salud mental y la cohesión social de los estudiantes. Los estudios sobre crisis sanitarias y desastres relacionados con la salud revelan que el 30 % de los niños aislados o en cuarentena han sufrido estrés postraumático.[31] Fomentar relaciones sólidas y apoyar a los niños para que desarrollen las habilidades socioemocionales HEART contribuye a aumentar el bienestar y «mitigar los efectos negativos del trauma, a corto y largo plazo».[32] En un mundo que lucha por hacer frente a los desafíos de una pandemia, la necesidad de interrelación y vinculación afectiva con nuestros estudiantes se acentúa todavía más.

En su esfuerzo por hacer todo lo que esté en su mano para luchar contra los desafíos e injusticias a los que a menudo se enfrentan niños y jóvenes (la falta de acceso a recursos, atención sanitaria o alimentos saludables, entre otros), los docentes pueden moldear el crecimiento de los alumnos de manera constructiva a través del poder de las relaciones. Pueden incidir de forma positiva en la vida de un niño mediante el cultivo de un vínculo afectivo y una relación basada en la confianza. Si tuvieras un estudiante que estuviera pasando por un momento difícil y careciera de un vínculo estrecho con un adulto, ¿estarías en condiciones de ser ese vínculo estable y sensible que podría marcar una verdadera diferencia en su vida?

¿QUÉ CARACTERÍSTICAS PRESENTAN LAS RELACIONES POSITIVAS?

Como educador, es posible que fantasees con comenzar el curso escolar en un ambiente de clase positivo y de apoyo ya establecido. Sería maravilloso, ¿verdad? Sin embargo, la realidad es que los entornos propicios para el aprendizaje y desarrollo saludable no surgen de la nada; son los propios docentes quienes, con el tiempo, los crean mediante el empleo de prácticas pedagógicas coherentes y pertinentes. Lo mismo puede decirse del desarrollo de relaciones positivas con los estudiantes, que requiere de que prestemos atención a nuestras propias habilidades socioemocionales HEART, empleándolas para generar la necesaria confianza que garantice la seguridad física y emocional de nuestros alumnos —permitiéndoles así tener un propósito y albergar un sentimiento de pertenencia en el aula—.

Estudios recientes que centran sus investigaciones en las relaciones entre el claustro y el alumnado[33] han identificado varios elementos que influyen en esta relación. La siguiente lista no tiene carácter exhaustivo, pero resume los aspectos fundamentales que los educadores pueden desarrollar e incorporar a su praxis, cultivando relaciones positivas con los alumnos.

VÍNCULO AFECTIVO

Se refiere a nuestra capacidad de conectar y establecer una relación con nuestros estudiantes. Mostramos nuestro vínculo afectivo a través de las expresiones faciales, el lenguaje corporal y el tono de voz. La forma en que escuchamos a nuestros alumnos —no sólo lo que dicen, sino también el significado de aquello que dicen— es asimismo una expresión de dicho vínculo, el cual se establece cuando los educadores están en sintonía con sus estudiantes y comparten sus propios sentimientos (cuando los estudiantes ven cómo sus profesores comparten sus emociones, se sienten más inclinados a compartir las suyas propias).

Establecer vínculos con el alumnado no significa que tengamos que llevarnos a casa sus desafíos, sino que somos capaces de identificarnos con sus sentimientos y lo que aportan a la clase. Este es uno de los aspectos más complicados de la docencia; con excesiva frecuencia los educadores se sienten abrumados por las injusticias que experimentan sus alumnos y su deseo de corregirlas. Por ello y, a fin de mantener un equilibrio, es importante fijar unos límites saludables que te permitan ser sensible a las emociones de tus estudiantes y darte el espacio necesario para no descuidar tus propias necesidades.

Estrategias para establecer vínculos afectivos

- **Brinda oportunidades para entablar conversaciones con los estudiantes sobre temas que no guardan relación con la escuela.** A los estudiantes les encanta compartir reflexiones sobre su equipo favorito, el programa de televisión que siguen o su comida preferida. Te recomiendo que adquieras el hábito de conversar con tus alumnos sobre sus aficiones (si te resulta difícil recordar los gustos de cada uno, anímales a que hagan una lista de sus cosas favoritas y luego interésate por ellas de forma periódica).

- **Permite que los estudiantes te conozcan como persona.** Háblales sobre ti, tus aficiones, cómo disfrutas del fin de semana o cuáles eran tus actividades favoritas de niño. Cuando lo estimes apropiado, comparte también anécdotas sobre cómo superaste una situación difícil o cometiste un error. El hecho de que tú te sinceres con tus alumnos les animará a confiar en ti y a compartir contigo sus experiencias.

- **Transmite confianza en la capacidad de los estudiantes de aprender y actúa en consecuencia.** Los docentes eficaces albergan grandes esperanzas respecto de sus alumnos, están realmente convencidos de que son brillantes y competentes, y les ofrecen un nivel adecuado de autonomía y apoyo. Garantizar un grado apropiado de apoyo para satisfacer las necesidades de los estudiantes les transmite confianza en su capacidad de aprender y crecer. Dados los prejuicios que hemos adquirido al vivir en una sociedad que discrimina a la población indígena y de color, es posible que los educadores deban analizar estas creencias perjudiciales y trabajar para corregirlas. Las relaciones basadas en el respeto mutuo entre alumno y educador únicamente son posibles cuando los estudiantes están seguros de que su maestro cree honestamente en ellos.

CONFIANZA

En mi experiencia, la confianza constituye la esencia de cualquier relación fructífera, pues permite una comunicación honesta, muestra respeto hacia la otra persona y tal vez, incluso, hace posible compartir un propósito. Crear un ambiente de confianza mutua en el aula aporta numerosos beneficios: es más probable que los estudiantes mejoren su rendimiento académico, estén más dispuestos a cumplir las normas de clase y estén más predispuestos a participar de los contenidos académicos y formular preguntas. Existen asimismo varios estudios que demuestran que, cuando los docentes confían en sus alumnos, su pedagogía cambia —comparten más el control de la clase con los estudiantes[34] y es más probable que adopten prácticas de enseñanza constructivistas o diferenciadas—.[35]

La confianza de los profesores en los estudiantes también juega un papel fundamental en la integración social y el sentimiento de pertenencia a la escuela por parte de los alumnos. Pero, ¿qué es la confianza? Y, ¿cómo podemos suscitarla y granjeárnosla?

La confianza es algo que se siente; es una emoción, una señal humana fundamental que nos ayuda a sobrevivir y prosperar. Cuando no confiamos en alguien, nuestras emociones nos indican que «algo no va bien», lo cual puede llevarnos a desconectar, ignorar a la persona o ponernos a la defensiva. Trata de recordar a aquel jefe o colega en quien no confiabas, ¿sentías que te podías expresar libremente? ¿Te sentías seguro en esa relación? ¿Confiaba esa persona en ti? Seguramente la respuesta a cada una de estas preguntas sea negativa. La confianza es recíproca y también contagiosa: si no confías en tus alumnos, es poco probable que te ganes su confianza. Lo mismo ocurre a la inversa: si un estudiante no confía en ti, es más que probable que te resulte difícil confiar en él.

Los distintos orígenes y circunstancias culturales y sociales hacen que sea más difícil confiar en los demás. Así, por ejemplo, a los estudiantes indígenas y de color, y a sus familias, les puede resultar difícil confiar en sus maestros de raza blanca —dado el racismo institucionalizado existente en las escuelas estadounidenses—. Por su parte, es posible que los maestros de raza blanca estén menos predispuestos a confiar en sus alumnos indígenas y de color a causa de sus propios prejuicios y creencias aprendidas. Esta laguna de confianza puede entorpecer el progreso académico de las minorías; de hecho, según un estudio psicológico de la Universidad de Texas (Austin, EE. UU.),[36] los estudiantes de secundaria que dejan de confiar en sus maestros tienen menos probabilidades de matricularse en la universidad, incluso aunque en general hayan obtenido buenas notas. Si los docentes no son conscientes de estos patrones, no podrán adoptar las medidas necesarias para contrarrestarlos y generar verdadera confianza. Debemos admitir la existencia de este reto y poner todo nuestro empeño en romper el círculo vicioso.

Estrategias para ganarte la confianza de tus alumnos

- **Sé honesto.** El estado anímico que muestras en clase repercute en las emociones de tus alumnos y en su disposición a aprender. Si estás molesto o estresado, tus estudiantes también lo estarán, pues las emociones son contagiosas. Ser honesto también significa evitar lagunas entre lo que dices y lo que ellos perciben. Comprueba que existe un entendimiento y, cuando te comprometas a hacer algo con tus alumnos o en beneficio de ellos, hazlo.

- **Sé coherente.** Exhibe el tipo de comportamiento que esperas que tus estudiantes emulen en clase. Comprueba tus objetivos, rutinas de clase y tareas; ¿están armonizados? Si quieres que tus alumnos demuestren capacidad de iniciativa, bríndales la oportunidad de que tomen decisiones sobre su manera de aprender. Si les animas a que te aporten su opinión, ¡asegúrate de que le sacas partido! Ser coherente significa ser congruente (en tus expectativas y estructuras de clase) y fiable (haces lo que dices que vas a hacer).

- **Reconoce la calidad humana de todos tus alumnos.** Puedes fomentar vínculos reales si *demuestras* a tus estudiantes que te importan. El énfasis no se pone aquí en que te importen (lo cual se sobreentiende), sino en que lo demuestres. ¿Has mantenido recientemente alguna conversación con alumnos con problemas graves de conducta sobre un tema que no guardara relación con la escuela? Esas conversaciones informales pueden contribuir en gran medida a llevar adelante los esfuerzos encaminados a insuflar confianza y concitar, a su vez, la confianza de tus estudiantes. Celebra los logros de tus alumnos (ya sean importantes o modestos) y esfuérzate por conocerlos; demuéstrales que te preocupas por ellos de forma incondicional —ellos ya saben que te importan simplemente por el hecho de estar en tu clase—.

- **Confía en ti mismo.** Dado que la confianza empieza por uno mismo, para poder confiar en tus alumnos, primero debes confiar en ti mismo; incluso cuando cometas errores o las cosas no salgan como imaginabas, exhibe compasión y ten fe en ti mismo.

SENSIBILIDAD CULTURAL

Comprender la vida de los estudiantes puede ayudar a los educadores a fomentar relaciones positivas y garantizar que nuestros jóvenes se sientan queridos y respetados en clase. La cultura es fundamental para el aprendizaje; las prácticas culturales conforman los procesos de pensamiento de los estudiantes, que actúan como herramientas para el aprendizaje dentro y fuera de la escuela.[37] Los educadores que son sensibles a las circunstancias culturales de sus alumnos respetan sus idiomas, culturas y experiencias de vida, y las perciben como elementos fundamentales que afectan al aprendizaje y la comprensión.

Los docentes pueden aprender sobre las culturas que están presentes en su aula y traducir este conocimiento para crear un ambiente de aprendizaje seguro, desarrollando primeramente una óptica bicultural. Esto significa que los educadores (de los cuales, durante el curso escolar 2017-2018, prácticamente el 80 % eran blancos, según el Centro Nacional de Estadísticas de la Educación de Estados Unidos[38]) salen de su propia comunidad y visitan los barrios en los que residen sus estudiantes, acuden a comprar a sus supermercados y comen en sus restaurantes favoritos. ¿Cómo es el ambiente? Luego, ven algunas de sus películas preferidas y leen las revistas que les chiflan. Como apunta Zaretta Hammond en su libro *Culturally Responsive Teaching and The Brain: Promoting Authentic Engagement and Rigor Among Culturally and Linguistically Diverse Students*, «debes colocarte en una posición en la que no eres la mayoría».[39]

En segundo lugar, los educadores deben asumir su propia alfabetización racial para que puedan entender cómo el contexto sociopolítico incide de forma negativa en los estudiantes indígenas y de color (sistemas de financiación escolar muy poco equitativos, un número reducido de docentes cualificados que eligen trabajar en escuelas en las que predominan los colectivos indígenas y de color, y verse constantemente degradado a clases de nivel inferior independientemente de su nivel de aptitud, entre otras desigualdades) y ejerce una influencia decisiva en el aprendizaje de los niños. La alfabetización racial supone asimismo que los docentes aprenden y, a su vez, enseñan sobre los aportes, los recursos y la riqueza de las culturas de los colectivos indígenas y de color, y no sólo sobre sus luchas.

Por añadidura, los estudiantes sufren constantes microagresiones dentro y fuera de la escuela. Se trata de insultos, humillaciones y mensajes denigrantes —«vuélvete a México» o «hay que ver lo elocuente que eres...» o «¿cómo es posible que hayan permitido que alguien como *tú* se matricule en esta escuela?»— que se producen en situaciones interpersonales cotidianas y revelan los prejuicios implícitos de estudiantes y adultos.

Cuando los alumnos se ven forzados a enfrentarse a entornos hostiles, destinan casi todas sus habilidades cognitivas y emocionales a hacer frente a los desafíos en lugar de a aprender. Por el contrario, cuando se dan entornos seguros y de apoyo; y cuando se reconocen, ensalzan y utilizan los propios rasgos singulares y las experiencias de vida de los estudiantes para enriquecer el entorno de aprendizaje, es más probable que los alumnos compartan un sentimiento de pertenencia y se sientan comprometidos con las materias impartidas en el aula.

Para que ello sea factible, los educadores deben trabajar su *competencia cultural*, es decir, deben desarrollar una conciencia de su propia identidad cultural (¿cuál es mi grupo cultural de referencia? ¿Cómo influyen mis experiencias previas en mi docencia?) y su propia opinión sobre la diversidad. Significa también desarrollar la capacidad de aprender y basarse en el diverso patrimonio cultural y comunitario de los estudiantes y sus familias que vincula la enseñanza académica a sus experiencias y conocimientos previos. Los educadores deben asimismo comprender el efecto negativo que los prejuicios implícitos y las microagresiones tienen sobre el crecimiento académico, social y emocional de los alumnos y garantizar un ambiente inclusivo y equitativo en el aula que activamente contrarreste y revierta los prejuicios implícitos.

El personal docente de educación primaria y secundaria en Estados Unidos no es tan diverso, desde el punto de vista racial, como lo es la población general o el propio alumnado (prácticamente el 80 % del claustro de las escuelas públicas lo constituyen docentes de raza blanca, mientras que aproximadamente la mitad, esto es, el 49 % del alumnado de las escuelas públicas de primaria y secundaria es de color); con lo cual, estamos ante una importante brecha de diversidad. Los estudiantes de color precisan de ejemplos positivos y que se parezcan a ellos. Los docentes que comparten procedencia con sus alumnos tienen la capacidad potencial de influir de manera importante en ellos. El informe de 2018 publicado por el Learning Policy Institute, *Diversifying the Teaching Profession: How to Recruit and Retain Teachers of Color* («Diversificar la profesión docente: contratación y retención de docentes de color»), puso de manifiesto que los maestros de color mejoran el rendimiento académico de los estudiantes de color.[40] Asimismo, tanto los estudiantes de color como los de raza blanca manifestaron tener un buen concepto de sus maestros de color, así como sentirse queridos y académicamente motivados.

Que reine la diversidad en las aulas es motivo de emoción, pues te retará a crear un espacio en el que los alumnos puedan mostrar el orgullo que sienten por su raza y etnia, así como apreciar las diversas identidades raciales y étnicas. Si tus estudiantes son en su mayoría blancos, puedes *deliberadamente* facilitarles herramientas para luchar contra las injusticias y combatir el racismo desde la responsabilidad colectiva y la humildad. De entrada, una de las herramientas más efectivas que puedes emplear es tu capacidad de conocer a tus alumnos y establecer vínculos positivos con ellos.

Estrategias para desarrollar las competencias culturales

- **Conócete a ti mismo.** Si hay algo de este libro con lo que quiero que te quedes, es la máxima de que la autoconciencia constituye la esencia del aprendizaje socioemocional. Si eres capaz de identificar tus raíces históricas, creencias y valores; si sabes apreciar de qué modo ha influido la cultura en tu vida; si sabes qué es lo que te motiva e importa y eres consciente de tus propios prejuicios implícitos, es más probable que puedas brindar apoyo a otros para que desarrollen sus habilidades.

- **Conoce a tus alumnos.** ¿A qué grupo étnico pertenecen? ¿Cuál es su lengua materna y qué religión profesan? ¿Alguno de tus alumnos es un inmigrante o refugiado recién llegado? Incluso si los estudiantes se identifican con un único grupo étnico, no hagas suposiciones sobre sus valores o creencias; más bien tómate la molestia de conocer a cada uno de ellos de forma individual, al tiempo que aprendes sobre la historia y cultura de sus identidades.

- **Conoce a las familias de tus alumnos.** Los familiares también sienten emociones respecto a la escuela y los docentes de sus retoños —pueden temer que su hijo sea maltratado o acosado, pueden desconfiar de un maestro cuya cultura sea distinta de la de ellos o pueden cuestionar la idoneidad de un docente porque el aula no guarda similitud alguna con el tipo de aula a la que ellos asistían de niños—. Independientemente de sus sentimientos hacia ti o hacia la escuela, recuerda que sus emociones son reales; otro tema distinto es que no compartas su punto de vista.

- **Empieza por conocer personalmente a los padres de tus alumnos;** para ello puedes idear una merendola en la que cada uno traiga algo, organizar una tarde de actividades para conocerse mejor antes de que dé comienzo el nuevo curso, acercarte por su casa o llamarles por teléfono para celebrar los logros de sus hijos, etc. El objetivo de este tipo de interacción es establecer vínculos estrechos con las familias y, con ello, aprender más sobre sus creencias, anhelos y sueños, y saber cómo perciben el papel que juegas en la educación de sus hijos.

  Elena Aguilar, fundadora de Bright Morning Consulting y autora de *The Art of Coaching*, recomienda a los docentes que transmitan a las familias su voluntad de conocer mejor su cultura, reconociendo la existencia de esas diferencias. A muchos padres inmigrantes les inquieta que sus hijos puedan olvidar su propia cultura cuando vayan a la escuela y, por ello, se sentirán aliviados al saber que el profesor de su hijo desea conocer mejor su cultura y orígenes. Invitar a los padres a que acudan al aula es también una excelente forma de celebrar y compartir las distintas culturas del alumnado.

- **Aprende sobre la comunidad.** Se trata de una extensión de lo expuesto anteriormente: la importancia de conocer a tus alumnos y sus familias. Pasear por un vecindario y apreciar el patrimonio de esa comunidad —sus platos típicos, su música popular, sus tradiciones y su historia— y entender algunos de los problemas a los que se enfrenta, puede proporcionarte información importante que te permita sintonizar con tus estudiantes y dar forma a tu estrategia docente. ¿Cómo celebra la comunidad las fechas señaladas? ¿Cómo ha cambiado el barrio en la última década? ¿Se hayan algunos de los padres sin trabajo o tienen problemas en materia de vivienda? ¿Cómo afecta todo ello a la población estudiantil que acude a tu colegio? Te recomiendo que abordes este proceso con curiosidad y sin emitir juicios de valor. ¿Qué puedes aprender que te permita brindar un mejor servicio a tu alumnado? Y ¿qué puedes reconocer en las reacciones inmediatas que te suscita el vecindario que te permita analizar y contrarrestar tus propios prejuicios?

PUNTOS CLAVE Y PRÓXIMOS PASOS

Las relaciones humanas constituyen el ingrediente esencial del aprendizaje y desarrollo humano. Por su parte, las experiencias positivas y sólidas favorecen el desarrollo óptimo del cerebro y ejercen un importante efecto protector sobre niños y adolescentes. Los estudiantes que afirman mantener una relación positiva con sus profesores obtienen mejores resultados académicos y albergan un mayor sentimiento de pertenencia. Como educador puedes fomentar las relaciones positivas y afectuosas con tus estudiantes cultivando un vínculo afectivo, creando una sensación de confianza, contrarrestando tus propios prejuicios y ratificando la identidad de tus alumnos.

Ahora, con lápiz y papel en mano, responde a las siguientes preguntas:

Resumen
¿Cuáles son, en tu opinión, los puntos clave de este capítulo?

Reflexión
¿En qué pensabas mientras leías este capítulo? ¿Cómo te has sentido? ¿Qué te ha sorprendido?

Orientación
¿Qué relevancia tiene lo analizado en este capítulo para tu labor de educador? Cita una o dos medidas que pretendas adoptar con el objeto de cultivar la relación con tus alumnos.

NOTAS AL PIE

27. Darling-Hammond, Linda, and Channa M. Cook-Harvey. "Educating the Whole Child: Improving School Climate to Support Student Success." Learning Policy Institute. Septiembre de 2018.

28. Williford, Amanda P., and Catherine Sanger Wolcott. "SEL and Student-Teacher Relationships." In *Handbook of Social Emotional Learning: Research and Practice* edited by Joseph A. Durlak, Celine E. Domitrovich, Roger P. Weissberg, and Thomas P. Gullotta. New York, NY: Guilford Press, 2016.

29. Osher, David, Pamela Cantor, Juliette Berg, Lily Steyer, and Todd Rose. "Drivers of Human Development: How relationships and context shape learning and development." *Applied Developmental Science* 24, no. 2 (Enero de 2018): 1-31. https://doi.org/10.1080/10888691.2017.1398650

30. "From Best Practices to Breakthrough Impacts: A Science-Based Approach to Building a More Promising Future for Young Children and Families." Center on the Developing Child at Harvard University. 2016. https://developingchild.harvard.edu/resources/from-best-practices-to-breakthrough-impacts/

31. Sprang, Ginny, and Miriam Silman. "Posttraumatic stress disorder in parents and youth after health-related disasters." *Disaster Medicine and Public Health Preparedness* 7, no. 1 (Febrero de 2013): 105–¬10. https://doi.org/10.1017/dmp.2013.22

32. Cipriano, Christina, Gabrielle Rappolt-Schlichtmann, and Marc Brackett. "Supporting School Community Wellness with Social and Emotional Learning (SEL) During and After a Pandemic." Penn State College of Health and Human Development. Agosto de 2020. https://www.prevention.psu.edu/uploads/files/PSU-SEL-Crisis-Brief.pdf

33. Osher, "Drivers of Human Development," 1-31.

34. Goddard, Roger, Megan Tschannen-Moran, and Wayne K. Hoy. "A Multilevel Examination of the Distribution and Effects of Teacher Trust in Students and Parents in Urban Elementary Schools." *The Elementary School Journal* 102, no. 1 (Septiembre de 2001): 3-17. https://doi.org/10.1086/499690.

35. Rainer, Julie, Edi Guyton and Christie Bowen. "Constructivist Pedagogy in Primary Classrooms." Paper presented at the Annual Conference of the American Educational Research Association. New Orleans. 24-28 de abril de 2000.

36. Yeager, David, Valerie Purdie-Vaughns, Sophia Yang Hooper, and Geoffrey L. Cohen. "Loss of Institutional Trust Among Racial and Ethnic Minority Adolescents: A Consequence of Procedural Injustice and a Cause of Life-Span Outcomes." *Child Development* 88, no. 2 (Febrero de 2017): 658–676. https://doi.org/10.1111/cdev.12697.

37. Hammond, Zaretta. *Culturally Responsive Teaching and the Brain: Promoting Authentic Engagement and Rigor Among Culturally and Linguistically Diverse Students*. Thousand Oaks, CA: Corwin, 2014.

38. "Race and Ethnicity of Public Schools Teachers and Their Students." National Center for Education Statistics, Septiembre de 2020. https://nces.ed.gov/pubs2020/2020103.pdf

39. Hammond, Zaretta. "You Could Be 'Woker' than You Think." Facebook. 30 de julio de 2020.

40. Carver-Thomas, Desiree. "Diversifying the Teaching Profession: How to Recruit and Retain Teachers of Color." Learning Policy Institute. 19 de abril de 2020. https://learningpolicyinstitute.org/product/diversifying-teaching-profession-report

Capítulo 3.
Las adversidades afectan al aprendizaje

David era un alumno de quinto grado de un centro de enseñanza primaria de East Oakland (California, EE. UU.) en el que trabajé como maestra de educación especial. La escuela estaba ubicada en un barrio gravemente afectado por la delincuencia, las drogas y las bandas. Algunos de los alumnos que allí cursaban estudios habían estado expuestos a situaciones violentas y abusos, y la mayoría había sufrido algún tipo de trauma psicológico.

A David le encantaba dibujar cómics y a menudo jugaba al baloncesto durante el recreo. Le gustaban las matemáticas (especialmente resolver problemas matemáticos con materiales didácticos manipulables), si bien su nivel de lectura era propio de un alumno de segundo grado y, aunque no era el único de la clase en esa situación, se sentía avergonzado. Me reunía con David dos veces por semana para trabajar en su capacidad de lectura. En cuanto entraba en mi despacho, sabía con claridad si David se encontraba bien o si estaba teniendo un mal día; y cuando se sentía derrotado, frustrado o presionado de alguna manera, se cerraba en banda y no respondía a ninguna comunicación verbal. Los demás docentes que trabajaban con él y yo solíamos preguntarnos qué más podíamos hacer para apoyarle. David llevaba solo un año matriculado en la escuela y la abandonaría cuando finalizara el quinto grado, con lo cual, no disponíamos de mucho tiempo.

Me reuní con su madre en varias ocasiones para comentar el progreso de David. Estaba en situación de desempleo y era toxicómana. Siempre me preguntaba cómo sería para David regresar a casa después del colegio. ¿Disponía acaso de un lugar seguro para dormir? ¿Le preparaba alguien una comida caliente? ¿Recibía palabras de aliento? Era duro ver con cuánto sufrimiento cargaba a sus espaldas y darme cuenta de que no estábamos haciendo lo suficiente para ayudarle de verdad. Una vez que David terminó el quinto grado, le perdí la pista. Todavía recuerdo la impotencia que me invadía el día que nos despedimos.

En Estados Unidos, 34,8 millones de niños se ven afectados por experiencias adversas en la infancia —esto es, situaciones estresantes o traumáticas que los niños viven antes de cumplir los 18 años, tales como pobreza, violencia intrafamiliar, abandono, abuso, o enfermedad mental o drogodependencia de un progenitor—.[41] Las experiencias infantiles adversas dañan el cerebro en desarrollo de los niños, lo que provoca cambios en la forma en que responden al estrés, y deterioran su sistema inmunológico con repercusiones que se manifiestan incluso en la edad adulta. En el primer estudio epidemiológico a gran escala realizado en 1998 por los Centros para el Control y la Prevención de Enfermedades de Estados Unidos y el consorcio estadounidense Kaiser Permanente, los investigadores observaron reiteradamente *una relación dosis-respuesta corregida* entre las experiencias adversas en la infancia y los problemas de salud y bienestar a lo largo de la vida.[42] Es decir, a medida que aumentaba el número de factores causantes de estrés, aumentaba también la probabilidad de que surgieran factores de riesgo de desarrollar enfermedades a lo largo de la vida.

El estudio se realizó en una población en la que el 70 % era de raza blanca y tenía estudios universitarios y, en su condición de pacientes de Kaiser Permanente, los participantes del estudio gozaban asimismo de una excelente asistencia médica. La opinión más extendida de que la pobreza y la carencia de servicios de asistencia sanitaria adecuados generan una salud deficiente dejó de sostenerse tras la publicación de este estudio. Otras investigaciones han validado estos hallazgos: las experiencias infantiles adversas constituyen por sí solas un factor de riesgo de muchas de las enfermedades comunes y graves que se dan en Estados Unidos y en el resto del mundo, independientemente de cuestiones tales como los ingresos, la raza o el acceso a la atención sanitaria.

Según los Centros para el Control y la Prevención de Enfermedades de EE. UU., los niños que se ven afectados por experiencias adversas en su infancia tienen un mayor riesgo de padecer:

- Alcoholismo
- Enfermedad pulmonar obstructiva crónica (EPOC)
- Depresión
- Muerte fetal
- Calidad de vida relacionada con la salud
- Consumo ilícito de drogas
- Cardiopatía isquémica
- Enfermedades hepáticas
- Rendimiento laboral deficiente
- Dificultades económicas
- Violencia perpetrada en la intimidad por la propia pareja
- Promiscuidad sexual
- Enfermedades de transmisión sexual
- Tabaquismo
- Intentos de suicidio
- Embarazos no deseados
- Iniciación temprana al tabaquismo
- Inicio precoz de la actividad sexual
- Embarazos en la adolescencia
- Riesgo de violencia sexual
- Rendimiento académico deficiente

La exposición elevada o frecuente a experiencias adversas en la infancia perturba el desarrollo del cerebro, lo que, a su vez, afecta al crecimiento social, emocional y cognitivo. Cuando el estrés tóxico que sufren los estudiantes no se trata, éstos pueden tener problemas de salud y desarrollar problemas de salud mental —tales como depresión, ansiedad, toxicomanía o suicidio—. Muchos niños que se ven expuestos a experiencias adversas graves o frecuentes en la infancia desarrollan asimismo problemas de aprendizaje y pueden sufrir déficit de atención, concentración, memoria y creatividad. Estos estudiantes pueden ser tildados —por docentes y cuidadores— de reacios a seguir instrucciones, rebeldes o indiferentes cuando, en realidad, existen causas importantes que afectan a su capacidad de desarrollar un sistema de reacción al estrés sano. La detección temprana de adversidades puede ayudar a pediatras y educadores a identificar y tratar a niños que corren el riesgo de padecer problemas de salud de por vida.

Cuando los estudiantes se han visto sometidos a situaciones de estrés tóxico, sus hormonas del estrés oprimen sus cuerpos y cerebros, y situaciones del todo cotidianas —como el ruido de un libro que cae al suelo o un cambio en la rutina diaria— pueden desencadenar una reacción de lucha, huida o parálisis. Estos estudiantes tienden a disponer de un número menor de herramientas para hacer frente a situaciones estresantes cotidianas y habituales —como puede ser hacer un examen en el colegio— y ello se debe, en parte, a que sus cerebros y cuerpos pueden reaccionar como si

Tipos de estrés

ESTRÉS POSITIVO	ESTRÉS TOLERABLE	ESTRÉS TÓXICO
El cuerpo responde al estrés cotidiano normal (p.ej. llegar a la escuela a tiempo o hacer un examen).	El cuerpo responde a un estrés más grave (p.ej. vivir un desastre natural o sufrir una herida impactante).	El cuerpo responde al estrés grave y/o duradero (p.ej. abuso o abandono emocional o físico).
Las hormonas del estrés permiten que el cuerpo haga lo necesario en ese momento, pero, una vez superada esa situación, el cuerpo vuelve a su estado normal.	La liberación de un torrente de hormonas del estrés permite al cuerpo estar a la altura de las circunstancias y ponerse en estado de alerta. Sin embargo, la presencia de un adulto comprensivo y de confianza puede neutralizar este apuro, calmar la reacción al estrés del niño y fomentar su fortaleza de carácter.	Las hormonas del estrés oprimen el cuerpo y cerebro del niño. Si no recibe apoyo de un adulto comprensivo y de confianza, el niño puede desarrollar problemas de salud física y mental y trastornos de conducta de por vida.

Fuente: adaptación del Center for Youth Wellness

estos pequeños desafíos supusieran amenazas reales a su supervivencia. El estrés tóxico afecta a la capacidad de las personas de hacer uso de sus habilidades socioemocionales HEART.

Paralelamente, la exposición a estrés tóxico afecta a la sensación de seguridad de los niños. Si la relación entre padres e hijos ha sido incoherente o malsana, o ha sufrido interrupciones, será difícil que esos niños sepan si pueden confiar en otros adultos. Por ejemplo, cuando un docente dice: «Primero guarda estos libros y luego puedes ir al recreo», es posible que el niño no crea que la segunda acción realmente vaya a tener lugar y puede decidir que no merece la pena guardar los libros. Los patrones de apego inseguro establecidos con los primeros cuidadores se proyectarán en relaciones futuras y, para que estos niños creen nuevos patrones de relación, serán necesarias experiencias positivas reiteradas y concordantes con adultos.

La Dra. Tish Jennings, líder de reconocido prestigio internacional en los campos del aprendizaje socioemocional y de la conciencia plena o *mindfulness* en la educación, explica que los educadores *pueden* crear nuevos patrones para que los niños valoren a los adultos; así, los estudiantes pueden aprender que los maestros son personas comprensivas y bondadosas, dispuestas a ayudarles.[43] Ello reviste especial importancia para los profesionales de educación infantil y primaria. Cuanto antes puedan los niños ver a sus maestros como adultos comprensivos y serviciales, antes podrán disfrutar de las ventajas de acudir a la escuela.

El grado en el que las experiencias infantiles adversas afectan al crecimiento y desarrollo de un estudiante, y los niveles de estrés asociados a estas experiencias, pueden variar en función del niño y/o la situación. Por ejemplo, si bien es cierto que un hogar en el que los progenitores estén viviendo un proceso de divorcio puede generar un alto nivel de estrés, en algunos casos, abandonar a un progenitor maltratador para empezar a vivir con uno más estable puede reducir el nivel de estrés del niño. Por añadidura, los estudiantes que se han visto expuestos en la misma medida a experiencias adversas en la infancia pueden hacer frente al estrés de diferentes maneras dependiendo de si mediaron intervenciones eficaces por parte de médicos y educadores, y si pudieron reducir o eliminar la exposición al estrés tóxico.

Es posible que sientas impotencia ante los hallazgos de este estudio y los numerosos desafíos a los que se enfrentan niños y jóvenes; sin embargo, recuerda que tanto niños como jóvenes *pueden* tener experiencias que les protejan y ayuden a fomentar su fortaleza de carácter a pesar de las experiencias adversas vividas en la infancia. Como educador, actúas como elemento protector para estos estudiantes y puedes convertirte en un ejemplo diferente para un niño que se ha visto expuesto a estrés tóxico y no confía en otros adultos. En el siguiente apartado analizaremos qué medidas puedes adoptar en clase para fomentar la resiliencia de tus alumnos.

FOMENTAR LA FORTALEZA DE CARÁCTER DE LOS ESTUDIANTES

Hace unos años me ofrecí como voluntaria en una escuela secundaria local para brindar refuerzo a los estudiantes de último curso con sus solicitudes de admisión a la universidad —eran, en su mayoría, los primeros de sus familias en acceder a estudios superiores—. Un año fui mentora de Carolina, una estudiante segura de sí misma, motivada y muy trabajadora que estaba a punto de graduarse con matrícula de honor a pesar de las dificultades a las que había tenido que hacer frente de niña. Llegó ilegalmente a Estados Unidos con su madre y tres hermanos a la temprana edad de seis años, huyendo de un padre violento. La madre de Carolina tuvo que aceptar varios empleos para poder mantener a la familia y, juntos, tuvieron que mudarse en diversas ocasiones por temor a ser deportados. A pesar de que la madre había instado a Carolina a centrarse en una única cosa —su educación—, la niña a menudo tenía que ocuparse de sus hermanos y preparar la cena y el almuerzo antes de que su madre volviera a casa del trabajo.

Cuando conocí a Carolina, me sorprendió lo claro que tenía lo que quería estudiar en la universidad: educación; quería convertirse en maestra y ayudar a otros niños en circunstancias similares. Le encantaba la escuela y sentía la obligación moral de servir a la comunidad.

Carolina se matriculó en una universidad estatal y consiguió un trabajo a tiempo parcial. Dos años después se vio obligada a apuntarse a un centro docente de educación terciaria porque no podía permitirse la matrícula universitaria y deseaba estar más cerca de su madre. Ahora trabaja en el departamento de atención al cliente de una empresa de software y le faltan dos asignaturas para graduarse.

A pesar de que Carolina vivió experiencias adversas en su infancia —ser testigo del maltrato hacia su madre, el estrés de mudarse en numerosas ocasiones o el miedo a ser deportada, entre otras—, jamás se rindió. Fue una estudiante modelo en el instituto y está decidida a terminar sus estudios superiores y graduarse. La combinación de sus cualidades personales, el apoyo de su madre y el de docentes comprensivos que creían en ella contribuyeron a atenuar las repercusiones negativas de sus experiencias infantiles.

La investigación arroja que el tipo de atención y apoyo adecuado puede mitigar las consecuencias del estrés tóxico en los niños y ayudarles a recuperarse.[44] Asimismo, las personas, familias y comunidades pueden influir en el desarrollo de muchos de los mecanismos de protección a lo largo de la vida de un niño. El tratamiento eficaz de las experiencias infantiles adversas requiere de un *esfuerzo comunitario coordinado* que pueda brindar apoyo eficaz a niños, jóvenes y familias. Sin ser esto algo que puedas resolver tú solo, sí hay actividades que puedes llevar a cabo en clase a fin de prestar mejor apoyo a aquellos estudiantes que padecen un trauma.

PRÁCTICAS IDÓNEAS PARA EL TRATAMIENTO DE LOS TRAUMAS

Quizás te preguntes cuántos alumnos de tu clase han padecido o padecen un trauma y estrés tóxico. Es posible que, en determinados casos, recibas información por parte del asesor o psicólogo escolar o, si el estudiante cuenta con uno, de su proyecto educativo personalizado. Aun así, en muchos casos, los estudiantes no comparten lo que les sucede, pues temen ser castigados severamente por su cuidador o que se les tache de mentirosos; mientras que, en otros casos, simplemente tienen dificultades para verbalizar su experiencia. Por consiguiente, existe la posibilidad de que haya alumnos en tu clase que hayan vivido experiencias infantiles adversas que desconoces. Lo bueno es que las prácticas idóneas para el tratamiento de los traumas benefician a *todos* los estudiantes, por lo que no es preciso que sepas con certeza si tus alumnos padecen estrés tóxico para poner en marcha estas estrategias.

Durante mi formación para convertirme en maestra de educación especial, existía una importante corriente de opinión interesada en generalizar el uso de estrategias efectivas para mejorar el apoyo a los problemas de aprendizaje en la educación general. Hasta ese momento, los docentes empleaban determinadas herramientas únicamente con alumnos de educación especial, convencidos de que los demás estudiantes no las necesitaban. Pues bien, los educadores comenzaron a darse cuenta de que muchas de esas estrategias no sólo beneficiaban a los estudiantes a los que habían diagnosticado algún tipo de discapacidad, sino también a otros alumnos. Lo mismo cabe decir de las prácticas idóneas para el tratamiento de los traumas; no es preciso reservarlas exclusivamente a aquellos estudiantes que sabes con certeza que se han visto expuestos a adversidades, pues éstas pueden ser de utilidad a *todos* los alumnos de tu clase.

Cultiva relaciones de apoyo. Si has pasado por alto el capítulo 2, este podría ser un buen momento para volver atrás y leerlo. Si, por el contrario, lo has leído, sabrás que las relaciones positivas entre estudiantes y docentes son fundamentales para garantizar un desarrollo sano y sentar las bases del aprendizaje permanente. La Dra. Tish Jennings subraya que un ambiente cálido y de apoyo en el aula constituye una *necesidad*[45] en el caso de alumnos que padecen algún trauma. De ahí la importancia de que conozcas a tus estudiantes y te centres en sus puntos fuertes, incluso cuando presenten dificultades. Si te esfuerzas en identificar sus cualidades, te resultará más sencillo conectar con ellos pese a algunos de sus comportamientos difíciles.

Cuando muestras consideración positiva e incondicional para con tus alumnos —sin que ésta esté sujeta a su obediencia o a que entreguen un trabajo o saquen buenas notas—, aprenden que son merecedores de atención y cariño simplemente por el mero hecho de ser quienes son. Se trata de un aprendizaje fundamental para los estudiantes y una lección cuya aplicación práctica por parte del profesorado no está exenta de dificultades; realmente requiere que los educadores empleen sus habilidades socioemocionales HEART, tales como la empatía y la compasión, para lograr ver más allá del comportamiento del niño y decirle: «Cuéntame qué ha sucedido y cómo te has sentido, puedes contar conmigo».

Crea espacios que sean física y emocionalmente seguros. David, mi antiguo alumno, a veces acudía a mi aula cuando no se sentía del todo bien; solía mirar a su alrededor como si tratara de encontrar algo que hacer; a veces tomaba asiento, incluso si yo estaba trabajando con otros estudiantes. Su maestra y yo habíamos acordado que David viniera a mi aula cuando se sintiera abrumado en su ajetreada clase de quinto grado. Por lo general, solía leer tebeos durante unos minutos antes de regresar a su clase. Aunque su maestra y yo sabíamos que esta estrategia interrumpía su trabajo en clase, éramos conscientes de que David no podría centrarse en aprender a menos que se sintiera cuidado y atendido, y dispusiera de un espacio seguro para gestionar sus emociones.

Para que el aprendizaje surta efecto, los niños necesitan sentirse física y emocionalmente seguros. Si bien es cierto que la mayoría de las aulas son físicamente seguras, sería oportuno que en ellas se creara un entorno más sano desde el punto de vista emocional. Cuando los estudiantes se sienten avergonzados, intimidados o asustados de manera constante, desconectan de la escuela y pierden la motivación. Esta desconexión puede favorecer el que falten a clase, repitan curso y sean objeto de actuaciones disciplinarias, lo que, a su vez, puede conducir a la deserción escolar.[46] Dicho de otro modo, cuando las escuelas no propician las condiciones necesarias para el aprendizaje, lo que incluye las relaciones positivas entre estudiantes y adultos, el ambiente escolar puede perjudicar a los alumnos.

Como se ha visto en el capítulo 1, es positivo que los alumnos manifiesten diversas emociones en la escuela; sin embargo, en los entornos de aprendizaje no pueden tener cabida la frustración o el miedo, pues estas emociones favorecen que el cerebro tenga una reacción de lucha, huida o parálisis. Es fundamental que los niños que han sufrido algún trauma y se han visto abocados a adversidades encuentren un ambiente de respeto y atención en el que se establezcan límites y expectativas saludables que compartan estudiantes y docentes.

La existencia de políticas excluyentes, como pueden ser la suspensión y expulsión, redundan en perjuicio de los alumnos que sufren estrés tóxico, provocándoles un sentimiento de rechazo y deteriorando su autoestima. Estas medidas rompen asimismo los lazos entre el alumno y la escuela, generando una falta de confianza hacia los docentes y hacia la escuela como institución.

Por las razones expuestas, se recomienda que los estudiantes participen en el proceso de creación del tipo de conductas que se esperan de ellos en clase, teniendo en cuenta sus propias necesidades; ello favorecerá que los alumnos que han sufrido experiencias infantiles adversas asuman el mando de su propio aprendizaje y desarrollo. Cuando las expectativas se crean de forma colaborativa, los estudiantes no sólo tienden a sentirse más comprometidos con su cumplimiento, sino que también favorecen que otros participen de ellas.

Si bien muchos docentes pueden sentir la necesidad de crear condiciones óptimas para que los alumnos no muestren conductas disruptivas (esto es, evitando todo aquello que pueda provocar a los estudiantes), la realidad es que los educadores no pueden controlar todo lo que sucede dentro o fuera del aula. Con todo, pueden disminuir el número y la intensidad de esas conductas disruptivas enseñándoles formas sanas de identificar y gestionar sus emociones a fin de que puedan tomar mejores decisiones. Estas habilidades de autogestión contribuirán al éxito de los alumnos no sólo en clase, sino también cuando interactúen con los compañeros y se desenvuelvan en otros entornos.

No debemos rebajar nuestras expectativas respecto del crecimiento académico, social y emocional de los estudiantes; al contrario, debemos mantener las expectativas a la par que brindamos el necesario apoyo para que los alumnos con necesidades específicas lleguen a donde necesitan estar. Los estudiantes que han tenido que enfrentarse a experiencias adversas de niños pueden convertirse en adultos sanos, productivos y felices, si se les brinda el apoyo adecuado. Un buen ejemplo de ello es la historia de Vinny Ferraro.[47] Ferraro es un profesional de la atención plena o *mindfulness* y formador de Mindful Schools desde hace mucho tiempo. Al escuchar sus meditaciones guiadas, suaves y compasivas, jamás imaginarías que traficó con drogas en New Haven (Connecticut, EE. UU.) a la edad de 15 años y que pasaba heroína de contrabando en la cárcel para su padre que cumplía condena. Cuando contaba 20 años, ya era adicto al crack y pesaba 50 kg. Tras superar su adicción a las drogas, comenzó a dar charlas a heroinómanos en centros de desintoxicación y correccionales de menores; por fin había encontrado una ocupación para la que realmente valía, sin necesidad de pelear y traficar con drogas. Desde entonces, Ferraro, en su condición de director de formación de Challenge Day —un programa escolar de inteligencia emocional y preparación para la vida cotidiana de reconocido prestigio nacional—, ha dirigido talleres en los que han participado más de 110.000 jóvenes. Ejerce asimismo de docente y director del Mind Body Awareness Project, un plan de estudios centrado en la atención plena y orientado a jóvenes reclusos, y da charlas en retiros de *mindfulness* para adultos en Estados Unidos y en todo el mundo.

La historia de Ferraro ejemplifica cómo las experiencias infantiles adversas pueden influir sobremanera (pero no así determinar) en el tipo de persona adulta en la que la persona se convertirá y en cómo decide valerse de esas experiencias negativas tempranas. En el ejemplo en cuestión, Ferraro se sirvió de sus propias experiencias para sintonizar con jóvenes en circunstancias similares y apoyarles en su lucha por un futuro más halagüeño. También hizo suya la atención plena y lleva practicando la meditación desde principios de los años noventa. Ferraro explica que su deseo es lograr un cambio compartiendo sus experiencias y aplicando un enfoque pedagógico socioemocional y de atención plena. En palabras de Ferraro, en una entrevista realizada en 2018:[48]

> «La práctica me ayuda muchísimo. Me sentía solo en el mundo y ahora siento que de alguna manera pertenezco al mundo y que mi regalo para este mundo es mi corazón. Cuando la gente me oye hablar sobre mi historia, se siente a gusto y tranquila; se produce una transmisión

y la gente piensa: "si este tipo ha podido hacerlo, tal vez yo también lo consiga"».

Con demasiada frecuencia los niños se ven forzados a soportar una gran carga de estrés y trauma que puede afectarles incluso en la edad adulta, repercutiendo negativamente en su capacidad de vivir una vida plena y sana. Aun así, una clase en la que estén presentes la pedagogía con corazón y el cultivo de las habilidades socioemocionales HEART, y que cuente con un docente cariñoso y comprensivo, puede realmente marcar la diferencia en la vida de un niño. Al crear un lugar física y emocionalmente seguro para los estudiantes, estarás sembrando la semilla del cambio para alumnos como David y Vinny Ferraro.

Enseña capacidades de autogestión y promueve su desarrollo. Como ya hemos visto, las experiencias adversas en la infancia pueden alterar radicalmente el cerebro en desarrollo de un niño, interfiriendo, a menudo, con su desarrollo socioemocional sano. Esto supone que, en determinados casos, los estudiantes que han vivido experiencias adversas durante su infancia no aplicarán las mismas estrategias de autogestión y autoconsuelo que cabría esperar de alumnos en ese mismo rango de edad. A menudo tienen problemas con la regulación emocional, lo que les dificulta trabajar en grupo o perseverar a fin de resolver problemas y concluir los deberes. Los educadores que trabajan con estudiantes que padecen algún trauma pueden reforzar su crecimiento y disposición a aprender de dos maneras:

1. Impartiendo enseñanzas explícitas de alfabetización emocional que permitan a los alumnos identificar sus emociones y enseñándoles prácticas de atención plena, tales como utilizar la respiración para tranquilizarse. En el capítulo 5 profundizaremos en las habilidades socioemocionales HEART de conciencia de uno mismo («Honrar a las emociones») y autogestión («Elegir las respuestas»).

2. Brindando apoyo a los estudiantes cuando empiecen a mostrar signos de inquietud o frustración. Puedes contribuir a que tus alumnos se calmen mediante un tono de voz tranquilizador y reconfortante, u

ofreciéndoles la posibilidad de retirarse a un rincón tranquilo *antes* de que se desboquen.

Aunque no siempre podrás prever cambios en el programa o la probabilidad de que ciertas actividades adquieran un cariz caótico, puedes ser una figura estable, coherente y fiable para tus estudiantes, quienes precisarán de nuevas oportunidades para aprender y poner en práctica sus capacidades de autogestión —las cuales podrás estructurar mediante una intervención escalonada, tal como lo harías con tu enseñanza académica—.

Cuídate. A algunos docentes puede resultarles difícil sintonizar con estudiantes cuyas conductas sean complicadas de gestionar en el aula y no siempre consiguen entender al alumno y aquello que se esconde tras su conducta díscola. En otros casos, los educadores son tan conscientes de las experiencias traumáticas que viven sus alumnos que tienden a volverse demasiado protectores o a involucrarse en exceso. En uno u otro caso, las consecuencias son similares: el trauma que padecen los estudiantes pasa factura emocional y física a los maestros. En los colegios estadounidenses situados en barrios con un nivel socioeconómico bajo, se registra una alta rotación del claustro debido al agotamiento que supone trabajar con estudiantes que viven en situación de pobreza y sufren algún trauma.[49] Esta rotación va en detrimento de los estudiantes, pues no sólo conlleva la ruptura de la relación entre maestro y alumno, sino que muchos puestos vacantes se cubren con profesionales no cualificados.

Es fundamental que los docentes se cuiden a sí mismos y los centros educativos deben adecuar sus planes en consecuencia. He sido testigo de cómo los maestros se inquietan y la indiferencia se apodera de ellos cuando las reuniones del claustro no les permiten interactuar entre sí y pasar del ambiente del aula al de la sala de profesores. He podido asimismo comprobar cómo el simple hecho de dedicar unos minutos de atención plena o gratitud al comienzo de una reunión contribuye a que los educadores mantengan la sensatez y la compostura, y se sientan preparados para interactuar con los demás. Con independencia del tipo de centro educativo en el que trabajes, está en tu mano cuidarte, lograr satisfacción en tu trabajo y darle sentido a tu labor pedagógica. Tu bienestar es prácticamente un requisito *indispensable* para el desarrollo de la capacidad socioemocional de tus alumnos. En la tercera parte de este libro profundizaremos en el objetivo de convertirnos en educadores con corazón.

Según el Center for Youth Wellness, existen varios elementos que pueden ayudar a los estudiantes a encarar el estrés de forma sana:

— Relaciones de apoyo

— Alimentación equilibrada

—Ejercicio/actividad física periódica

—Calidad del sueño

—Atención de la salud mental

—Prácticas de atención plena

PUNTOS CLAVE Y PRÓXIMOS PASOS

Los docentes desempeñan un papel esencial en el apoyo a estudiantes que se han visto expuestos a traumas y adversidades, quienes pueden vivir experiencias que les protejan y ayuden a trabajar su fortaleza de carácter pese a sus experiencias infantiles adversas. Como educador puedes actuar como elemento protector para estos estudiantes si cultivas una relación positiva, creas un espacio seguro en el aula e impartes las habilidades socioemocionales HEART. El empleo de estrategias de cuidado personal redundará en tu propio beneficio, preservando tu energía y compromiso con tu labor docente.

Ahora, con lápiz y papel en mano, responde a las siguientes preguntas:

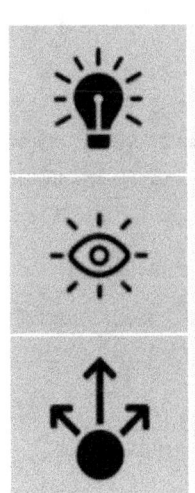

Resumen
¿Cuáles son, en tu opinión, los puntos clave de este capítulo?

Reflexión
¿En qué pensabas mientras leías este capítulo? ¿Cómo te has sentido? ¿Qué te ha sorprendido?

Orientación
¿Qué relevancia tiene lo analizado en este capítulo para tu labor de educador? Cita una o dos medidas que pretendas adoptar en tu aula para brindar apoyo a aquellos alumnos que han padecido un trauma.

NOTAS AL PIE

41. "Adversity and toxic stress are so pervasive, they affect us all." Center for Youth Wellness. Recuperado el 23 de septiembre de 2020 de https://centerforyouthwellness.org/ace-toxic-stress/

42. Felitti, V. J., R. F. Anda, D. Nordenberg, D. F. Williamson, A. M. Spitz, V. Edwards, and J. S. Marks. "Relationship of childhood abuse and household dysfunction to many of the leading causes of death in adults: The Adverse Childhood Experiences (ACE) Study." *American Journal of Preventive Medicine* 14, no. 4 (Mayo de 1998): 245-258. https://doi.org/10.1016/s0749-3797(98)00017-8.

43. Jennings, Patricia. *The Trauma-Sensitive Classroom: Building Resilience with Compassionate Teaching.* New York: W. W. Norton & Company, 2018.

44. "Young Children Develop in an Environment of Relationships: Working Paper No. 1." National Scientific Council on the Developing Child. Actualizado en octubre de 2009. https://46y5eh11fh-gw3ve3ytpwxt9r-wpengine.netdna-ssl.com/wp-content/uploads/2004/04/Young-Children-Develop-in-an-Environment-of-Relationships.pdf

45. Jennings, *The Trauma-Sensitive Classroom.*

46. Osher, David, Pamela Cantor, Juliette Berg, Lily Steyer, and Todd Rose. "Drivers of Human Development: How relationships and context shape learning and development." *Applied Developmental Science* 24, no. 2 (Enero de 2018): 1-31. https://doi.org/10.1080/10888691.2017.1398650

47. Sharkey, Alix. "The Heartful Dodger." *Tricycle.* Primavera de 2010. https://thejusticeartscoalition.org/wp-content/uploads/2011/07/the-heartful-dodger.pdf

48. Wilson, Tamara. "He lived in a crack house. Now he's guiding people out of addiction, with meditation." *CNN.* Actualizado el 31 de agosto de 2018. https://www.cnn.com/2018/08/31/health/turning-points-vinny-ferraro/index.html

49. Izard, Ernest. "Teaching Children from Poverty and Trauma." National Education Association. https://files.eric.ed.gov/fulltext/ED594465.pdf

Segunda Parte.

LA ENSEÑANZA CON EL MODELO HEART IN MIND

Capítulo 4.
Desarrollo de condiciones propicias para el aprendizaje

Creo firmemente que el aprendizaje socioemocional puede ser una herramienta para el progreso social si ponemos el modelo HEART in Mind *al servicio de* la equidad y la justicia social. Esto significa:

- La justicia no es algo secundario o un mero elemento añadido a nuestro plan de estudios, sino una forma de ser y de relacionarnos con nosotros mismos y con los demás en el aula.
- Los entornos de aprendizaje centrados en las relaciones se cultivan para contribuir a que las personas den lo mejor de sí mismas, y ello incluye mantener conversaciones peliagudas sobre el racismo sistémico y estructural, la discriminación, los privilegios y otros temas complejos.

- Los entornos intelectualmente seguros se crean cuando se pide a los estudiantes que resuelvan problemas complicados y se espera que participen en tareas que exigen un razonamiento.[51]

Bret Turner, escritor y antiguo maestro de enseñanza primaria, advierte del riesgo de «centrarse en el sueño de alcanzar un futuro más equitativo sin mostrar la realidad de un presente lastrado por las desigualdades».[52] Hacemos un flaco favor a nuestros estudiantes si no enfrentamos las numerosas creencias restrictivas de nuestra sociedad; las cuales, en muchos casos, se fundamentan en estereotipos, prejuicios inconscientes o pura ignorancia. No podemos hacer caso omiso de ellas, pues ejercen una profunda influencia en el modo en que nos comportamos y relacionamos con los demás, reforzando, en ocasiones, estos estereotipos y contribuyendo a prácticas poco o nada equitativas. Empezamos por analizar cómo nuestras propias creencias restrictivas pueden influir en nuestra praxis pedagógica y las expectativas que tenemos de nuestros estudiantes, para así poder convertirnos en educadores más efectivos y contribuir a que los estudiantes realicen un trabajo cognitivo de orden superior. Luego procedemos a ayudar a otros a que hagan lo propio.

Esta puede ser nuestra principal contribución para salvar las diferencias en materia de igualdad de oportunidades para estudiantes que han sido desatendidos por el actual sistema educativo, brindándoles las herramientas académicas, sociales y emocionales que precisan para prosperar en un mundo, en el siglo XXI, en el que las tecnologías, el acceso a la información y los procesos de trabajo cambian a un ritmo vertiginoso. Los alumnos deberán desarrollar aptitudes tales como el pensamiento crítico, la capacidad de solucionar problemas y aplicar sus conocimientos en distintas situaciones, así como tomar la iniciativa para llevar proyectos y actividades importantes a buen término. Serán asimismo necesarias buenas dosis de empatía y compasión a la hora de relacionarse con los demás, así como una competencia cultural que les permita desenvolverse en un mundo altamente complejo y diverso.

Cuando los educadores se sirven del modelo HEART in Mind, crean en el aula las *condiciones socioemocionales* necesarias para afianzar el aprendizaje profundo; con todo, es preciso alimentar la confianza, la seguridad física y emocional, y un sentimiento de pertenencia, propósito y conexión entre los miembros del grupo. Conforme avanza el tiempo, los educadores deben ir creando este ambiente mediante la aplicación sistemática de las prácticas fundamentales propuestas en esta obra e invitando a los alumnos a participar de los procesos de toma de decisiones que afectan a su propio crecimiento y desarrollo. Tanto docentes como estudiantes pueden cocrear comunidades en el aula en las que se defienda a las personas, se las permita albergar un sentimiento de pertenencia y se las enseñe responsabilidad social y justicia social. Es una ardua tarea y merece todo nuestro esfuerzo.

CUATRO CONDICIONES SOCIOEMOCIONALES FUNDAMENTALES PARA EL APRENDIZAJE

Según la investigación realizada por American Institutes for Research, existen cuatro condiciones socioemocionales fundamentales para el aprendizaje que favorecen la creación de una comunidad de educandos comprometida.[53] Me he permitido adaptarlas a fin de reflejar su aplicación efectiva en un aula en el que estén presentes las habilidades socioemocionales HEART. Estas condiciones ilustran el *qué*, esto es, los elementos que necesariamente deben darse para favorecer un ambiente de clase positivo. En el próximo capítulo, profundizaremos en las habilidades HEART y analizaremos el *cómo* —es decir, impartir estas competencias e incorporarlas de manera efectiva a tu estrategia docente—.

SEGURIDAD FÍSICA, EMOCIONAL E INTELECTUAL

— Apoyos conductuales

— Límites saludables

— Protección de la identidad

COMPROMISO Y RETOS ACADÉMICOS

— Expectativas elevadas

— Mentalidad académica

— Enseñanza centrada en el alumnado

APOYOS Y RELACIONES

— Vínculos importantes con compañeros y alumnos

— Sentimiento de pertenencia

— Apoyos efectivos

CAPACIDAD SOCIAL, EMOCIONAL Y CULTURAL

— Habilidades socioemocionales HEART

— Fortaleza de carácter

— Responsabilidad compartida

SEGURIDAD FÍSICA, EMOCIONAL E INTELECTUAL

Los estudiantes se sienten física, emocional e intelectualmente seguros y reciben un trato equitativo.

El miedo y el estrés no son emociones que favorezcan el aprendizaje. Cuando tenemos miedo, nuestra amígdala se activa, enviando señales de emergencia al cerebro y cuerpo para que podamos protegernos del peligro. El miedo también hace que nuestros pensamientos se tornen rígidos, al tiempo que el cerebro deja de responder y sentir curiosidad. Las situaciones estresantes prolongadas repercuten en nuestra capacidad de aprender y mantener la salud física. Si bien es cierto que estas emociones forman parte de la experiencia humana, la idea es crear entornos de aprendizaje en los que los alumnos se sientan motivados, curiosos y seguros, que, en definitiva, son emociones que fomentan el crecimiento y desarrollo saludable.

Cuando los estudiantes se sienten física, emocional e intelectualmente seguros, sus cerebros se muestran más receptivos a nuevos elementos, relaciones y experiencias. Hay tres cosas que puedes hacer para contribuir a que tus alumnos se sientan seguros en clase:

- Brindar apoyo conductual
- Establecer límites saludables
- Crear un espacio seguro en el que se respeten y fortalezcan las identidades

Brindar apoyo conductual. La gestión del comportamiento es, probablemente, uno de los aspectos más temidos y peliagudos de la pedagogía. La gestión de la dinámica social del aula y la resolución de conflictos son elementos tan propios de la enseñanza como lo son la planificación del programa lectivo y la redacción de boletines de calificaciones. Uno de los problemas con los que me topé como maestra —que sé de buena tinta es compartido por muchos colegas— fue desarrollar una disciplina positiva y equilibrada en mi clase que me permitiera mantener sistemáticamente límites saludables y al mismo tiempo establecer una relación afectiva y de apoyo con mis alumnos. No fue nada fácil. Aunque era capaz de visualizar claramente el aspecto y ambiente que deseaba para mi clase, no siempre fui capaz de recrear esa visión —en ocasiones, mi reacción ante las conductas díscolas del alumnado era establecer consecuencias inmediatas, y otras veces confiaba demasiado en aquellos estudiantes que se mostraban solícitos—. Era una maestra eficaz para muchos de mis alumnos, pero no para todos; hasta que me di cuenta de que los estudiantes precisan de *apoyo conductual* en el mismo grado que necesitan ayuda con las fracciones y para resolver problemas con múltiples pasos. Cuando dejé de entender la gestión del aula como «disciplina» y, en lugar de eso, empecé a brindarles apoyo deliberado que les permitiera tomar mejores decisiones, no sólo me sentí más cómoda con mi estrategia docente, sino que conseguí también una gestión más eficaz de mi clase.

> **REFLEXIONA SOBRE TUS PROPIAS EXPERIENCIAS.**
>
> ¿Qué es la disciplina en el aula para ti? ¿Dispones de ejemplos positivos que te gustaría imitar?
>
> ¿Tuviste modelos negativos que influyeran en cómo reaccionas ante las conductas perturbadoras de los alumnos?
>
> Si entiendes el comportamiento como una forma de comunicación (para repasar este concepto, consulta la página 24), ¿cómo puedes valerte de los mensajes de los estudiantes para reforzar el desarrollo de sus aptitudes conductuales?

Establecer límites saludables. La otra cara de la creación de un entorno en el que los estudiantes se sientan física y emocionalmente seguros es establecer límites saludables. Podemos diferenciar entre dos tipos:

- **Límites innegociables.** Se trata de las normas y los límites del aula que deberán ser respetados sistemáticamente en aras de la seguridad de los estudiantes y para garantizar que reine un ambiente de aprendizaje positivo. Estas normas deben ser claras y justas con los alumnos y deben aplicarse *invariablemente*. Como probablemente hayas experimentado en tu propia estrategia docente, la coherencia es un aspecto fundamental a la hora de garantizar la observancia de los límites por parte de los estudiantes. Si nuestras expectativas cambian a diario, el mensaje que transmitimos a los alumnos es que las normas son arbitrarias o injustas. Si tu deseo es establecer estos límites con cuidado al tiempo que mantienes relaciones sólidas con el alumnado, lo mejor es que crees un plan para trabajar con las interrupciones (puede ser tu propio plan o uno que compartas con otros educadores de tu centro educativo). Ello te permitirá ser más proactivo y menos reactivo en tus respuestas a las conductas de los estudiantes, además de indicarles que tienes la capacidad de guiarles de manera positiva, incluso cuando haces efectiva su responsabilidad.

- **Acuerdos compartidos.** Si bien es cierto que este tipo de límites difieren de las normas y límites innegociables, pueden no obstante superponerse. En este caso, son los alumnos quienes —con la orientación del profesor— consensuan los acuerdos compartidos, los cuales establecen no sólo cómo quieren relacionarse entre ellos en el aula, sino también cuál será su respuesta en caso de que dichos acuerdos se rompan. Los acuerdos compartidos son una magnífica herramienta para que los estudiantes desarrollen habilidades de resolución de problemas y trabajen la empatía. El proceso de consenso permite a los alumnos desarrollar un sentimiento de responsabilidad y de pertenencia a la comunidad del aula, y adquirir confianza en su aptitud para solucionar problemas.

Como ocurre con otros aspectos de la docencia, establecer límites saludables y fomentar el comportamiento positivo de los alumnos en clase requiere una buena dosis de introspección; debemos sentir curiosidad por saber cómo interpretamos las conductas de los estudiantes y cómo respondemos cuando no cumplen nuestras expectativas. Aunque lo ideal sería que pudiéramos ser «justos» con todos ellos, la realidad es que nosotros también flaqueamos y cometemos errores cuando interactuamos con nuestros estudiantes.

Las investigaciones han demostrado que los prejuicios implícitos de los docentes no sólo repercuten sobre las expectativas que tienen en relación con las habilidades académicas de los alumnos, sino que también influyen en cómo y cuándo aplican medidas correctivas para subsanar sus conductas díscolas. En Estados Unidos, los estudiantes negros y de sexo masculino, así como los alumnos con discapacidad, son objeto de castigos desproporcionados en niveles de educación infantil, primaria y secundaria —independientemente del tipo de medida disciplinaria, la tasa de pobreza o el tipo de escuela a la que asisten—. Por ejemplo, los estudiantes negros constituyen el 15,5 % de la totalidad de alumnos de las escuelas públicas, pero alrededor del 39 % ha sido objeto de una expulsión temporal, lo que supone una excesiva representación de aproximadamente 23 puntos porcentuales.[54]

Contar con un planteamiento de apoyo —que no de castigo— a las expectativas en materia de comportamiento, es un aspecto a tener en cuenta a la hora de crear un ambiente positivo y acogedor en el aula y corregir los prejuicios implícitos que muchos adultos tienen respecto a las conductas de los alumnos. Incluso en entornos de apoyo, tanto estudiantes como adultos cometerán errores; por ello, ser capaz de admitir que los errores forman parte del aprendizaje (no sólo en el ámbito académico, sino también en el desarrollo de nuestra capacidad socioemocional) constituye un paso en la dirección acertada. Y, cuando se produzca un perjuicio —lo cual inevitablemente sucederá—, se pueden adoptar medidas para subsanarlo.

Crear un espacio seguro en el que se respeten y fortalezcan las identidades. Los entornos seguros en los que se respetan y fortalecen las identidades ponen en valor la diversidad mediante el reconocimiento de la valía de las personas y sus circunstancias, así como de los numerosos aspectos que conforman sus identidades (edad, raza, género, cultura, idioma, orientación sexual, etc.). Se trata de aulas que se esfuerzan por eliminar los estereotipos negativos que se emplean para referirse a determinados colectivos y en las que los alumnos no necesitan esconderse ni renunciar a ningún aspecto de sí mismos para ser aceptados. Muchas de las prácticas y habilidades socioemocionales HEART que abordamos en este libro te permitirán ayudar a tus estudiantes a sentirse seguros con sus identidades y, en última instancia, libres para ser quienes son. Estas prácticas contribuyen a crear escuelas y aulas donde los alumnos alberguen un sentimiento de pertenencia y forjen sólidos lazos con sus condiscípulos y los adultos.

COMPROMISO Y RETOS ACADÉMICOS

Los estudiantes responden a la enseñanza ambiciosa e interesante.

Cuando reina un ambiente comprensivo en el aula es también porque ésta incorpora estrategias docentes productivas que desafían e implican a todos los alumnos —especialmente a aquellos que se han visto tradicionalmente desatendidos por nuestro actual sistema educativo— a fin de que puedan tener éxito en la universidad y en el futuro. Como educadores, nuestro objetivo es *reforzar la capacidad de aprendizaje de nuestros estudiantes* manteniendo unas expectativas elevadas en relación con su capacidad de aprender, fomentando su mentalidad académica y convirtiéndoles en la prioridad de nuestros planes de estudios y prácticas docentes. Cuando proponemos tareas de aprendizaje que son ambiciosas e interesantes en su justa medida y tenemos en cuenta las necesidades académicas, sociales y emocionales de nuestros alumnos a la hora de diseñar la estrategia docente, creamos un estrato rico para sembrar las semillas que germinarán traduciéndose en un aprendizaje valioso. Hay tres cosas que puedes hacer para que tu estrategia docente sea ambiciosa e interesante:

- Mantener unas expectativas elevadas
- Fomentar la mentalidad académica de los estudiantes
- Desarrollar métodos de enseñanza centrados en el alumno

Mantener unas expectativas elevadas. Aunque se han realizado importantes progresos en el servicio a los estudiantes indígenas y de color, tanto en Estados Unidos como en el resto del mundo, muchos que presentan una importante diversidad cultural y lingüística siguen sufriendo entornos en los que los adultos tienen un concepto pobre de su potencial académico. Un estudio realizado en 2018 por The New Teacher Project —una organización que trabaja para acabar con las desigualdades educativas— entre 4.000 estudiantes arrojó que casi el 40 % de las aulas integradas, en su mayoría, por alumnos de color nunca entregó ni un solo trabajo acorde al nivel de su curso, en comparación con un escaso 12 % de aulas compuestas principalmente por estudiantes de raza blanca. Los alumnos de color fueron engañados con notas excesivas que sugerían que estaban en la senda correcta, aun cuando no era cierto. Tan solo el 30 % de los estudiantes de color que obtuvieron un sobresaliente en las clases de nivel avanzado superaron el correspondiente examen, en comparación con el 78 % de alumnos blancos.[55]

El informe reveló asimismo que las expectativas académicas de los estudiantes negros o latinos dependían de la raza del docente: mientras que el 66 % de los maestros que compartían raza o etnia con sus alumnos mantenían unas expectativas elevadas respecto de éstos, esa cifra se redujo hasta el 35 % entre docentes con distinta raza o etnia, incluso teniendo los estudiantes el mismo nivel de rendimiento previo.

A menudo los educadores no son conscientes de este sesgo, pues se ha ido formando de manera inconsciente a través del contexto sociocultural y la imagen que proyectan los medios de comunicación de determinados colectivos. Si bien es posible que los profesores no tengan *deliberadamente* expectativas bajas, las investigaciones han demostrado que las creencias de los docentes sobre el potencial de éxito académico de sus alumnos repercuten en gran medida en su rendimiento.[56] Si los maestros mantienen unas expectativas elevadas respecto a los estudiantes indígenas y de color y/o aquellos que proceden de entornos con ingresos reducidos, los alumnos estarán a la altura de esas expectativas.

Desde la perspectiva del desarrollo, si no se enseña a los estudiantes a encarar retos, es posible que se aburran y desmotiven; pero, por otro lado, si se les exige que realicen un trabajo excesivamente difícil, lo más probable es que sientan frustración y un elevado grado de dependencia del apoyo del educador. Sabemos que las emociones tales como el aburrimiento, la desafección y la frustración no predisponen al cerebro a aprender, sino todo lo contrario, menoscaban la capacidad de los alumnos de concentrarse y participar plenamente.

Desde un punto de vista práctico, los educadores pueden centrarse en aquello que pueden controlar y saben hacer bien: elaborar un programa académico riguroso y de alta calidad que sostenga normas elevadas y proporcione un adecuado apoyo pedagógico. Cuando esto es así, los alumnos aprenden que son capaces de acometer un trabajo de alto nivel.

Fomentar la mentalidad académica de los estudiantes. El diseño de tareas que supongan un adecuado desafío para los alumnos es asimismo fundamental, pues estas tareas influyen en la percepción que tienen de sí mismos como estudiantes; después de todo, no hay que olvidar que niños y jóvenes se forman opiniones sobre sí mismos en base a sus experiencias con los contenidos pedagógicos —si son excesivamente difíciles, los alumnos pueden dudar de sus aptitudes y capacidad para lograr el éxito; si, por el contrario, son especialmente fáciles, pueden verse inclinados a pensar que su profesor no confía en sus aptitudes—. Las creencias y actitudes de los estudiantes tienen una influencia determinante en su aprendizaje y rendimiento[57] (motivo por el cual los docentes eficaces cultivan mentalidades académicas positivas en sus aulas en el marco de su enseñanza académica).

Hay cuatro mentalidades clave que se consideran importantes para la perseverancia y el éxito académico del alumnado:

- Creer que uno pertenece a la escuela
- Creer en el valor del trabajo
- Creer que el esfuerzo contribuirá a una mayor competencia
- Un sentido de autonomía y la capacidad de triunfar[58]

Cuando los estudiantes desarrollan esta mentalidad, mejora el concepto que tienen de sí mismos y su sentimiento de pertenencia a la escuela, con el consiguiente aumento de su motivación por aprender. Aunque muchos de tus alumnos no tengan esta mentalidad cuando recalan en tu clase por primera vez, estas creencias son maleables y pueden moldearse con el tiempo.

Una buena estrategia para fomentar la confianza de los estudiantes en sus aptitudes (una mentalidad de crecimiento) es aportar tu opinión sobre el esfuerzo y el proceso (en lugar de dar prioridad a rasgos o resultados finales) y ofrecerles la oportunidad de que revisen estos aspectos. ¡Permite que los errores sean parte importante del aprendizaje en tu clase! En el próximo capítulo abordaremos cómo incorporar esta mentalidad a la enseñanza en el aula.

Desarrollar métodos de enseñanza centrados en el alumno. Al terminar la escuela secundaria, los estudiantes no sólo deben haber adquirido unos conocimientos académicos mínimos, sino que también deben ser competentes desde un punto de vista socioemocional, a fin de que puedan culminar sus estudios superiores y estar preparados para incorporarse al mercado de trabajo. Hoy en día, las aptitudes más solicitadas entre las empresas difieren de las que se consideraban importantes hace una década; actualmente se buscan candidatos que sean capaces de resolver problemas, influir e inspirar a otros, sentirse cómodos ante las ambigüedades, y ser tenaces y creativos ante los desafíos.

Para que los estudiantes puedan desarrollar estas habilidades, precisan de un entorno de aprendizaje diferente al que nosotros (los adultos) tuvimos cuando cursábamos nuestros estudios; esto es, un aula donde puedan crear contenidos, trabajar en grupos para resolver problemas, investigar y exponer temas de interés, y presentar su aprendizaje de diferentes maneras. Aquellos alumnos que tienen lagunas de conocimiento y/o han recibido escasa enseñanza necesitarán maestros que se comprometan a acelerar su ritmo de aprendizaje y enseñarles técnicas para aprender.

Los métodos de enseñanza centrados en el alumno, cuando se fundamentan en la ciencia aplicada al aprendizaje y al desarrollo, pueden contribuir a que los estudiantes desarrollen las aptitudes interpersonales y de resolución de problemas que resultan tan necesarias en el siglo XXI.

Brindar apoyo a los estudiantes en el aprendizaje de habilidades complejas al tiempo que se les proporciona apoyo pedagógico.	La zona de desarrollo próximo es la distancia entre el nivel de desarrollo efectivo del alumno (aquello que es capaz de hacer por sí solo) y su nivel de desarrollo potencial (aquello que sería capaz de hacer con la ayuda de un adulto o un compañero más capaz). Cuando los educadores brindan una formación bien estructurada y un apoyo adecuado favorecen que los alumnos alcancen nuevos niveles de comprensión, progresen en su aprendizaje y dominen nuevas habilidades.
Valerse de las experiencias previas de los estudiantes y conectar con sus vidas.	Los alumnos asisten a clase con un conjunto variado de experiencias, aptitudes, conocimientos e intereses. Como educadores, tenemos la capacidad de motivarles a aprender si contextualizamos los contenidos y los hacemos pertinentes a su vida. El hecho de que los estudiantes aporten su conocimiento al aula favorece que establezcan una relación más profunda con los nuevos contenidos académicos.
Crear entornos propicios para el aprendizaje en los que se brinde la oportunidad de colaborar con los demás.	El aprendizaje es un esfuerzo social, esto es, aprendemos de los demás y junto con ellos. Una formación bien estructurada es aquella que contempla la posibilidad de mantener conversaciones académicas enriquecedoras y realizar proyectos prácticos que favorezcan el aprendizaje.
Brindar apoyos cognitivos.	Con esto, nos referimos al empleo de herramientas y estrategias que permitan a los estudiantes comprender los conocimientos y las aptitudes que adquieren. En determinados casos, los educadores deberán ayudar a los alumnos a que tengan conocimientos básicos que les permitan acceder a nuevos contenidos; mientras que, en otros casos, los profesores se centrarán en fomentar la independencia y confianza de los estudiantes mediante la colocación de importantes carteles informativos en el aula.

APOYOS Y VÍNCULO

Los estudiantes se sienten apoyados y vinculados al mundo que los rodea.

Los profundos vínculos que se dan en el aula afectan al crecimiento y la buena disposición de los estudiantes al aprendizaje. Tanto es así, que los alumnos precisan de vínculos significativos con los adultos para sentirse cuidados y motivados para aprender; no en vano, es más probable que los estudiantes se impliquen en el trabajo académico —incluso si este es ambicioso— cuando perciben que los adultos les conocen y se prestan a apoyarles. A continuación indicaremos tres medidas que puedes adoptar para contribuir a que tus alumnos se sientan respaldados y vinculados:

- Cultivar vínculos profundos con condiscípulos y adultos
- Generar un sentimiento de pertenencia
- Brindar apoyos efectivos

Cultivar vínculos profundos con condiscípulos y adultos. Los niños prosperan y desarrollan un sentido positivo de sí mismos cuando mantienen relaciones positivas con sus maestros y compañeros. Como ya hemos visto, estos vínculos profundos inciden en el desarrollo de un cerebro sano y actúan como factor protector para aquellos niños que se han visto obligados a hacer frente a las adversidades. Los estudiantes aprenden más y mejor cuando pueden establecer una relación entre lo que sucede en la escuela y sus experiencias previas, y cuando los docentes responden a sus necesidades particulares. Son numerosas las estrategias que puedes adoptar para cultivar vínculos profundos con tus alumnos, establecer una relación emocional, generar confianza y ser respetuoso con las diferencias culturales. Te recuerdo que en el capítulo 2 de este libro encontrarás ejemplos de gran utilidad.

Generar un sentimiento de pertenencia. Cuando los maestros se toman la molestia de conocer en profundidad a sus alumnos, están en mejores condiciones de ofrecerles oportunidades de aprendizaje productivas y generar un *sentimiento de pertenencia* a la comunidad del aula en base a los intereses, aptitudes y habilidades de los estudiantes. Las actividades de desarrollo de la comunidad, las prácticas sistemáticas, el aprendizaje personalizado, y las asociaciones entre la escuela y el hogar son ejemplos de prácticas que favorecen estos vínculos profundos y el sentimiento de pertenencia al aula; las revisaremos detenidamente en el próximo capítulo.

Brindar apoyos efectivos. Crear las condiciones socioemocionales que favorezcan el aprendizaje de todos los niños significa asimismo abordar aquellas necesidades particulares que pueden obstaculizar el aprendizaje, las cuales pueden guardar relación con los retos académicos, la falta de habilidades socioemocionales o las experiencias adversas vividas en la infancia. Para abordar las necesidades de los niños, las escuelas deberían proporcionar un sistema de apoyo escalonado que promueva intervenciones en base a la trayectoria de aprendizaje particular de cada alumno. Como seguramente hayas podido constatar en más de una ocasión, los estudiantes desarrollan las habilidades sociales, emocionales y académicas a diferentes ritmos, y muchos de ellos precisan de apoyos complementarios en determinados momentos a lo largo de su formación. Estos apoyos se brindan durante el tiempo que sean necesarios —ni más ni menos— y, por lo general, corren a cargo de equipos de docentes, familias y otros profesionales que trabajan conjuntamente para atender mejor las necesidades de los estudiantes.

CAPACIDAD SOCIOEMOCIONAL

Los estudiantes y los adultos son social, emocional y culturalmente competentes.

Como hemos señalado, el aprendizaje académico está intrínsecamente ligado a las competencias socioemocionales. Los procesos cognitivos, como pueden ser la resolución de problemas o la toma de decisiones, están vinculados a habilidades emocionales tales como el reconocimiento de emociones y su gestión. Las investigaciones en materia de aprendizaje socioemocional realizadas en los últimos 20 años han puesto de manifiesto la necesidad de impartir de manera explícita estas competencias socioemocionales e incorporarlas a la praxis docente. El objetivo final es educar a estudiantes y adultos para que sean social, emocional y culturalmente competentes, lo cual se puede conseguir mediante:

- La enseñanza e incorporación de las habilidades socioemocionales HEART.
- El fomento de la fortaleza de carácter.

- La asunción de una responsabilidad compartida.

Enseñar e incorporar las habilidades socioemocionales HEART. El modelo HEART in Mind permite crear las condiciones socioemocionales que propicien el aprendizaje práctico y fructífero, impartiendo cinco diferentes habilidades que están en sintonía con el modelo de CASEL:

— Honrar a las emociones
— Elegir las respuestas
— Aplicar empatía
— Reavivar las relaciones
— Transformar con un propósito

A medida que practiques e impartas estas habilidades HEART, y las incorpores a tu estrategia docente, incrementarás la capacidad socioemocional de tus alumnos y contribuirás asimismo a crear un entorno propicio para un aprendizaje más profundo. Como hemos comentado, el aprendizaje socioemocional no es un sistema de gestión del comportamiento, sino un proceso para dotar a los estudiantes de aquellas habilidades que resultan más necesarias para encarar el siglo XXI y crear entornos de aprendizaje enriquecedores y de apoyo que satisfagan las necesidades del alumnado.

Fomentar la fortaleza de carácter. En este proceso, es igualmente importante que prestes atención a tu propia capacidad socioemocional por tres motivos:

- Primero, no es fácil enseñar algo si tú mismo no lo practicas. Para impartir estas habilidades con confianza, debes adquirir fluidez y perfeccionarlas; esto es, debes saber qué significan, cómo son una vez puestas en práctica, cómo emplearlas en la praxis académica y cómo supiste reconocer que las habías adquirido. También es importante que aprendas a desentrañar tus prejuicios y desarrollar la competencia cultural a fin de que pueda facilitar, de la mejor manera posible, este aprendizaje a tus alumnos.

- Segundo, estas habilidades respaldan tu *fortaleza de carácter* y bienestar como educador y te ayudan a reconocer cuándo te sientes abrumado y necesitas apoyo.

- Tercero, estas habilidades te permiten asimismo ligarte a tu propósito y a los motivos que rigen a diario tus actos, al tiempo que te ayudan a sentirte nuevamente comprometido con lo que verdaderamente importa. En la tercera parte de este libro, «El educador con corazón», profundizaré en estos tres aspectos: opinión o postura, fortaleza de carácter y propósito.

Asumir una responsabilidad compartida. Un aula que incorpore las habilidades HEART debe cimentarse en la premisa de que tanto estudiantes como educadores trabajan de consuno para crear un ambiente positivo que redunde en beneficio de todos. Esta responsabilidad compartida supone que los miembros del aula se ven a sí mismos como personas que contribuyen de forma activa tomando decisiones que afectan a su aprendizaje, responsabilizándose mutuamente y encargándose de velar por un aula respetuosa y participativa.

Para crear las condiciones socioemocionales que garanticen que tu aula promueve las habilidades HEART, es primordial que te cerciores de que los alumnos se sienten física, emocional e intelectualmente seguros, están comprometidos y motivados con su aprendizaje, reciben el apoyo adecuado y se les inculca un sentimiento de pertenencia.

Cuando los estudiantes y los adultos aprenden y practican sus habilidades HEART, trabajan su fortaleza de carácter a fin de hacer frente a los retos futuros a través de vínculos significativos y compartiendo la responsabilidad. Nuestro papel de educadores es cocrear este «contenedor» de análisis, vinculación y crecimiento con nuestros alumnos y en beneficio de éstos.

NOTAS AL PIE

51. Hammond, Zaretta. *Culturally Responsive Teaching and the Brain: Promoting Authentic Engagement and Rigor Among Culturally and Linguistically Diverse Students*. Thousand Oaks, CA: Corwin, 2014.

52. Turner, Bret. "Teaching Kindness Isn't Enough." Teaching Tolerance 63, Otoño de 2019. https://www.tolerance.org/magazine/fall-2019/teaching-kindness-isnt-enough?fbclid=IwAR1aCXaT-gLI5aeRJCoYAKWdXMOhGs0BItrpQxBJOw7ZR-qaNyPPBBfVGsho

53. Osher, D., and Kimberly Kendziora. "Building conditions for learning and healthy adolescent development: A strategic approach." Enero de 2010.

54. Nowicki, Jaqueline M., "K-12 Education: Discipline Disparities for Black Students, Boys, and Students with Disabilities. Report to Congressional Requesters." US Government Accountability Office. Marzo de 2018. https://files.eric.ed.gov/fulltext/ED590845.pdf

55. Cantor, David. "America's Achievement Gap – Made, Not Born? What a Study of 30,000 Students Reveals." The New Teachers Projects (TNTP). 25 de septiembre de 2018. https://tntp.org/news-and-press/view/americas-achievement-gap-made-not-born-what-a-study-of-30000-students-revea

56. Turner, Julianne C., Andrea Christensen, and Debra K. Meyer. "Teachers' Belief About Student Learning and Motivation." In *International Handbook of Research on Teachers and Teaching*, vol. 21, edited by L. J. Saha and A. G. Dworkin. https://doi.org/10.1007/978-0-387-73317-3_23.

57. Darling-Hammond, Linda, and Channa Cook-Harvey. "Educating the Whole Child: Improving School Climate to Support Success." Learning Policy Institute. 7 de septiembre de 2018. https://learningpolicyinstitute.org/product/educating-whole-child-report

58. Farrington, Camille A., "Academic Mindsets as a Critical Component of Deeper Learning." University of Chicago. Abril de 2013.

Capítulo 5.
Enseñanza e incorporación del modelo HEART in Mind

«Soportamos tanta presión que sentimos la necesidad de urgir a nuestros estudiantes para que crezcan. Hay muchas fuerzas extrínsecas en juego. (El aprendizaje socioemocional) nos recuerda claramente que, ante todo, debemos cuidar a nuestros alumnos y garantizar su crecimiento emocional».[59]

Docente de East Palo Alto (California, EE. UU.)

La mayoría de los educadores (incluido el antes citado) estiman importante enseñar habilidades socioemocionales, pues son conscientes de que los alumnos no pueden prestar atención a los contenidos académicos si sienten emociones fuertes o están constantemente estresados. Sin embargo, dadas las limitaciones de tiempo y la presión académica, muchos maestros tienen dificultades para encontrar formas de incorporar este aprendizaje socioemocional a su estrategia docente. En consecuencia, no podemos ignorar el reto que supone su aplicación efectiva y sostenible.

Varios profesores que participaron en mi estudio me confesaron sentirse culpables por interrumpir la formación académica para abordar problemas de carácter socioemocional; en definitiva, les preocupaba quedarse rezagados en cuanto al alcance y secuencia de su estrategia docente y no conseguir después ponerse al día.[60]

En cambio, cuando estos mismos profesores hicieron un hueco en su programa diario para dar cabida al aprendizaje socioemocional, se percataron de que compartían un *idioma común* para tratar cuestiones de carácter socioemocional con los alumnos, consiguiendo así que estas conversaciones fueran más efectivas. Al mismo tiempo, comenzaron a apreciar cómo los estudiantes se supervisaban a sí mismos con más frecuencia y resolvían problemas por sí solos, lo cual demostró que no precisaban tanto apoyo y facilidades por parte del maestro. Los profesores confirmaron que los beneficios de impartir estas habilidades superaban con creces los obstáculos que tuvieron que salvar para aplicarlas en sus aulas.

¿Cuáles son las habilidades HEART que precisan los estudiantes para participar con éxito de la dinámica de clase?

Los maestros eficaces saben cómo y cuándo introducir determinadas habilidades y/o contenidos académicos en sus aulas: ofrecen oportunidades de vincular los conocimientos previamente adquiridos, enseñan a través de actividades y ejercicios prácticos, favorecen que los estudiantes decidan cómo mostrarán el conocimiento que van adquiriendo y entienden cuál es el punto de partida de los alumnos y adónde deben llegar. Con todo, a veces los profesores juzgan equivocadamente las habilidades HEART que los estudiantes deben poner en práctica para sentirse comprometidos con los contenidos académicos y participar en todas estas actividades.

Por ejemplo, imagínate que propones una actividad en la que los alumnos forman parejas y comparten su opinión sobre cómo resolver un problema de lógica matemática. Es posible que algunos estudiantes estén ansiosos por expresar su parecer, mientras que otros pueden mostrarse más reservados.

¿Cómo puedes asegurarte de que todos los alumnos participan en la actividad en igualdad de condiciones? Podrías brindarles la oportunidad de:

- Analizar los sentimientos que les suscita la resolución de problemas matemáticos o el trabajo en parejas (esto guardaría relación con la habilidad «Honrar a las emociones»);

- Comprobar cómo se sienten al prestar atención y cómo se percibe esa atención (esto guardaría relación con la habilidad «Reavivar las relaciones»);

- Consensuar el empleo de una herramienta que les permitiría compartir el tiempo de uso de la palabra por igual (esto guardaría relación con la habilidad «Elegir las respuestas»).

Si bien la enseñanza explícita de las habilidades HEART es un componente clave de una formación socioemocional sólida, no es la única. El empleo de prácticas de enseñanza que mejoran la puesta en práctica de las habilidades HEART por parte de los estudiantes y la incorporación del aprendizaje socioemocional a los contenidos académicos que se enseñan son dos estrategias complementarias que permiten sacar el máximo partido a la implementación del aprendizaje socioemocional. Al tener en consideración las habilidades HEART que los estudiantes precisan para aprender y dominar los contenidos académicos que enseñas en clase, y esforzarte por impartirlas e incorporarlas a tu praxis docente, estás poniendo al alcance de tus alumnos las herramientas necesarias para aprender y crecer.

TRES ESTRATEGIAS BÁSICAS DE APLICACIÓN

1. **Enseñanza explícita de las habilidades HEART.** Esta estrategia hace referencia a la enseñanza de habilidades y terminología específicas del modelo HEART in Mind. Cuando empezamos a impartir habilidades socioemocionales, la enseñanza explícita resulta convincente, dado que permite a estudiantes y educadores emplear un idioma común para comunicarse y abordar temas cotidianos dentro y fuera del

aula. Es posible que los educadores deseen valerse de otros recursos relativos al aprendizaje socioemocional, como pueden ser Common Sense Media o Teaching Tolerance, y desarrollar sus propios contenidos lectivos y actividades. La clave es saber *qué* tienes intención de enseñar, antes de decidir cómo acometerás esta tarea.

2. **Prácticas pedagógicas que desarrollan las habilidades HEART de los estudiantes.** Esta estrategia está directamente relacionada con la forma en que organizas y gestionas tu aula. Las prácticas didácticas que requieren que los estudiantes trabajen y aprendan juntos, debatan sobre un tema, reúnan distintos puntos de vista, resuelvan un problema de matemáticas o ciencias en un grupo reducido o tomen decisiones sobre su propio aprendizaje son actividades que exigen que los estudiantes empleen las habilidades HEART de una forma u otra. Estas estrategias se emplean a menudo en las escuelas, empero no se las considera recursos para desarrollar la capacidad socioemocional de los estudiantes. Para garantizar que eres coherente con tu enseñanza explícita, debes informar a los alumnos de *qué* competencias están practicando y desarrollando cuando participan en estas actividades. Entre las prácticas pedagógicas que mejoran las competencias de los estudiantes se incluyen el aprendizaje cooperativo, los debates en clase, el aprendizaje por proyectos, los talleres, los bucles de retroalimentación y la autoevaluación de los estudiantes.

3. **Incorporación de las habilidades HEART a los contenidos académicos.** Esta tercera estrategia liga los contenidos y la terminología propios de la enseñanza de habilidades HEART a tu programa lectivo de inglés, matemáticas, ciencias o educación física. Por ejemplo, en la asignatura de lengua es posible ligar lecciones y actividades relativas al estudio de personajes o desarrollo de temas con la alfabetización emocional y la capacidad de autogestión. Como hemos señalado anteriormente, es recomendable que los educadores incluyan en su programa lectivo tanto un objetivo académico como un objetivo en materia de habilidades HEART, y que los compartan con sus alumnos.

En las páginas siguientes te propongo una hoja de ruta que puedes adoptar para la enseñanza e incorporación del modelo HEART in Mind a tu clase. Para cada una de las habilidades HEART, he proporcionado la siguiente información:

- Definición: incluye una descripción de su significado, las investigaciones que respaldan su importancia y, a menudo, un relato ilustrativo.

- Conceptos clave: abarcan subhabilidades o elementos fundamentales que te permitirán comprender el alcance de una determinada habilidad HEART.

- Indicadores de dominio: comprenden parámetros concretos por nivel escolar.

- Aplicación práctica en el aula: ofrece actividades, estrategias y herramientas que puedes llevar a la práctica en clase a fin de que tus alumnos logren desarrollar cada habilidad HEART. Esta aplicación está estructurada siguiendo las tres estrategias para poner en práctica que hemos citado anteriormente, esto es, enseñanza explícita, incorporación a la praxis pedagógica e incorporación a los contenidos académicos. En el capítulo 6 señalaremos algunos consejos y actividades complementarias para emplear estas habilidades en el aula virtual.

Quizá tengas la tentación de omitir la definición y los conceptos clave, y pasar directamente a los consejos para enseñar e incorporar las habilidades HEART a tu aula. ¡No sucumbas a esa tentación! Esos apartados establecen los principios fundamentales y aportan importantes conocimientos que contribuirán a que seas más efectivo cuando eduques con el modelo HEART in Mind.

Mediante la enseñanza de las habilidades HEART y su incorporación a tu praxis pedagógica y a los contenidos académicos, potencias el efecto de su aplicación y creas un entorno en el que los estudiantes arden en deseos de aprender y disponen de las herramientas necesarias para progresar.

H:
Honrar a las emociones

Definición

«Honrar a las emociones» significa identificar, interpretar y expresar adecuadamente los sentimientos.

Hace dos años recibí un correo electrónico de la maestra de guardería de mi hija en el que me explicaba que ese día mi hija había dado una patada en la ingle a dos niños y que, en consecuencia, quería mantener una reunión conmigo para tratar el asunto. Cuando terminé de leer el correo, sentí cómo mi corazón palpitaba con fuerza y mis mejillas se sonrojaban. Me senté en mi escritorio no sin cierta incredulidad. «¡No doy crédito! ¡¿Cómo es posible que haya hecho algo así?! ¿Qué le habrá pasado?», pensé para mis adentros, tratando por todos los medios de controlar mis emociones. Mientras seguía dándole vueltas al incidente y a las emociones que me había suscitado, me percaté de que tenía sentimientos encontrados:

Estaba *enfadada* y pensé: «¿Qué mosca le habrá picado? ¿Por qué habrá hecho algo así?»

Me sentí *avergonzada* y pensé: «¿Qué es lo que estoy haciendo mal? ¡Me paso el día tratando de ayudar a los educadores con el aprendizaje socioemocional y no consigo ponerlo en práctica con mi propia hija!»

Sin embargo, bajo esos sentimientos se escondían otros. Me sentía preocupada y asustada, pues tal vez estuviera teniendo problemas en la escuela y no me lo había dicho, o quizá estaba siendo objeto de hostigamiento y sintió la necesidad de defenderse, o quizá…

Esa noche mantuve una conversación con mi hija sobre el tema. Me alegré de haberme dado tiempo para procesar mis propias emociones antes de mantener esa charla. *Si reaccionamos demasiado rápido y lo hacemos movidos por nuestras emociones, podemos perder de vista no sólo la información que nos proporcionan, sino también la profundidad y diversidad de nuestros propios sentimientos.*

Cuando honramos a nuestras emociones, podemos emplear palabras emotivas para describir nuestros sentimientos (en mi caso, yo me sentí enfadada y avergonzada por la actuación de mi hija) y reflexionar sobre el significado de esos sentimientos, de modo que podamos expresarlos a los demás de manera constructiva. El verbo empleado para indicar la acción específica de esta habilidad —esto es, «honrar»— señala la importancia de abordar nuestros sentimientos con respeto y tratarlos como amigos que nos trasladan información importante, en lugar de como enemigos contra los que debemos luchar. Esta habilidad es especialmente importante para fomentar la conciencia de uno mismo y adquirir absoluta confianza, y es un componente básico de las demás habilidades del modelo HEART in Mind.

Conceptos clave

«Honrar a las emociones» implica ser capaz de:

Identificar las emociones

El primer paso para honrar a las emociones es desarrollar nuestra *alfabetización emocional* a fin de que podamos poner nombre a lo que sentimos de manera más acertada. Muchos niños y jóvenes expresan sentirse felices, tristes o enfadados, pero ignoran las sutiles gradaciones de las emociones porque carecen de la terminología adecuada para describirlas. Referirse de manera específica a las emociones contribuye a que los estudiantes reconozcan con claridad aquello que sucede en su interior, lo que favorece que se gestionen a sí mismos de manera positiva y mejoren su capacidad de aprendizaje. Cuando aumentan su vocabulario para describir las emociones, comprenden mejor los matices de sí mismos, sus relaciones y el mundo que les rodea.

Como primer paso, ayuda a tus alumnos a vincular sus sentimientos con sus sensaciones corporales:

Intensidad de las emociones

IRACUNDO		DESESPERADO
FURIOSO		DEPRIMIDO
ENFADADO		**TRISTE**
IRRITADO		SOMBRÍO
MOLESTO		MEDITABUNDO

EXTÁTICO		HISTÉRICO
EXCITADO		ATERRORIZADO
FELIZ		**TEMEROSO**
ALEGRE		APRENSIVO
CÓMODO		PREOCUPADO

FRENÉTICO		INDIGNO
PERTURBADO		DEFICIENTE
ANSIOSO		**INCAPAZ**
NERVIOSO		INSEGURO
IMPACIENTE		DUDOSO

- Opresión en la garganta cuando están asustados
- Un nudo en el estómago cuando están nerviosos
- Aceleración de la frecuencia cardíaca cuando están enfadados
- Rubor cuando sienten vergüenza

A medida que los estudiantes empiezan a desarrollar esta habilidad, se dan cuenta de que a veces sienten más de una emoción a la vez:

— Me siento *orgulloso* del proyecto de ciencias que acabo de terminar y tengo *miedo* de que mis amigos se burlen de mi trabajo.
— Estoy *nervioso* por conocer a mis nuevos compañeros del equipo de fútbol y *emocionado* porque empieza la nueva temporada de fútbol.
— Estoy *enfadado* porque mi hermano me ha cogido la bicicleta y tengo *miedo* de que la rompa.

La alfabetización emocional permite asimismo a los alumnos identificar el *grado de intensidad* de las diferentes emociones y cómo éstas cambian con el tiempo si no hacemos nada por regularlas —el enfado se convierte en ira y la ira en cólera—, lo que, a su vez, contribuirá a que los estudiantes (y adultos) gestionen mejor sus emociones a medida que desarrollan su capacidad de analizar su interior e identificar sus sentimientos.

Interpretar las emociones
La siguiente habilidad es poder *comprender por qué* albergamos estos sentimientos y las circunstancias que los suscitan, lo cual no siempre resulta fácil para los estudiantes y requiere que comprendan de qué forma las emociones pueden serles de utilidad. Por ejemplo, la ira nos puede ayudar a hacer frente a los problemas (como, por ejemplo, cuando nos enfadamos si no se respetan las reglas del juego). La tristeza, por su parte, puede permitirnos empatizar con las personas que amamos, cuando se muere nuestra mascota y la familia se reúne para hacer piña. Es importante señalar que todos los sentimientos son útiles, ¡incluso los que nos generan incomodidad!

Marco estaba inmerso en la realización de unos cálculos en clase de matemáticas cuando la maestra anunció que los alumnos debían terminar el trabajo en clase esa tarde o tendrían que terminarlo en casa, a fin de que al día siguiente cada alumno pudiera presentar su trabajo. Marco resolvió poner todo su empeño en terminar la tarea en clase para no tener que finalizarla en casa, pues su padre le había prometido que esa tarde le llevaría al cine.

Tras abandonar brevemente su pupitre para coger unas cosas que le hacían falta, volvió a su mesa y se percató de que le faltaba la calculadora que había estado usando; miró a su alrededor y vio que Jessica estaba usando *su* calculadora. Se acercó a ella y le espetó: «Oye, dámela; la estaba usando yo». Jessica se negó a devolverle la calculadora y Marco la empujó, la tiró al suelo, le arrebató la calculadora y regresó a su pupitre para terminar la tarea.

Cuando la maestra pidió a Marco que le explicara lo que había sucedido, Marco sólo atinó a decir que estaba enfadado porque Jessica le había cogido la calculadora que él estaba usando. Cuando le preguntó por qué había empujado a Jessica y la había tirado al suelo, Marco respondió que estaba tratando de terminar la tarea y para ello necesitaba la calculadora. Dado que este comportamiento no era propio de Marco, la maestra siguió insistiendo hasta llegar al fondo de la cuestión: para Marco era especialmente importante poder terminar la tarea en clase para poder así disfrutar de una tarde especial con su padre sin tener que hacer deberes.

La conversación mantenida con la maestra contribuyó a que Marco se diera cuenta de por qué estaba tan enfadado con Jessica: se debía, en parte, a que ella había cogido algo que él necesitaba, pero, sobre todo, porque suponía un obstáculo para lo que Marco realmente más deseaba —ir al cine con su padre—. Marco se acercó al pupitre de Jessica y le preguntó: «¿Estás bien? Lamento haberte empujado y arrebatado la calculadora».

Si queremos que los estudiantes desarrollen su capacidad de interpretar las emociones, debemos convertirnos en *entrenadores de emociones* y ayudarles a ver no sólo lo que yace en la superficie, sino también la causa subyacente de sus sentimientos y cómo las emociones guían nuestros actos. A continuación, señalaremos algunas indicaciones que pueden ayudarte a brindar apoyo a tus alumnos en este proceso:

- ¿Qué fue lo que pasó?

- Y eso, ¿cómo te hizo sentir? ¿Qué más sentiste?
- ¿Qué información te aporta este sentimiento sobre la situación?
- ¿Por qué estás albergando este sentimiento en este momento?

Cuando brindes apoyo a un niño que está experimentando emociones intensas o que ha tomado una mala decisión, debes ser respetuoso con su experiencia y mostrar empatía. Recuerda que el comportamiento es comunicación, especialmente cuando se trata de un comportamiento inadecuado. Pon en valor sus sentimientos de modo que sepa que está bien abrigar esas emociones, para luego abordar su conducta en la línea correcta. ¿Cómo puede el alumno reparar el daño inferido?

No es raro que, en ocasiones, los niños y jóvenes pierdan el equilibrio emocional; lo importante es que, una vez que hayan reflexionado sobre la situación, les guíes para que puedan identificar la causa subyacente. Si se trata de un sentimiento y una reacción recurrentes, te recomiendo que te sientes con ese alumno y que, juntos, propongáis ideas y soluciones para reaccionar de manera más acertada cuando aparezca nuevamente esa emoción.

Expresar adecuadamente las emociones
«Honrar a las emociones» significa también aprender a expresarlas adecuadamente. Ignorar o reprimir nuestros sentimientos no hace que desaparezcan ni evita que se despierten posteriormente de forma inesperada. En el otro extremo del espectro están los alumnos que sobreexpresan sus emociones, lo cual puede ser un claro indicio de que aún no han aprendido a procesar esos sentimientos por sí mismos y es posible que necesiten tu apoyo para hacerlo. La sobreexpresión de emociones puede afectar a la capacidad de una persona de mantener relaciones positivas y sanas a largo plazo. La clave está en encontrar el *equilibrio* adecuado entre nuestro procesamiento interno (reconocer, poner nombre a nuestros sentimientos e interpretarlos adecuadamente) y la expresión externa (cuánto, dónde y con quién lo compartimos).

A continuación, señalaremos algunos aspectos que debes tener en cuenta para brindar apoyo a tus alumnos en este terreno:

- *No esperamos lo mismo de los niños que de las niñas.* Aunque los niños son igual de capaces de sintonizar con sus sentimientos que las niñas, los padres tienen tendencia a animar a sus hijas a que compartan sus sentimientos, pero no lo suelen hacer tanto con sus hijos. A los niños se les insta a «esconder sus emociones» y «ser fuertes». En su libro *Unselfie: Why Empathetic Kids Succeed in Our All-About-Me World*, la Dra. Michele Borba explica cómo los padres tienden a hablar sobre experiencias de carácter manifiestamente emocional con las niñas, mientras que con los niños omiten información fundamental que puede contribuir a su desarrollo emocional.[61] Por ejemplo, mientras que los padres pueden señalar situaciones emocionales y comentar esas experiencias con las niñas («Mira esa niña, está llorando porque no quiere irse del parque y volver a casa»), con los niños suelen exponer las causas y consecuencias derivadas de la expresión de sus emociones («Si tus amigos te ven llorar, se burlarán de ti, ¿no crees?»). Si bien es cierto que los progenitores empiezan a darse cuenta de las consecuencias no deseadas de la crianza de las niñas y los niños, las normas de género que rigen la expresión emocional siguen repercutiendo sobre cuánta información —mucha o poca— comparten los estudiantes acerca de sus emociones.

- *El sustrato cultural y los valores familiares influyen en la manera en que expresamos nuestras emociones.* Aunque muchas familias carecen de «normas familiares» para expresar las emociones, las expresan con sutileza.[62] Por ejemplo, imagínate a un padre que se pone hecho un basilisco cada vez que su hijo está enfadado. El niño puede perfectamente interpretar que la ira no es una emoción aceptable y, en consecuencia, intentará reprimirla en el futuro. Para otras familias puede ser del todo habitual hablar de los sentimientos.

En este caso, es importante que el docente conozca y comprenda la experiencia previa de los estudiantes y les oriente para que cuenten con formas de expresar sus emociones que estén en sintonía con sus valores culturales y el contexto escolar.

Abordar las emociones sin emitir juicios de valor

Como ya hemos visto anteriormente, las emociones son datos y, como tales, nos aportan información valiosa que nos puede ayudar a tomar decisiones más acertadas. Dicho esto, si carecemos de herramientas para procesarlas, las emociones pueden ser confusas y hacernos sentir que perdemos el control. Los niños y jóvenes pueden sentir la necesidad de evitar aquellas emociones intensas que más nos incomodan: el miedo, la ira y la vergüenza. Pero lo cierto es que no hay forma de evitar nuestros sentimientos; de hecho, es bueno y sano que los niños abriguen y expresen estos sentimientos. Cuando enseñamos a los estudiantes a honrar a sus emociones, hay una máxima que no debemos olvidar: no hay nada de malo en sentir estas emociones; los sentimientos no son ni buenos ni malos, únicamente nos transmiten información.

Esto es algo que los adultos a menudo olvidan. Imagínate a una niña que le confiesa a su entrenador que se siente nerviosa ante la idea de participar en un concurso de gimnasia. El entrenador le dedica una sonrisa y le dice: «No estés nerviosa. Ya verás como todo va a salir bien. Yo estaré ahí contigo». Aunque la intención del entrenador es reconfortar a la niña, realmente está anulando sus sentimientos. Al igual que sucedía en el ejemplo anterior, en el que el padre se ponía hecho un basilisco cada vez que su hijo estaba enfadado, esta niña podría estar aprendiendo que *no debe* sentirse nerviosa. Hay una forma mejor de responder a la niña, y se articularía así: «Entiendo que estés nerviosa. Tranquila, no pasa nada. Si fuera yo el que tuviera que concursar, seguramente también estaría nervioso. ¿Recuerdas que en el Festival de Otoño también te pusiste nerviosa? ¿Recuerdas qué fue lo que hiciste para tranquilizarte? Respiraste hondo varias veces. Esa me parece una magnífica estrategia. ¿Quieres que lo hagamos juntos? Yo estaré ahí contigo».

Reconocer las experiencias de nuestros jóvenes constituye un componente fundamental del proceso, dado que lo que buscamos es que los niños y jóvenes sintonicen con sus emociones. Si juzgamos los sentimientos de los niños («no debes sentirte así»), será menos probable que se desarrollen emocionalmente y mejoren su capacidad de gestionar las emociones. Es importante que primeramente reconozcas sus experiencias, para luego ayudarles a procesar y gestionar sus emociones. Por último, bríndales apoyo para que puedan interpretarlas y expresarlas adecuadamente.

1.	Identificar y poner nombre a la emoción:	estoy muy nerviosa.
2.	Reconocer la emoción:	no pasa nada, es normal sentirse nerviosa antes de un gran acontecimiento.
3.	Procesar la emoción:	voy a respirar hondo varias veces para tranquilizarme un poco.
4.	Interpretar la emoción:	me siento especialmente nerviosa porque este concurso significa mucho para mí y para mi familia; señal de que me importa.
5	Expresar la emoción:	entrenador, estoy muy nerviosa. ¿Te importa si respiramos hondo varias veces juntos?

Indicadores de dominio

Principiante (de parvulario a segundo grado)
- Emplea diversas palabras para identificar emociones
- Vincula sus sentimientos a las sensaciones corporales
- Describe cómo las emociones están relacionadas con el comportamiento

Principiante avanzado (de tercer a quinto grado)
- Describe una variedad de emociones
- Identifica las razones que explican sus emociones
- Expresa su sentir a los demás

Aprendiz estratégico (de sexto a octavo grado)
- Reconoce los distintos grados de intensidad de sus emociones
- Identifica la complejidad y el significado de los sentimientos
- Demuestra saber cómo y cuándo expresar los sentimientos adecuadamente

Nuevo experto (de noveno a duodécimo grado)
- Analiza los factores que suscitan emociones difíciles, como pueden ser el estrés o el miedo
- Establece vías para interpretar y expresar las emociones
- Aplica estrategias para hacer un uso eficiente de las emociones

Experto en ejercicio (de nivel universitario en adelante)
- Identifica cómo afectan las emociones a la toma de decisiones e interpreta su significado
- Valora cómo el hecho de que exprese sus emociones afecta a los demás y lo transmite adecuadamente
- Establece vías para emplear las emociones con el objetivo de lograr metas personales

APLICACIÓN PRÁCTICA EN EL AULA

Hay multitud de formas de contribuir a que los niños desarrollen su alfabetización emocional y su capacidad de interpretar y expresar las emociones, entre ellas: elaborar un listado de palabras relativas a sentimientos para mostrarlas de forma bien visible en la pared del aula, identificar las emociones de los protagonistas de los cuentos que leen los estudiantes y, durante las reuniones de clase, compartir los sentimientos que nos embargan. Existen formas prácticas de fomentar que los niños honren a sus emociones, independientemente del nivel escolar que eduques o asignatura que impartas. ¡Averigua qué es lo que mejor se adapta a tus necesidades y a las de tus alumnos!

Enseñanza explícita

Elabora un «mapa» del cuerpo en el que señales los lugares en los que se manifiestan las emociones. Favorece que tus alumnos vean la relación entre sus emociones y las sensaciones físicas que se producen en su cuerpo; para ello puedes preguntarles: «¿Qué notas en tu cuerpo cuando te sientes ___?». Dibuja en una cartulina el cuerpo humano y pide a los estudiantes que mencionen algunas emociones que conocen; según vayan sugiriendo emociones, deberán señalar la parte del cuerpo en la que las sienten (puedes indicarles que coloquen su mano en el lugar concreto, por ejemplo, en el estómago, la garganta, el corazón, etc.). Otra opción es que los alumnos creen su propio «mapa» individual. Esta actividad es especialmente útil en el caso de aquellos estudiantes que suelen tener emociones intensas de manera frecuente y de aquellos que pasan enseguida de un estado de calma a uno de cólera. El hecho de que los estudiantes presten atención a las sensaciones corporales contribuye a que sean conscientes de sus emociones.

Enseña el funcionamiento del cerebro. En su libro *El cerebro del niño*, el Dr. Daniel J. Siegel y la Dra. Tina Payne Bryson proponen una metáfora sencilla para entender y explicar el funcionamiento del cerebro: imaginarse el cerebro como si fuera una casa. Podemos ubicar el cerebro inferior, esto es, el sistema límbico, como el lugar en el que habitan aspectos importantes que nos mantienen a buen recaudo y se ocupan de nuestras necesidades (emociones intensas que nos mantienen a salvo de los peligros, nuestras reacciones de lucha, huida o parálisis si nos sentimos amenazados, etc.). Por su parte, el cerebro superior, es decir, el neocórtex, es el lugar en el que se suceden acciones complejas (pensar, planificar, resolver problemas, etc.). ¡El cerebro superior no alcanza su plena madurez hasta los 20 años! Para convertirnos en personas sanas que se desenvuelven en la vida de manera satisfactoria, debemos utilizar tanto el cerebro inferior como el superior. Adapta el léxico a la edad de tus alumnos para que puedan comprender y emplear ese vocabulario para describir sus reacciones. En el caso de los estudiantes de más edad, puedes convertirlo en un proyecto de investigación que consiste en recopilar más información sobre el cerebro y su funcionamiento.

Haz «ejercicios de comprobación de la experiencia emocional». Los «ejercicios de comprobación de la experiencia emocional» son momentos en los que los estudiantes y los docentes se reúnen para reflexionar sobre cómo evolucionan las cosas y en los que se anima a los alumnos a compartir su sentir con el grupo o con un compañero. Para realizar esta actividad, puedes valerte de tarjetas en las que figuren dibujos de caras que muestren diferentes emociones e indicar a los estudiantes que señalen la cara que coincida con sus sentimientos, para, acto seguido, ayudarles a dar con la palabra adecuada. Si tus alumnos ya cuentan con un vocabulario emocional amplio, anímales a que lo compartan en voz alta. En este sentido, si dispones de un listado de palabras relativas a sentimientos que muestras de forma bien visible en la pared de tu aula, incita a tus alumnos a que empleen palabras del listado para describir sus emociones. Comparte asimismo tu sentir, pues es *importante dar ejemplo para fortalecer las habilidades socioemocionales de los estudiantes.*

Elabora un listado de palabras relativas a sentimientos para mostrarlas de forma bien visible en la pared. Puedes poner en marcha esta actividad alentando a tus alumnos a que propongan tantas palabras emotivas como conozcan. Cuando mantengas reuniones en clase o tutorías, pide a los estudiantes que propongan nuevas palabras emotivas y revisen las antiguas. ¿Qué otras palabras emotivas se pueden añadir? Cuando los alumnos deban realizar una tarea de redacción, anímales a que empleen términos de ese listado de palabras relativas a sentimientos.

Plantea un juego de mímica de sentimientos. Propón a los alumnos que escriban los nombres de algunas emociones en fichas. Cada estudiante saca una ficha e interpreta la emoción en cuestión valiéndose únicamente de su rostro y cuerpo, pero sin emitir sonidos ni pronunciar palabras; el objetivo consiste en adivinar la emoción que está siendo interpretada. Cuando juegues con alumnos más jóvenes, recurre a emociones básicas (triste, feliz, enfadado) y, a medida que los estudiantes amplían su vocabulario, rétalos a que adivinen otras emociones (confuso, esperanzado, aliviado). ¡Haz que sea un juego divertido y divertíos!

Incorporación a la praxis pedagógica

Transición. Adecuar el nivel de energía que los alumnos muestran durante el recreo a la disposición que deben tener una vez hayan regresado al aula física o virtual, o adaptar el comportamiento que se espera de ellos en clase de matemáticas al que se espera en clase de inglés puede suponer un verdadero desafío para nuestros estudiantes. Incluso el paso de una actividad a otra en una clase de primaria puede resultar difícil para determinados alumnos. Es recomendable que aproveches los momentos de transición para favorecer que los estudiantes entren en contacto con sus sentimientos. Si vas a dar clase a un grupo nuevo, dedica un minuto a que anoten sus emociones en un diario o cuaderno antes de que dé comienzo la clase. Otra posibilidad es que dispongas diez tazas, numeradas del 1 al 10, para que los alumnos coloquen un palito de madera en la taza correspondiente a fin de reflejar cómo se sienten —siendo un palito colocado en la taza número 1 una advertencia de que están teniendo el peor día de su vida y un palito colocado en la taza número 10 una indicación de que las cosas no podrían marchar mejor—.Puedes comentar los resultados con la clase o simplemente tener presente esta información en tu enseñanza. Si la mayoría de los alumnos han colocado sus palitos en la primera taza, sería bueno que dedicases unos minutos a comentar aquello que les preocupa antes de comenzar la clase. La clave es permitir que los estudiantes entren en contacto con sus emociones a fin de que puedan prepararse para recibir nueva información, lo cual cobra especial trascendencia si impartes una clase virtual; no olvides que las emociones de los estudiantes repercuten en su disposición a aprender.

Comienzo y final de la clase. El comienzo de una clase es un momento oportuno para suscitar interés y estimular la curiosidad de los estudiantes.

Emplea herramientas que capten la atención de tus alumnos desde el principio (puedes proyectar un vídeo corto, contar una historia fascinante, formular una pregunta elocuente o mostrar una imagen atractiva). Las emociones que sienten los estudiantes durante este tiempo constituyen una parte importante de la clase y de ellas depende que ésta sea un éxito. Pregúntate: «¿Qué emociones quiero que mis alumnos sientan durante este tiempo? ¿De qué herramientas me voy a servir para suscitar esas emociones?».

Si bien el final de una clase o período es un momento muy oportuno para que los estudiantes doten de sentido a su aprendizaje, con demasiada frecuencia los profesores se saltan la parte de reflexión porque se les agota el tiempo. Aunque sea del todo comprensible, los docentes deben ser conscientes de que ello no favorece en absoluto a los alumnos, dado que, para que éstos *pongan en práctica* lo aprendido en clase, necesitan tiempo para reflexionar y procesar los contenidos y/o las habilidades impartidas en esa clase. Esta es también una forma de poner fin a ese período y preparar a los estudiantes para su próxima actividad. Puedes recurrir a los debates en clase, la redacción de diarios personales o las tarjetas de salida para favorecer que los alumnos reflexionen sobre lo aprendido. A continuación, señalaremos algunas indicaciones que pueden serte de utilidad (adáptalas según sea necesario en función de las edades de tus alumnos):

- ¿Cuál era el objetivo de aprendizaje de esta lección/proyecto?
- ¿Qué parte de esta lección/proyecto has disfrutado más? ¿Por qué?
- ¿Qué parte de esta lección/proyecto has disfrutado menos? ¿Por qué?
- ¿Qué has aprendido de esta lección/proyecto?
- ¿Qué esperas aprender en esta clase?

Proyectos y tareas difíciles. Como educadores, no podemos proteger a nuestros alumnos para evitar que alberguen sentimientos de fracaso y decepción cuando realicen tareas de clase; de hecho, como hemos visto anteriormente, es sano que los estudiantes se enfrenten a estas emociones en un ambiente de apoyo. Con todo, los docentes pueden crear entornos seguros en los que se *permita* abrigar estos sentimientos y los alumnos dispongan de herramientas adecuadas para procesarlos e intentarlo de nuevo.

En muchos casos, los estudiantes tienen una concepción restrictiva acerca de su capacidad de superación, lo que repercute en su rendimiento y cómo reaccionan ante los retos. La idea de realizar una tarea difícil puede resultar estimulante para algunos estudiantes y aterradora para otros, por lo que cabe preguntarse: ¿Dónde estriba la diferencia? La respuesta es sencilla: cultivar una «mentalidad de crecimiento», que consiste en creer que su capacidad y competencia pueden crecer o mejorar con el esfuerzo. Este es un aspecto de gran relevancia para los maestros, pues la mentalidad académica puede ser un factor que condicione más la capacidad de aprendizaje de los alumnos que sus propios conocimientos o aptitudes.[63] Si deseas brindar apoyo a tus estudiantes, te recomiendo que:

- Analices junto con tus alumnos sus convicciones acerca de su capacidad de llevar a cabo tareas difíciles.
- Aceptes que se cometan errores en tu aula, pues forman parte habitual del proceso de aprendizaje; hazlo de forma explícita y reconoce también cuando tú mismo cometes errores.
- Permitas a tus alumnos que admitan cómo se sienten al abordar tareas difíciles.

Incorporación a los contenidos académicos

Lengua. La enseñanza de la lengua —ya sea el castellano o cualquier otro idioma— es una asignatura idónea para incorporar debates sobre emociones y perfeccionar aún más la primera habilidad del modelo HEART in Mind, esto es «Honrar a las emociones». Muchos objetivos educativos, como pueden ser los English-Language Arts Common Core Standards (objetivos básicos propios del sistema educativo estadounidense que garantizan que los alumnos de educación primaria y secundaria tengan un mínimo dominio de la lengua inglesa), suscriben de forma natural las habilidades socioemocionales. Algunos de los objetivos educativos de la asignatura de lengua y literatura son, por ejemplo:

- Tercer grado: describe los protagonistas de un relato (por ejemplo, sus rasgos, motivaciones o sentimientos) y argumenta cómo sus actos contribuyen a la secuencia de acontecimientos.
- Sexto grado: describe cómo se desarrolla la trama de un relato en una serie de episodios y cómo responden o cambian los protagonistas a medida que la trama avanza hacia su desenlace.
- Octavo grado: analiza cómo determinados diálogos o incidentes de un relato impulsan la trama, revelan aspectos concretos de un personaje o favorecen una decisión.

Tanto si ejerces la actividad docente en Estados Unidos como si ejerces de educador en otro país, presta atención a los objetivos que dictan que los estudiantes deben analizar los personajes y el desarrollo de los relatos. Cuando impartas enseñanza atendiendo a esos objetivos, ayudarás a tus alumnos a identificar las emociones y, por tanto, estarás respaldando su desarrollo emocional.

¿Están tus estudiantes capacitados para emplear una amplia variedad de palabras emotivas para describir los sentimientos del personaje en cuestión? ¿Pueden demostrar *por qué* creen que el personaje se sentía así (lenguaje corporal, tono de voz, maneras de proceder)? ¿Cuál era el mensaje que subyacía a esa emoción? Recuerda que el aspecto más difícil de honrar a las emociones es, precisamente, interpretar su mensaje. Six Seconds, la red global de profesionales de la inteligencia emocional, lo denomina «sabiduría de sentimientos». La ficción literaria es una gran herramienta para implicar a los alumnos en debates sobre el significado de las emociones y cómo los personajes pueden recurrir a ellas para tomar decisiones. Si elaboras un listado de palabras relativas a sentimientos para mostrarlas de forma bien visible en la pared del aula, a medida que vayáis leyendo distintos libros en clase, podéis ir ampliando ese listado con nuevas emociones. Si careces de un listado similar, sírvete de los libros que leéis en clase para iniciar el debate y favorece que los estudiantes establezcan un vínculo entre las emociones y las (re)acciones. ¿Qué ventajas e inconvenientes deduces de las iniciativas que toman los personajes? Este tipo de preguntas contribuirá a que los alumnos desarrollen su capacidad de recapacitar sobre las consecuencias.

Historia. La asignatura de historia ofrece una magnífica oportunidad para que profesores y estudiantes encaren la complejidad de la humanidad con el objeto de promover el pensamiento crítico, la empatía y el desarrollo moral. Cuando dotas a los alumnos del lenguaje adecuado para expresar las emociones, sientas las bases necesarias para mantener conversaciones espinosas sobre temas delicados como el racismo, la inmigración, la diversidad o los derechos humanos. Ello se consigue, primeramente, reconociendo cómo nos sentimos cuando los demás están en desacuerdo con nuestras opiniones; y, en segundo lugar, aprendiendo cómo personalidades de la talla de Nelson Mandela y Martin Luther King, Jr. se sirvieron de sus sentimientos intensos para lograr un cambio positivo. Organizaciones tales como Teaching Tolerance o Facing History and Ourselves son recursos excelentes a la hora de incorporar las habilidades HEART a las lecciones de historia.

Música. La historia de la música está plagada de artistas que lucharon por hacerse un hueco en el panorama musical, a menudo se arruinaron y, a veces, perdieron la esperanza de lograrlo. Interésate por los músicos favoritos de tus alumnos y ayúdales a analizar a estos artistas bajo el prisma de las competencias socioemocionales. Otra forma práctica de incorporar el aprendizaje socioemocional a tu clase de música es el análisis de canciones a través de la alfabetización emocional; no se me ocurre un ámbito en el que se puedan identificar más emociones y sentimientos que en la música —con o sin letra—. Podéis asimismo comentar cómo la música les hace sentir y cómo los distintos géneros musicales les suscitan emociones similares o diferentes. Dado que, a menudo, la música tiene un efecto terapéutico sobre nosotros, anima a tus alumnos a que traten de dilucidar cómo pueden usar la música para reforzar su motivación o generar optimismo. Otra forma de ser respetuoso con las diferencias culturales consiste en dar cabida a la música que recomienden tus estudiantes.

Matemáticas. Los Common Core State Standards de matemáticas (objetivos básicos propios del sistema educativo estadounidense que garantizan que los alumnos de educación primaria y secundaria tengan un mínimo dominio de las matemáticas) reflejan la visión de que el aprendizaje es un proceso social que implícitamente exige prácticas de enseñanza que aprovechen el poder del trabajo en grupo y el aprendizaje colaborativo. Los Standards for Mathematical Practice (objetivos básicos propios del sistema educativo estadounidense que rigen la práctica matemática) requieren que los estudiantes resuelvan problemas del mundo real mientras colaboran eficazmente con sus compañeros; esto es, que argumenten y expresen su razonamiento, comprendan diversos puntos de vista y discrepen de ellos, y perseveren para solucionar los problemas. Todo apunta a que estas habilidades trascienden la cumplimentación de hojas de respuesta, ¿verdad? La labor de educar a los estudiantes para que dominen las matemáticas de acuerdo con los citados objetivos básicos exige que la enseñanza de matemáticas tenga en cuenta el desarrollo de competencias socioemocionales. Presta atención al siguiente ejemplo:

Objetivo básico de la asignatura de matemáticas: comprender los problemas y perseverar hasta resolverlos.

EXPECTATIVAS	TRABAJO DE LOS ALUMNOS	VÍNCULO CON LAS HABILIDADES HEART
Los estudiantes deben comprender la información de un problema mediante diferentes enfoques. Los alumnos determinarán otras formas de resolver problemas complejos.	Los estudiantes deben tratar de explicar el significado del problema y buscar puntos de partida para dar con la solución. Deben asimismo determinar distintas vías para resolver el problema empleando varias herramientas —objetos concretos, imágenes y gráficos, entre otros—. De igual modo, deben ser capaces de comprobar sus respuestas, preguntarse reiteradamente si su razonamiento tiene sentido y argumentar los diferentes enfoques y en qué medida son pertinentes.	**H: Honrar a las emociones.** Los alumnos deben ser capaces de reconocer su fortaleza, determinar sus conocimientos sobre el tema y relacionarse con sus emociones iniciales para implicarse en los contenidos. **E: Elegir las respuestas.** Los estudiantes deben poder regular su comportamiento y evitar distracciones, así como hacer un seguimiento de sus progresos, teniendo en cuenta el tiempo y esfuerzo dedicados para lograr su objetivo.

Honrar a las emociones contribuye a que los alumnos fortalezcan sus aptitudes matemáticas. Como hemos visto en el capítulo 1, los estudiantes pueden abrigar diferentes sentimientos sobre esta materia según su capacidad percibida, el género, los estereotipos sociales de tipo racial relativos a las matemáticas que pueden haber interiorizado, sus intereses personales y su experiencia previa con esta esfera de contenido. A continuación, propondremos algunas ideas para brindar apoyo a tus alumnos:

- **Analiza con ellos su reacción emocional ante los problemas matemáticos.** ¿Se emocionan con el tema o se cierran en banda? ¿Cuál es su nivel de estrés en tu clase? Si las emociones que la asignatura suscita no favorecen la realización de un trabajo productivo, será importante que plantees otras formas de abordar el tema. ¿Qué relación guardan las matemáticas con el mundo exterior? ¿Qué utilidad tienen las matemáticas a la hora de permitirles alcanzar sus metas o conseguir aquello que les importa? Estas preguntas abren paso a un gran debate que da vida a la habilidad «Honrar a las emociones».
- **Comparte tu propio sentir acerca de las matemáticas y demuestra cómo te preparas para abordar el trabajo**: «Cuando me toca resolver este tipo de problemas, me suelo sentir _____. Entonces, me digo a mí misma: "Tú puedes con ello, se trata de ir paso a paso"».
- **Ayuda a tus alumnos a identificar su fortaleza.** ¡Este constituye el fundamento de la conciencia de uno mismo! Es más probable que los estudiantes que pueden identificar sus puntos fuertes se amparen en ellos para reforzar sus áreas de crecimiento; seguramente se sentirán más motivados y tendrán más confianza en sí mismos.

Herramientas de evaluación

En el apéndice de este libro se facilita una tabla con los indicadores de dominio de cada habilidad HEART —el alcance y la secuencia te pueden ayudar a identificar aquellas áreas en las que tus alumnos precisan apoyo complementario—, así como una encuesta de autoevaluación que te permitirá reflexionar sobre tus propias habilidades HEART.

E:
Elegir las respuestas

Definición

«Elegir las respuestas» significa crear el espacio necesario para adoptar decisiones constructivas y seguras.

La habilidad «Elegir las respuestas» proporciona a estudiantes y adultos las herramientas adecuadas para crear el espacio necesario que nos permita tomar decisiones constructivas, bien fundamentadas y seguras. El verbo empleado para indicar la acción específica de esta habilidad —esto es, «elegir»— aboga por tomar las riendas de nuestra conducta y elegir cómo avanzar. El término «respuestas» indica que dejamos atrás las reacciones y el piloto automático para, así, encontrar un punto de equilibrio. Permíteme que lo ilustre con un ejemplo:

Olivia era alumna de secundaria de una gran escuela en la que trabajé brindando apoyo a docentes con sus prácticas de aprendizaje socioemocional. Era una jovencita muy obstinada —como lo son muchos estudiantes de secundaria— y parecía enfadarse con facilidad; solía discutir en clase con sus compañeros sobre temas importantes e insignificantes, y no tenía reparos en criticar públicamente a sus profesores. A menudo se la tenía por impertinente y solía terminar en el despacho de la directora con demasiada frecuencia; su incapacidad de procesar su enfado antes de hablar era notoria.

Los maestros de Olivia confiaban en que «superara» lo que fuera que sentía y que se centrara únicamente en aprender; entendían que Olivia era lo suficientemente mayor como para que tuvieran que estar enseñándole alfabetización emocional o cómo respirar profundamente. Sus profesores me manifestaron no tener tiempo para hacer de terapeutas personales de Olivia, pues debían centrarse en los contenidos académicos y asegurarse de que, al término del curso escolar, habían impartido las materias con arreglo a las normas establecidas.

En esta situación suceden dos cosas independientes, pero íntimamente relacionadas:

a) Olivia tiene serias dificultades para controlar su ira. Cuando está enfadada, lo expresa discutiendo, criticando o exhibiendo una conducta desafiante. La respuesta a su comportamiento inadecuado, esto es, enviarla al despacho de la directora, traslada el problema fuera del aula, pero no resuelve los problemas que tiene para regular sus emociones.
b) Los profesores de Olivia sienten que no les corresponde ayudarla a que aprenda a procesar su ira, pues consideran que es algo que ya debería saber; andan ocupados tratando de impartir sus materias y no están por la labor de brindar la atención individualizada que esta alumna evidentemente precisa.

Aunque sus profesores pueden haber tenido razón en que Olivia necesitaba un apoyo complementario, tenían no obstante dos ideas equivocadas sobre las habilidades socioemocionales: la primera de ellas era creer que los estudiantes pueden «superar» sus emociones. Si bien esto puede ser cierto en el caso de algunos estudiantes, no es extensible a todos; de hecho, algunos alumnos necesitan un apoyo adicional para recuperar su equilibrio emocional. Así como los estudiantes pueden necesitar un respaldo académico complementario en algún momento de su formación, también pueden precisar de un apoyo socioemocional extra. Es bien sabido que muchos centros de enseñanza primaria todavía no han hecho suyo el enfoque particular del aprendizaje socioemocional y esto repercute directamente en los alumnos, quienes disponen de menos herramientas para gestionar sus emociones en sus cursos de enseñanza media y superior. Independientemente del grado escolar en el que enseñes, no subestimes todo lo que está en tu mano hacer para fomentar el crecimiento socioemocional de tu alumnado.

Si hacemos caso omiso de las emociones de nuestros estudiantes o confiamos en que desaparezcan por arte de magia, estaremos negando sus experiencias e ignorando su valor. Recuerda que puedes contribuir a que tus alumnos sientan emociones intensas si sintonizas con sus sentimientos; la clave está en reconocer la existencia de esos sentimientos y su validez: «Tu rostro está tenso, pareces enfadado. ¿Qué te ha pasado?» «Yo también estaría enfadada si me hubiera pasado algo así».

La segunda idea equivocada de los profesores de Olivia guarda relación con la capacidad de los estudiantes de desarrollar habilidades de autogestión: nunca es demasiado tarde para aprender a emplear herramientas que nos permitan procesar nuestras emociones. Esta máxima cobra especial importancia en el caso de alumnos cuyos sentimientos se interponen en su aprendizaje: cuando los estudiantes sienten que pierden el control de sus emociones, no pueden aprender ni lo harán (independientemente de lo bien que hayas estructurado la lección). Como educadores que somos, nuestra labor pasa por —como dice el Dr. Daniel J. Siegel— «corregular», es decir, brindar apoyo a los alumnos para que recuperen su equilibrio emocional y mejoren su capacidad de gestionar sus sentimientos a fin de que puedan ver las cosas con mayor nitidez y hacer frente a las situaciones cotidianas en lugar de reaccionar, como en el caso de Olivia.

Conceptos clave

«Elegir las respuestas» implica ser capaz de:

Gestionar las emociones
Lidiar con las emociones incómodas —como la ira— no es tarea fácil, ni para los niños ni para los adultos. Pese a que se trata de una emoción humana básica que puede proporcionarnos un torrente de energía necesario para resolver problemas, si no la gestionamos de manera constructiva, puede tener consecuencias desastrosas para nuestras vidas y relaciones. Cuando estamos enfadados, tendemos a reaccionar ante la situación en lugar de responder a la situación. De hecho, es justamente la reacción —y no la emoción en sí— la que generalmente causa problemas. El objetivo de la gestión de las emociones no es suprimir este tipo de sentimientos, sino procesarlos *antes* de actuar para poder generar valor a través de ellos. Ten presente que la corteza prefrontal aún está en proceso de desarrollo durante la niñez y la adolescencia, y esto hace que a los niños y adolescentes les resulte más difícil controlar sus emociones y encauzar sus comportamientos. Con todo,

podemos respaldar su desarrollo y proporcionarles herramientas complementarias que fortalezcan su capacidad de gestión del comportamiento de manera positiva.

Existe una estrategia que me ha reportado muy buenos resultados cuando la he puesto en práctica con niños y jóvenes; se trata de una imagen que muestra las diferentes zonas anímicas en las que una persona puede encontrarse en un momento dado. Algunos modelos definen tres zonas, pero yo prefiero utilizar el modelo que comprende cuatro colores o zonas.

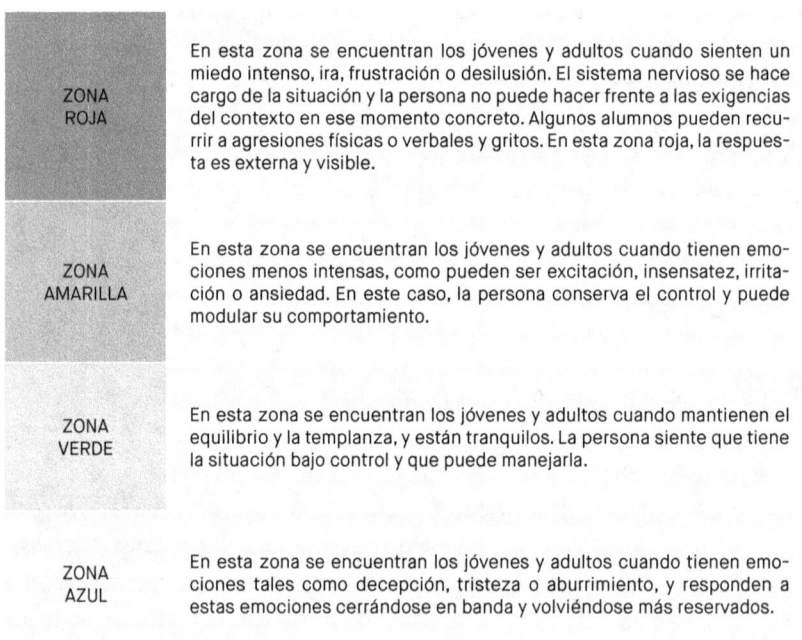

ZONA ROJA	En esta zona se encuentran los jóvenes y adultos cuando sienten un miedo intenso, ira, frustración o desilusión. El sistema nervioso se hace cargo de la situación y la persona no puede hacer frente a las exigencias del contexto en ese momento concreto. Algunos alumnos pueden recurrir a agresiones físicas o verbales y gritos. En esta zona roja, la respuesta es externa y visible.
ZONA AMARILLA	En esta zona se encuentran los jóvenes y adultos cuando tienen emociones menos intensas, como pueden ser excitación, insensatez, irritación o ansiedad. En este caso, la persona conserva el control y puede modular su comportamiento.
ZONA VERDE	En esta zona se encuentran los jóvenes y adultos cuando mantienen el equilibrio y la templanza, y están tranquilos. La persona siente que tiene la situación bajo control y que puede manejarla.
ZONA AZUL	En esta zona se encuentran los jóvenes y adultos cuando tienen emociones tales como decepción, tristeza o aburrimiento, y responden a estas emociones cerrándose en banda y volviéndose más reservados.

Esta imagen contribuye a que los estudiantes gestionen sus sentimientos. Leah Kuypers, autora de *The Zones of Regulation*, compara estas zonas con las señales de tráfico.[64] La zona roja es lo más parecido a toparse con una señal de «stop» en la carretera: las emociones se apoderan de nosotros y es necesario hacer una pausa para gestionar esas emociones antes de proseguir. En el caso de la zona amarilla, estaríamos ante una señal que indica que puedes avanzar, pero con precaución: si bien la persona aún conserva el control de su conducta, es posible que necesite emplear alguna estrategia que le permita procesar sus sentimientos y evitar que las emociones se intensifiquen y la persona termine por adentrarse en la zona roja; o es posible que deba adecuar su comportamiento si el contexto varía (por ejemplo, regular su nivel de energía en la transición del recreo al aula). Cuando los estudiantes se hallan en la zona verde, eso significa que el camino está despejado y pueden proceder. Por último, la zona azul podría entenderse como un área de descanso cuando apremia la necesidad de repostar.

En su libro sobre crianza *El cerebro afirmativo del niño*, el Dr. Daniel J. Siegel sostiene que, cuando los alumnos gozan de una zona verde amplia, pueden experimentar frustración, tristeza o miedo al tiempo que mantienen su equilibrio emocional y permanecen en la zona verde; pueden tolerar un amplio abanico de experiencias emocionales y se muestran equilibrados y flexibles.

La clave es favorecer que los estudiantes regresen rápidamente a la zona verde y, con el tiempo, ir ampliando sus límites. ¿Cómo crees que la imagen de las zonas de regulación ayudaría a Olivia a gestionar sus emociones? ¿Qué otras herramientas crees que podrían ayudarla a ampliar los límites de su zona verde? En el apartado «Enseñanza explícita» de esta habilidad se facilita una relación de estrategias que puedes enseñar a tus alumnos y que les permitirán ampliar los límites de sus zonas verdes.

Identificar los factores desencadenantes y patrones para ser más conscientes de nuestras opciones.
Si llevas un tiempo ejerciendo como docente, lo más probable es que recuerdes algún alumno que tuviera reacciones intensas ante determinadas situaciones —por ejemplo, un estudiante que se queda paralizado cuando se le señala un error que ha cometido o una alumna que se enfada con sus compañeros si estos rehúsan jugar al fútbol con ella en la hora del recreo—. El sistema nervioso de los estudiantes responde de forma automática a los acontecimientos cotidianos en función de diferentes factores, entre ellos las experiencias previas, la situación actual o el temperamento innato del alumno.[65] Es más, para algunas personas existen determinados acontecimientos

o situaciones que siempre parecen suscitarles emociones intensas y que podemos denominar *factores desencadenantes*.

Cada vez que <u>mi hermana juega con mis libros sin mi permiso</u> me enfado muchísimo.

(factor desencadenante)

Los factores desencadenantes son personales, es decir, varían en función de la persona, y señalan aspectos de importancia para esa persona. De igual modo, tanto jóvenes como adultos tienden a manifestar reacciones previsibles cuando sienten determinadas emociones. A estas reacciones previsibles las denominamos *patrones de conducta*.

Cada vez que me enfado con mi hermana, <u>le grito</u>.

(patrón)

Si bien es cierto que muchos patrones de conducta pueden resultar útiles —como, por ejemplo, guardar religiosamente el material escolar en la mochila para no dejarse nada olvidado—, también pueden ser ofensivos para los demás y/o interponerse en el aprendizaje. ¿Recuerdas haber tenido en tu clase al típico alumno que siempre se mete en problemas por la misma razón? Pues es muy probable que hubiera asumido un claro patrón de conducta sin ser consciente de ello o que no conociera otra forma de lidiar con la situación.

Los patrones de conducta suelen ser automáticos, esto es, los ponemos en práctica sin realmente reparar en ellos, creyendo que forman parte de quienes somos, lo que hace que sea más complicado cambiarlos. Sin embargo, cuando los estudiantes empiezan a identificar esas reacciones típicas y a percatarse de su escasa utilidad, advierten que tienen otras *alternativas* en lo que a su comportamiento se refiere: se dan cuenta de que no hay por qué reaccionar de esa manera determinada y aprenden que pueden recurrir primeramente a una estrategia tranquilizadora, para luego elegir otra forma distinta de proceder.

Cuando me enfade con mi hermana, <u>me distanciaré</u> de la situación. Una vez que haya recuperado la calma, <u>hablaré con ella y le pediré</u> que no juegue con mis libros.

Aunque es posible que el cambio no se materialice de inmediato, el hecho de ser capaz de identificar esos patrones de conducta puede ser un proceso revelador para los alumnos (como lo es encender la luz en una habitación que está a oscuras); exige que los alumnos se observen a sí mismos con una cierta perspectiva, como si fueran los protagonistas de una película.

Educar a los estudiantes con el objeto de que puedan identificar los factores desencadenantes y los patrones de conducta constituye un aspecto fundamental del desarrollo de la conciencia de sí mismos y del fortalecimiento de su capacidad de volver a la zona verde a fin de que puedan tomar decisiones más acertadas. Con el tiempo, la mayoría de los niños aprenden a responder —en lugar de simplemente reaccionar— cuando se enfrentan a situaciones difíciles o factores desencadenantes. Consulta el apartado «Enseñanza explícita» de la página 138, para conocer propuestas concretas que te permitirán ayudar a tus alumnos a identificar los factores desencadenantes, así como los patrones de conducta.

Redefinir con optimismo
Los estudiantes de segundo grado de la maestra D trabajan de forma independiente creando gráficos para contabilizar los residuos recogidos en su reciente visita a la playa local. Mariana se afana por enumerar en su pizarra blanca el número de residuos que ella recogió: 4 botellas de plástico, 10 utensilios de plástico y 1 nevera portátil rota. Cuando se dispone a plasmar en su cuaderno los datos en forma de gráfico, oye a la maestra D dirigirse a la clase: «¡Último minuto, castores! Por favor, id terminando vuestros gráficos para que podamos contar todos los residuos que la clase ha recogido».

Mariana vuelve a fijar la vista en su cuaderno. Dado que quiere emplear un gráfico de sectores para mostrar sus resultados, divide el gráfico en cuatro partes para las botellas de plástico y, luego, sigue dividiendo el gráfico en diez partes, pero se detiene y mira el gráfico confundida. «¡No tiene ningún sentido! Vaya estupidez». Presa de la frustración, Mariana lanza su cuaderno al suelo. La maestra D se acerca a Mariana y le pregunta qué le pasa. «No se me dan bien las matemáticas. Nunca aprenderé a hacer gráficos, más aún si son de residuos asquerosos. ¡Esta clase es un martirio!», responde Mariana, desdeñando a la maestra para, acto seguido, abandonar su pupitre. ¿Te resulta familiar esta situación?

Los estudiantes, al igual que los adultos, formulan explicaciones para dar cuenta de las cosas que les suceden en su vida cotidiana. En el ejemplo que acabamos de ver, cuando Mariana cae presa de la frustración y abandona la tarea que estaba realizando, explica la causa de la situación desde una vertiente pesimista. Se culpa a sí misma («no se me dan bien las matemáticas»), está convencida de que el problema persistirá para siempre («nunca aprenderé a hacer gráficos») y extrapola esa situación concreta a su experiencia general en la clase de la maestra D («¡esta clase es un martirio!»).

Pesimismo y optimismo

Aunque tales explicaciones pueden parecer inofensivas, el investigador Dr. Martin Seligman ha descubierto que las personas que argumentan sus experiencias desde un prisma pesimista tienen mayor riesgo de sufrir depresión, obtener un rendimiento académico y profesional menor, y gozar de una salud física de escasa calidad que quienes tienen puntos de vista más optimistas.[66] Lo bueno es que, según Seligman, no nacemos pesimistas ni optimistas; se trata de mentalidades y razonamientos que aprendemos de nuestras familias y profesores, los medios de comunicación y nuestro contexto social. Ahora, piensa en un acontecimiento reciente de tu vida, ya sea bueno o malo; ¿qué fue lo que te dijiste a ti mismo sobre las causas del acontecimiento? ¿Dirías que fueron más bien pesimistas u optimistas?

Las explicaciones de carácter pesimista alimentan la idea de que la naturaleza de las causas es permanente, generalizada y personal, mientras que las explicaciones optimistas son partidarias de la idea de que las causas son temporales, concretas y susceptibles de mejora —con un poquito de esfuerzo—. Te invito a que observes el siguiente gráfico para comprobar cómo

Mariana se habría podido replantear la situación desde una perspectiva más optimista.

Como educadores, no siempre podemos prever el momento en el que los alumnos se enfrentarán a situaciones estresantes en sus vidas, pero sí podemos esforzarnos por dotarles de las habilidades necesarias que les permitan desenvolverse con éxito en la vida. Ser capaz de redefinir situaciones difíciles con optimismo es un aspecto esencial de la segunda habilidad HEART, esto es, «Elegir las respuestas», que nos permitirá estar a la altura de los retos, ya sean importantes o modestos.

	LA PERSONA PESIMISTA	LA PERSONA OPTIMISTA
PERMANENCIA	Permanente: «Nunca aprenderé a hacer gráficos».	Temporal: «Hoy no he sido capaz de hacer un gráfico de sectores».
GENERALIZACIÓN	Universal: «¡Esta clase es un martirio!».	Concreto: «Esta actividad me ha resultado frustrante».
PERSONALIZACIÓN	Interno: «No se me dan bien las matemáticas».	Susceptible de mejora —con un poquito de esfuerzo—: «La próxima vez me saldrá mejor; es solo cuestión de práctica».

Buscar alternativas

Por último, la habilidad «Elegir las respuestas» comporta un proceso activo de análisis de otras opciones y/o alternativas a las decisiones que tomamos en nuestra vida cotidiana. Cuando los docentes imparten habilidades socioemocionales de manera explícita en sus aulas, llega un momento en que los estudiantes reparan en que las cosas no tienen por qué ser así y se dicen: «A ver un momento, o sea, que ese comportamiento que me genera frustración o resulta hiriente para los demás, no es mi única alternativa. No me quiero identificar con ese tipo de persona, y ahora sé que puedo modular mi ira y frustración». El momento en el que los alumnos advierten que tienen la facultad de elegir sus conductas y redefinir los retos a los que se enfrentan es determinante para el desarrollo de su capacidad de autogestión. Como hemos comentado anteriormente, ni los estudiantes ni los adultos son capaces de ver con nitidez estas alternativas cuando tienen una reacción de lucha, huida o parálisis, y es precisamente esa la razón por la que esta habilidad nos invita a gestionar las emociones.

Cuando estamos tranquilos y sentimos que conservamos el control, podemos analizar mejor las alternativas antes de actuar o tomar una decisión. De igual modo, cuando somos capaces de detectar nuestro diálogo interior negativo o nuestros pensamientos pesimistas, podemos crear un espacio que nos permita sopesar alternativas para afrontar los retos.

Es posible que, cuando presentes por primera vez en clase la estrategia de buscar alternativas, debas echar una mano a tus alumnos con la elaboración de su listado de situaciones difíciles. En este sentido, será útil que les ayudes a identificar los pros y los contras de cada alternativa, para luego decidir cuál se les antoja más adecuada, en función de la situación. Con el tiempo, los estudiantes serán capaces de hacer este ejercicio de forma autónoma.

Indicadores de dominio

Principiante (de parvulario a segundo grado)
- Identifica herramientas que le permiten lidiar con las emociones intensas
- Describe patrones de conducta
- Identifica los retos que se afrontan en situaciones cotidianas

Principiante avanzado (de tercer a quinto grado)
- Recurre a las herramientas de autogestión para gestionar sus emociones
- Reconoce sus reacciones típicas ante situaciones cotidianas

- Demuestra su capacidad de análisis ante situaciones difíciles

Aprendiz estratégico (de sexto a octavo grado)
- Sabe gestionar el comportamiento y las emociones para seguir prestando atención y mantener la concentración
- Explica sus propios patrones de conducta y aquello que desencadena determinadas emociones y comportamientos
- Analiza por qué consiguió alcanzar (o no) un objetivo
- Pone en práctica su capacidad de análisis ante situaciones cotidianas

Nuevo experto (de noveno a duodécimo grado)
- Demuestra su capacidad de gestionar la conducta y las emociones para no perder de vista sus propios objetivos
- Prevé patrones de conducta y se sirve de herramientas para modificar actitudes poco productivas
- Identifica el papel que juegan la actitud y las reflexiones internas en la consecución del éxito
- Utiliza estrategias para hacer frente a diversas situaciones de estrés

Experto en ejercicio (de nivel universitario en adelante)
- Adapta su comportamiento y sus emociones en función de los cambios que se producen en el entorno o en sus propios objetivos
- Emplea herramientas y estrategias para modificar patrones poco productivos
- Aporta soluciones alternativas a los problemas y mantiene el optimismo

APLICACIÓN PRÁCTICA EN EL AULA

Los niños —independientemente de su edad— necesitan apoyo continuo para poder desarrollar la segunda habilidad HEART, esto es, «Elegir las respuestas». Tampoco es inusual que los propios adultos precisen ayuda en este ámbito; por ello, si has destinado un espacio de tiempo a la enseñanza del aprendizaje socioemocional en tu aula, cerciórate de que haces hincapié en estas herramientas repetidamente después de que las hayas presentado por primera vez. Muchos estudiantes aprenden rápidamente a expresar con claridad lo que deben hacer si sus emociones se desbordan, pero, en el momento de la verdad, les cuesta emplear las herramientas. Invita a tus alumnos a que escojan una o dos estrategias que se adapten a sus necesidades y celebra sus logros, ya sean importantes o modestos. Con el tiempo, estas herramientas pasarán a formar parte del conjunto de herramientas personales de los estudiantes y se irán consolidando a medida que aumente su capacidad de lidiar con emociones intensas.

«Elegir las respuestas» es una habilidad que fácilmente se puede incorporar a los contenidos académicos. Echa un vistazo a la propuesta de herramientas y estrategias, y efectúa las adaptaciones necesarias de acuerdo con las necesidades particulares de los estudiantes de tu escuela y aula.

Enseñanza explícita

Con el fin de facilitarte la enseñanza efectiva de la habilidad «Elegir las respuestas», el apartado «Conceptos clave» de la página 129 está organizado con arreglo a los conceptos clave que hemos abordado —a saber, gestionar las emociones, identificar los factores desencadenantes y patrones de conducta, y redefinir con optimismo—.

Gestión de las emociones

Enseñar la estrategia «Si lo puedes identificar, lo puedes controlar». Como ya vimos con la primera habilidad del modelo HEART in Mind —«Honrar a las emociones»—, identificar los sentimientos propios contribuye a disminuir su intensidad. El Dr. Daniel J. Siegel ha bautizado esta estrategia como «Si lo puedes identificar, lo puedes controlar». Cuando los alumnos (o los adultos) sienten emociones intensas, pueden implicar al hemisferio izquierdo de su cerebro contándole qué ha sido lo que les ha enfadado, entristecido, disgustado o dolido. De ese modo empiezan a comprender la experiencia y sienten que están mejor preparados.

Es muy probable que los maestros, en el caso de los niños pequeños, deban formular preguntas que contribuyan a que éstos puedan interpretar lo sucedido. En ocasiones, los alumnos necesitarán tu ayuda, especialmente si has sido testigo del incidente, a fin de distinguir los hechos de su propia percepción de la situación y sus sentimientos. En otros casos deberás facilitarles palabras emotivas (verbalmente o valiéndote del listado de palabras relativas a sentimientos que muestras de forma bien visible en la pared de tu aula) hasta que sean capaces de hacerlo por sí mismos. En cualquier caso, permite que tus alumnos cuenten lo sucedido desde su propia perspectiva, y ten en cuenta que es posible que los estudiantes de secundaria necesiten ayuda para ponerle nombre no sólo a las emociones más superficiales, sino también a los sentimientos más ocultos. Si aprecias que tus alumnos no están aún preparados para mantener esa conversación, ten paciencia y abórdales en otro momento.

Valerse de la respiración como herramienta para tranquilizarse. Prestar atención a nuestra respiración ejerce un efecto calmante sobre nuestro cuerpo y nuestra mente: se ralentiza la frecuencia cardíaca, disminuye la presión sanguínea y podemos anular la alarma activada en la amígdala. Cuando los alumnos tengan emociones intensas y se sientan desbordados, pueden regresar a la zona verde simplemente usando su respiración como herramienta de autoconsuelo.

La respiración consciente fomenta una actitud curiosa y amable hacia uno mismo, es de fácil aprendizaje y no requiere de ningún material especial. Prestar atención a la respiración, aunque sólo sea durante un par de minutos, puede procuraros —a ti y a tus estudiantes— un gran alivio. A continuación, señalaremos una serie de ejercicios que puedes poner en práctica en tus clases; elige uno o dos y practícalos con asiduidad junto a tus alumnos. La clave es introducir estas herramientas cuando los alumnos se encuentren en un estado de calma y sosiego, de modo que asocien estos ejercicios con una experiencia positiva. Una vez que los estudiantes estén familiarizados con estos ejercicios, podrás sugerirles que recurran a alguno de ellos cuando experimenten emociones intensas con el objetivo de tranquilizarse y regresar a la zona verde.

- **Respiración abdominal y torácica.** Invita a tus alumnos a que se coloquen una mano sobre el vientre y la otra cerca del corazón, y que respiren profundamente tres veces y noten cómo se elevan el abdomen y el pecho con cada inhalación; luego pídeles que aprecien lo que sucede cuando exhalan.

- **Respiración «estrella».** Indica a tus alumnos que estiren el brazo de forma que su mano quede extendida —con los dedos separados a modo de estrella— a la altura de los ojos. Luego, pídeles que, con la mano opuesta, delineen el contorno de la mano que está extendida en forma de estrella. Ahora, invítales a que inhalen por la nariz mientras delinean el contorno exterior del pulgar, para luego exhalar por la boca mientras se deslizan por la parte interior del pulgar; y así, sucesivamente, hasta haber delineado todos los dedos de la mano extendida.

- **La secadora.** Los alumnos, sentados con las piernas cruzadas, deben señalarse los unos a los otros con sus dedos índices, colocándolos de modo que el dedo izquierdo señale hacia la derecha y el dedo derecho hacia la izquierda, superponiéndolos ligeramente a la altura de la boca. Los alumnos deberán soplar al tiempo que sus dedos recorren el conjunto de compañeros, consiguiendo una preciosa y larga exhalación y un agradable sonido sibilante.

Estos ejercicios de respiración son idóneos para que los pongas en práctica en el espacio de tiempo que hayas destinado a la enseñanza del aprendizaje socioemocional y en los momentos de transición. Ten en cuenta que estos no son sino unos cuantos ejemplos; si te interesa la enseñanza del *mindfulness*, me permito sugerirte que te inscribas en algún curso (organizaciones tales como Mindful Schools los imparten) y empieces a practicar la atención plena en casa.

Visualizar recuerdos. Otra forma de enseñar a los estudiantes a gestionar sus emociones es proponerles que visualicen un momento concreto en el que albergaran emociones agradables —tales como felicidad, orgullo o satisfacción— o un momento determinado en el que hayan sido capaces de gestionar de forma positiva algunos sentimientos incómodos. Los alumnos pueden sentirse, por ejemplo, preocupados por la entrega en plazo de un proyecto o por tener que cambiar de grupo de trabajo o ir a una excursión escolar en la que hay que hacer noche. Está en tu mano ayudarles a regular estas emociones; para ello, puedes animarles a que recuerden un momento en el que, a pesar de estar preocupados o asustados, lograron gestionar esos sentimientos, obteniendo además un resultado positivo.

Ayúdales a identificar las estrategias que emplearon en ese momento y pregúntales si alguna de ellas podría resultarles útil en la situación actual. Este proceso contribuye a que los estudiantes reconozcan su capacidad de gestionar satisfactoriamente las emociones desagradables; el objetivo es que *recuerden* que los sentimientos no deben forzosamente determinar el desenlace de una situación si los alumnos se sirven de herramientas adecuadas para gestionarlos. Al favorecer que los estudiantes rememoren y comprendan acontecimientos pasados, les apoyamos para que entiendan mejor lo que les está pasando en el momento presente.[67]

Enseñar las zonas de regulación. Al comienzo del curso escolar, y una vez que hayas trabajado en clase la alfabetización emocional de tus alumnos, introduce las zonas de regulación. Crea un elemento visual acorde a su nivel escolar (por ejemplo, un semáforo en el caso de los alumnos más pequeños y emojis para los alumnos más mayores) y muéstralo en el aula. Aliéntales a que enumeren los sentimientos que pueden albergar cuando se encuentran en cada una de las zonas y analizad qué zona les parece más conveniente para las actividades escolares cotidianas —la zona azul puede ser la más adecuada para realizar ejercicios de reflexión, mientras que la zona amarilla resulta idónea para cuando haya que llevar a cabo tareas creativas o en grupo; por su parte, la zona verde es perfecta para desempeñar tareas que requieren concreción y concentración—. Puedes vincular esta lección a lo que ya has enseñado a tus alumnos sobre cómo honrar a las emociones y prestar atención al cuerpo. Sírvete de ese elemento visual para brindar apoyo a los estudiantes en los momentos de transición y potenciar su capacidad de autoobservación.

Identificación de factores desencadenantes y patrones de conducta

Termómetro de emociones. Puedes establecer una analogía con un termómetro para que los alumnos entiendan más fácilmente cómo los factores desencadenantes propician las emociones. Un buen ejemplo para empezar es la ira, dado que, por lo general, es una emoción cuya gestión resulta particularmente difícil para los estudiantes. Para ello, dibuja un termómetro en el que trazarás unas marcas que indicarán los distintos niveles de intensidad de la emoción «ira»: molesto, irritado, enfadado, furioso.

Ahora, cuéntales una anécdota sobre ti mismo o sobre alguien cuyo enfado va creciendo por momentos. Pide a un voluntario que, a medida que el enfado del personaje vaya ganando intensidad, marque con un rotulador rojo o un trozo de hilo cómo aumenta la «temperatura». Con cada paso, los estudiantes deben ayudarte a identificar la *circunstancia* que *desencadenó* la emoción: «Esta mañana, mi marido cogió las llaves de mi coche y me enfadé mucho. ¿Qué fue lo que hizo que me enfadara tanto?». Cuéntales lo que esta emoción te indicaba o trataba de decirte: «Era muy importante para mí llegar a tiempo a una reunión». Ahora pregúntales: «¿Qué pasa si no hacemos nada para rebajar nuestra temperatura? ¿Qué nos dice el médico si tenemos fiebre?»; para, acto seguido, presentarles la idea de los «mitigadores de emociones» (es en este momento cuando puedes exponer las habilidades de autogestión que hemos analizado —esto es, «Si lo puedes identificar, lo puedes controlar», respiración consciente y visualización). A medida que el personaje va empleando una o varias de estas herramientas, desciende la temperatura. Propón a los alumnos que creen sus propios termómetros en los que incluyan los «mitigadores de emociones» que pueden poner en práctica. El ejemplo del termómetro es igualmente válido para medir otras emociones, como pueden ser el miedo, la ansiedad o la felicidad.

Convertirse en un detective de patrones de conducta. Debate con tus alumnos la existencia de *patrones* en diferentes contextos: el mundo natural (animales y flores), el arte y la arquitectura (azulejos, edificios, etc.) o las matemáticas (fractales, números, etc.) y explícales que los patrones se repiten de manera previsible. A continuación, pídeles que enumeren sus propios patrones de conducta: cepillarse los dientes antes de ir al colegio, guardar en la mochila el traje de baño y la toalla para la clase de natación, hacer fila en el comedor para almorzar... Estos son hábitos que tenemos y en los que no solemos reparar; los ponemos en práctica de forma casi instintiva, pues nuestro cerebro sabe qué es lo que debe hacer. Ahora, pide a tus alumnos que dialoguen sobre aquellas cosas que hacen sin prestar demasiada atención cuando manifiestan determinadas emociones. Algunos patrones pueden resultar productivos, mientras que otros no lo serán.

Cuando me siento _____,
suelo _____.

Encomienda a tus alumnos la tarea de convertirse en detectives de patrones: deben sugerir uno o dos patrones de conducta propios y observar a los miembros de su familia para detectar patrones habituales en ellos.

Una vez que los estudiantes estén familiarizados con el concepto «patrón de conducta», puedes recurrir a este lenguaje cuando les ayudes a gestionar situaciones difíciles en el ámbito del colegio. Tu interés por esos patrones puede incluso enmarcarse en el formato de fichas de reflexión sobre el comportamiento que muchas escuelas emplean cuando los alumnos muestran comportamientos inapropiados en el colegio.

Doy lo mejor de mí mismo cuando... Una parte fundamental del desarrollo de la capacidad de autogestión de los estudiantes es que se conozcan mejor a sí mismos. Para ello, pídeles que enumeren tres cosas que les ayudan a poner todo su empeño y tres cosas que merman su capacidad de dar lo mejor de sí mismos. Lo ideal es que los alumnos hagan después un seguimiento de la frecuencia con la que se suceden este tipo de situaciones (en tu clase, con otros docentes, en casa, etc.) y pongan en común y analicen los resultados. Aparte de eso, pídeles que propongan medidas a adoptar a fin de reducir el número de veces que se producen situaciones en las que no consiguen dar lo mejor de sí mismos. Este puede ser un buen momento para comentar aquellos aspectos sobre los que tienen control (sentarse en la primera fila de clase si se distraen, pedirle al profesor tiempo extra para terminar una tarea, etc.) frente a aquellas cosas que probablemente no puedan cambiar (tener un ordenador nuevo, ocuparse de las tareas domésticas una vez terminados los deberes, etc.).

Esta actividad contribuye a que los estudiantes adquieran un conocimiento más profundo de sí mismos, así como de sus gustos y aversiones, pero también contribuye a que los profesores conozcan mejor a sus alumnos, la opinión que se han formado sobre sí mismos y su potencial.

Redefinir con optimismo

Ofrecer alternativas. Durante la reunión matutina o en las tutorías, préstate a reflexionar con tus alumnos sobre los retos cotidianos o las cosas que les plantean una dificultad, para luego proponer formas alternativas de afrontar esos retos. A continuación, enumeraremos algunos ejemplos que pueden ayudarte a romper el hielo:
- ¿Qué piensas cuando sacas una mala nota o no te invitan a la fiesta de un amigo? (Toma ejemplos creados por tus alumnos).
- ¿Cómo lo razonas contigo mismo? (Enséñales a cuestionar sus propios pensamientos).
- ¿Se podría ver la situación desde otro ángulo?
- ¿Qué pasaría si observaras la situación desde este otro punto de vista?

Reconocer las explicaciones pesimistas. Cuando los estudiantes formulan explicaciones para dar cuenta de las cosas que les suceden en la vida, es posible que no sean capaces de identificar si sus puntos de vista son de carácter optimista o pesimista. En este sentido, está en tu mano ayudarles a identificar las palabras y el lenguaje que transmiten pesimismo y optimismo. Para ello, podéis poner en común las respuestas más habituales ante un desafío o una situación difícil; una vez hecho eso, abordad las explicaciones de carácter pesimista y optimista vistas anteriormente (permanente, generalizado y personal, frente a temporal, concreto y susceptible de mejora —con un poquito de esfuerzo—) para que los alumnos aprendan a diferenciar entre sus puntos de vista optimistas y sus perspectivas más pesimistas. Repasémoslo:

	LA PERSONA PESIMISTA	LA PERSONA OPTIMISTA
PERMANENCIA	Permanente: esta situación va a perpetuarse en el tiempo.	Temporal: es una situación coyuntural.
GENERALIZACIÓN	Universal: esta situación afecta a todos los ámbitos de mi vida.	Concreto: se trata de una situación concreta, no general.
PERSONALIZACIÓN	Interno: no puedo cambiar esta situación.	Susceptible de mejora —con un poquito de esfuerzo—: con la práctica, mejoraré.

Redefinir las explicaciones pesimistas reemplazándolas por otras más optimistas. Una vez que los estudiantes son capaces de identificar sus propias explicaciones pesimistas, pueden aprender a replantearlas si perciben los retos como temporales, concretos y susceptibles de mejora —con un poquito de esfuerzo—. Plantea situaciones que normalmente les generan estrés (los exámenes finales, los encontronazos con los amigos, las competiciones deportivas, etc.) y pídeles que discurran y anoten respuestas más optimistas a esos retos —¿qué podrían decirse a sí mismos si fueran más optimistas?—. Si los alumnos trabajan una visión más optimista de sus retos cotidianos, lograrán fortalecer su carácter y confiarán en obtener resultados positivos en la vida.

Incorporación a la praxis pedagógica

Crear un rincón tranquilo. Se trata de habilitar un espacio de calma y sosiego en el aula o en la propia escuela, provisto de muebles cómodos y materiales relajantes que facilitan el que los estudiantes se calmen cuando se encuentran en la zona roja (es decir, cuando están muy enfadados). El objetivo es que los alumnos recurran a utilizar este espacio para relajarse y luego retomen las actividades de clase de forma independiente.

Los docentes que han habilitado un rincón tranquilo en sus aulas afirman invertir menos tiempo en lidiar con problemas de conducta, pues los estudiantes son más capaces de autocontrolarse.[68] Esta estrategia contribuye a que los alumnos fortalezcan la conciencia de sí mismos —esto es, que honren a sus emociones— al disponer de un espacio en el que pueden sintonizar con sus sentimientos. Dado que, mediante esta estrategia, instamos a los estudiantes a que empleen cualquiera de las herramientas que están a su disposición en el rincón tranquilo para gestionar sus emociones antes de reincorporarse a las actividades del aula, la habilitación de un rincón tranquilo se revela asimismo como una magnífica táctica para que los alumnos practiquen su capacidad de elegir sus respuestas. Es posible que te preocupe que los estudiantes abusen de este espacio o que traten de saltarse la clase o retrasar su incorporación a la misma; y, si es así, harás bien en preocuparte. No obstante, es importante que recuerdes que, al igual que sucede con cualquier herramienta que los alumnos empleen de forma independiente, cuando presentes la herramienta en cuestión por primera vez, lo más oportuno será que te asegures de que los estudiantes entienden el propósito de ese instrumento (en este caso, el rincón tranquilo) y las normas que rigen su uso. El método que emplean algunos profesores es colocar un reloj de arena en el rincón tranquilo de modo que, una vez que se haya agotado el tiempo, esa sea una señal para que el alumno reanude su actividad en clase.

El rincón tranquilo puede ser una herramienta de gran utilidad también para los adultos. Sin ir más lejos, yo trabajé una vez en un colegio cuya directora había dispuesto un rincón tranquilo en su despacho con velas, bombones, artículos de aseo personal y otros detalles para uso del profesorado. Eran muchos los docentes que recalaban allí en algún momento del día, unas veces para saludar y otras para tomarse un pequeño descanso.

Reservar un momento de quietud y tranquilidad. Párate un momento a pensar en el elevado nivel de estrés y estimulación al que están sometidos los estudiantes a diario y el ritmo frenético de las actividades de muchas escuelas. Tanto los alumnos como los adultos pasan de una tarea a otra sin casi tiempo para procesar sus experiencias, y ello menoscaba la capacidad de aprendizaje de los estudiantes y el bienestar de los adultos. Reservar un momento de quietud y tranquilidad es una forma de proporcionar a los alumnos un espacio de tiempo sosegado, seguro y de descanso para meditar, leer un ratito en silencio o hacer un dibujo libre. Esta estrategia permite que los estudiantes encuentren un poco de distensión, vuelvan a concentrarse y preparen su cerebro para aprender bien. La idea es que se relajen sin ruidos ni interacciones y simplemente disfruten de una actividad tranquila durante unos minutos.

Circuitos de retroalimentación. Adquiere el hábito de formular comentarios y sugerencias a tus alumnos cuando pongan en práctica la habilidad «Elegir las respuestas» del modelo HEART in Mind. Describe concretamente lo que les hayas visto hacer: «Me he dado cuenta de que esta mañana utilizaste el rincón tranquilo y luego estabas en plena forma para unirte nuevamente al grupo». Presta atención a las reflexiones interiores negativas de los estudiantes y preséntales comentarios y sugerencias cuando redefinan su mentalidad o muestren perseverancia. Pídeles que describan cómo eso les ha hecho sentir, a fin de que puedan crear recuerdos que vinculen los retos con resultados positivos. Si prefieres sistematizar esta retroalimentación, *puedes incorporar objetivos socioemocionales a los planes de aprendizaje personales de los alumnos.* Los estudiantes pueden proponer un objetivo realista y cuantificable para mejorar su capacidad de elegir las respuestas —algunos alumnos aplicarán estrategias reconfortantes cuando estén enfadados, mientras que otros redefinirán su mentalidad cuando estén estancados y a punto de darse por vencidos. Si creas una lista de comprobación o modificas los indicadores de dominio de la habilidad «Elegir las respuestas» que se incluyen en este capítulo, contribuirás a que los estudiantes hagan un seguimiento de sus progresos.

Incorporación a los contenidos académicos

Opciones múltiples (matemáticas). Una parte importante del desarrollo de la habilidad «Elegir las respuestas» del modelo HEART in Mind es el respaldo a los estudiantes a medida que amplían sus conocimientos sobre las diferentes opciones o formas de entender una situación y las distintas estrategias que pueden aplicar para solucionar un problema. Dado que los Common Core Standards de matemáticas (objetivos básicos propios del sistema educativo estadounidense que garantizan que los alumnos de educación primaria y secundaria tengan un mínimo dominio de las matemáticas) prevén que los estudiantes empleen diferentes métodos para resolver problemas, esta se nos antoja una combinación perfecta. Cuando tus alumnos resuelven problemas matemáticos utilizando diferentes enfoques, indícales que identifiquen qué estrategia usan de forma automática, sin reparar en ella —la cual será, probablemente, su patrón de conducta—. Si los estudiantes se atascan resolviendo problemas, pídeles que compartan su sentir:

- ¿Qué te dices a ti mismo cuando estás atascado?
- ¿Existe otra forma de abordar este problema?
- ¿Qué podrías decirte a ti mismo que te ayude a afrontar este problema con optimismo?

Este ejercicio contribuirá a reafirmar las lecciones impartidas durante el espacio de tiempo que hayas destinado a la enseñanza del aprendizaje socioemocional y a que los alumnos pongan en práctica las habilidades en una situación real. Puedes diseñar un cartel que incluya las estrategias que hemos visto al profundizar en la habilidad «Elegir las respuestas» y que permita a los estudiantes comprobar cuándo emplean satisfactoriamente esas estrategias en clase de matemáticas.

Análisis de personajes (lengua y ciencias sociales). La finalidad de este ejercicio es que los estudiantes identifiquen la forma en que los personajes históricos o los protagonistas de un relato responden ante situaciones con una fuerte carga emocional o problemas difíciles; para ello, ayúdales a distinguir entre las reacciones (una acción inmediata, desencadenada por una circunstancia, en la que no se contemplan las consecuencias) y las respuestas (una acción serena, tranquila y meditada) que aprecian en las lecturas que realizan en clase. Los alumnos deben asimismo identificar los pros y los contras de las decisiones que toman los personajes de las lecturas y plantear un desenlace diferente.

- ¿Qué habría pasado si el personaje hubiera empleado alguna de las estrategias que hemos visto al analizar la habilidad «Elegir las respuestas»?
- ¿Cómo repercutiría eso en los demás personajes y en el desenlace final?
- ¿Qué pasaría si los personajes hubieran adoptado una perspectiva optimista?

Opciones de los estudiantes (todas las asignaturas). Un método adecuado para que los estudiantes desarrollen su capacidad de elegir las respuestas es permitirles tomar decisiones; de hecho, si queremos que los niños y los jóvenes sean capaces de tomar decisiones responsables en la edad adulta, debemos brindarles oportunidades para que practiquen la toma de decisiones, ya sean éstas importantes o de escasa trascendencia. Permite a los alumnos que ellos determinen cómo mostrar lo aprendido en clase; para ello pueden, por ejemplo, elegir entre diseñar un cartel o hacer que sus compañeros participen en un experimento, disponer de alternativas para realizar una tarea de forma independiente o en grupos reducidos, o seleccionar los temas de sus redacciones.

Este método puede resultar un tanto desconcertante y hasta cierto punto incómodo a los educadores —no siempre es fácil ceder el control de los contenidos académicos y la forma de impartirlos—. No se trata de ofrecer un sinfín de alternativas o que los alumnos se libren de las tareas difíciles, sino de brindarles oportunidades reales para que compartan sus opiniones y las utilicen con fines de aprendizaje. Los psicólogos Idit Katz y Avi Assor han demostrado que lo más importante no es el tipo de alternativa que se ofrece a los estudiantes, sino cómo éstos la *perciben*; si los alumnos asocian la alternativa al sentimiento de autonomía, competencia y afinidad, es muy probable que el hecho de disponer de alternativas propicie resultados beneficiosos.[69]

Ofrecer alternativas a los estudiantes a la hora de aprender permite lograr dos resultados convincentes: por una parte, los alumnos desarrollan su capacidad de elegir las respuestas en situaciones «reales» —según vayan sopesando sus alternativas, deberán analizar los pros y los contras de cada decisión y anticiparse a los resultados. «¿Podré concentrarme si realizo esta actividad con mi mejor amigo?»—; por otra parte, escoger entre varias alternativas (cuando se hace de forma deliberada) puede fortalecer el compromiso y la participación de los estudiantes en su proceso de aprendizaje. Sugiero que empieces con un objetivo modesto y vayas incrementando las alternativas de tus alumnos según te vayas sintiendo más cómodo.

Lista de comprobación o «checklist» y herramientas de autoevaluación (todas las asignaturas). ¿A quién no le fascina una buena lista de comprobación? Si tienes tendencia a obsesionarte con la planificación y organización, entonces seguramente habrás leído el libro *El efecto Checklist* de Atul Gawande, en el que sostiene que las listas de comprobación son un método de organización que permite a las personas poner en práctica sus mejores conocimientos, comunicarse y obtener resultados. Desde el prisma del aprendizaje socioemocional, se trata de una excelente herramienta para que los estudiantes pongan en práctica su capacidad de elegir las respuestas. En primer lugar, el proceso de *leer* la lista de comprobación permite a los alumnos revisar las expectativas de clase (tanto de índole académica como socioemocional) sin necesidad de que tú intervengas. En segundo lugar, durante el proceso de *respuesta* a la lista de comprobación, los estudiantes pueden observar su comportamiento y anticiparse a la probabilidad de lograr objetivos individuales o colectivos. Por último, las listas de comprobación son una magnífica oportunidad para que los alumnos tomen otra decisión si no van bien encaminados.

Si los estudiantes emplean este tipo de herramientas de autoevaluación con regularidad, lograrán desarrollar su aptitud para participar en procesos de reflexión sobre sí mismos y su aprendizaje, lo que, a su vez, fortalecerá su capacidad de tomar decisiones bien fundamentadas y respetuosas.

Herramientas de evaluación

En el apéndice de este libro se facilita una tabla con los indicadores de dominio de cada habilidad HEART —el alcance y la secuencia te pueden ayudar a identificar aquellas áreas en las que tus alumnos precisan apoyo complementario—, así como una encuesta de autoevaluación que te permitirá reflexionar sobre tus propias habilidades HEART.

A:
Aplicar empatía

Definición

«Aplicar empatía» significa reconocer y valorar las emociones y perspectivas de los demás, tomar medidas para apoyarles y cultivar la autocompasión.

«Aplicar empatía» —esto es, la tercera habilidad del modelo HEART in Mind— nos permite ver y apreciar la humanidad que hay en los demás, favorece nuestra comprensión de cómo otras personas perciben y experimentan el mundo, y nos proporciona las herramientas necesarias para respaldarles. El verbo empleado en este caso para indicar la acción específica de esta habilidad —esto es, «aplicar»— señala la necesidad de ponernos en marcha.

El último año de mi pasantía para obtener mi acreditación docente transcurrió en un pueblo rural de Nicaragua, como voluntaria de una ONG local denominada Los Pipitos que trabajaba con niños con discapacidad. Allí colaboré con Martha, una promotora de salud comunitaria, y con ella aprendí muchísimo sobre la empatía.

Martha y yo solíamos caminar durante horas por los polvorientos senderos de Yalagüina, tratando de acceder a las recónditas viviendas en las que residían niños con discapacidad. La mayoría de estas familias no podían permitirse el lujo de matricular a sus hijos en un centro de educación especial, ni tan siquiera en un colegio público local; por ello, Los Pipitos educaba a las familias para que pudieran respaldar el crecimiento y desarrollo de sus hijos desde casa.

Durante las largas horas que pasamos caminando, Martha y yo forjamos una estrecha amistad; ella respondía pacientemente y con sumo cariño a mis numerosas preguntas sobre la cultura, política y situación de pobreza de

Nicaragua. Era ciertamente asombrosa la capacidad de Martha de conectar con las familias que visitamos y demostrarles amor e interés genuinos, incluso ante situaciones realmente difíciles.

Me gustaría compartir contigo tres importantes lecciones sobre la empatía que aprendí observando a Martha relacionarse con los demás:

1. **Para mostrar empatía, primero hay que trabajar la conciencia de uno mismo.** Empatizar significa ser capaz de ponerse en la piel de la otra persona y comprender sus sentimientos. Al tener un hijo con parálisis cerebral, Martha se había visto obligada a afrontar retos similares a los que se enfrentaban las familias que visitamos; aunque era duro ver a la gente sufrir, Martha sintonizaba con sus propias emociones para poder abrir su corazón a estas familias.

   Como maestros y padres, la autoconciencia nos ayuda a estar más presentes en cualquier situación dada. Puede resultarnos difícil mostrar empatía a nuestros alumnos o a nuestros propios hijos si todavía estamos pensando en el trabajo, en una discusión que hemos mantenido o en nuestras interminables listas de tareas pendientes. Una vez que hayamos podido establecer contacto con nosotros mismos, incluso si ello significa sintonizar con sentimientos incómodos, estaremos más capacitados para hacerlo con los demás.

2. **La empatía es sanadora.** Otra importante lección que aprendí de mi querida amiga es entender que, cuando somos capaces de mostrar empatía hacia los demás, esas personas se sienten aceptadas y comprendidas. Era frecuente que nos encontráramos con familias que mostraban cierto escepticismo acerca de la ayuda que pretendíamos prestarles o que manifestaban miedo de que nos llevásemos a su hijo. Martha era capaz de empatizar con sus sentimientos —sin importar la naturaleza de los mismos— y de abrir camino al diálogo y a la sintonía.

   Cuando empatizamos con los niños, los jóvenes u otros adultos y sintonizamos con sus sentimientos, el vínculo que forjamos ejerce un efecto sanador; no en vano, mostrar empatía hace que las relaciones con nuestros hijos y alumnos sean más profundas y sólidas.

3. **Si empatizas, enseñas a otros a empatizar.** Yo descubrí el poder de la empatía al ver a Martha conectar con la gente de la comunidad: cuando conversaba y se relacionaba con los demás, lo hacía de corazón. Martha ejemplificaba el significado de mostrar empatía al sintonizar con las emociones de las personas y hablar sobre sus conductas sin juzgarlas.

Los niños aprenden a mostrar empatía observando el ejemplo de sus padres y cuidadores, por lo que, cuando los adultos que les rodean empatizan con los demás, les dan ejemplo y les enseñan a exhibir empatía. Mary Gordon, fundadora del programa Roots of Empathy, afirma que la empatía no se puede enseñar de la forma tradicional, sino que únicamente se puede enseñar a través de las experiencias.[70] En este capítulo, analizaremos distintas formas de crear experiencias en clase que ejemplifiquen y enseñen empatía a los alumnos.

¿Está la empatía en declive?

Abundan los estudios científicos que respaldan la idea de que los estadounidenses cada vez se preocupan menos por los demás. La Dra. Sara Konrath, de la Universidad de Indiana (Bloomington, EE. UU.), observó una importante disminución de la empatía entre los jóvenes nacidos entre 1979 y 2009 que, según ella, se debe en parte al aumento de los problemas de salud mental entre los jóvenes y al incremento de las desigualdades.[71]

La Dra. Michele Borba, experta en crianza, sostiene que la empatía está en declive, por lo menos en cuanto a la expansión de una cultura egocéntrica a la que han contribuido, en gran medida, las redes sociales.[72] No hay más que reparar en el súbito aumento de plataformas y aplicaciones que permiten a los jóvenes compartir con todo el mundo detalles sobre sus vidas, y en el empeño que ponen éstos en mostrar un perfil perfecto en las redes sociales y las expectativas que ello les genera.

Las redes sociales permiten a los jóvenes conectarse y cuidar los unos de los otros; con todo, su uso se convierte a menudo en un deporte competitivo en el que los jóvenes rivalizan por mostrar lo maravillosas que son sus vidas; y, aunque efectivamente sean maravillosas, generalmente no es oro todo lo que reluce, y eso hace que se sientan desconectados, solos y estresados. A juicio de la Dra. Michele Borba, este afán por centrarse en la persona, sumado al aumento de la presión académica y el deterioro del estado general de la salud mental de nuestros jóvenes genera un *vacío de empatía*.

Este problema no se circunscribe únicamente a los estudiantes; los adultos a duras penas consiguen incorporar la empatía a sus lugares de trabajo. Si bien es cierto que los estamentos directivos coinciden con sus empleados en la necesidad de mostrar más empatía en el lugar de trabajo —según arroja el *State of Workplace Empathy Study* («Estudio sobre el estado de la empatía en el lugar de trabajo») realizado en 2019 por Businessolver—, aún sigue existiendo una brecha importante entre las buenas intenciones y la aplicación efectiva.[73] Aunque no se puede afirmar que los cargos ejecutivos desconozcan el valor de la empatía, de lo que no cabe duda es de que no hacen gala de la pericia necesaria para mostrar empatía. Así, el estudio reveló que el 58 % de los directivos declaran tener dificultades para mostrar empatía de manera sistemática en el lugar de trabajo, mientras que el 72 % de los empleados se plantearía dejar su trabajo para cambiarse a una empresa u organización más empática.

En esencia, los empleados quieren que las empresas entiendan sus vidas profesionales cotidianas y respeten la necesidad de establecer un equilibrio y cierta flexibilidad —aspectos importantes que muchas empresas obvian—. Estos empleados, que sufren en sus carnes un entorno laboral negativo, pueden perfectamente ser los progenitores de tus alumnos; en cualquier caso, lo que está claro es que deberían ser receptores de empatía para que puedan dar buen ejemplo a sus hijos y cultivar la empatía en beneficio de éstos. *Muchas personas, entre las que se incluyen los adultos, tienen dificultades para mostrar empatía, pues significa acceder a un rincón henchido de dolor en lo más profundo de sí mismos.* Sentir empatía es también ser capaz de gestionar la ansiedad o el miedo que nos generan los sentimientos ajenos y llegar a aceptarlos.

Conceptos clave

Si queremos aplicar empatía en nuestra vida cotidiana y enseñar empatía a nuestros estudiantes, el psicólogo y experto en emociones Dr. Paul Ekman nos recomienda explorar tres formas diferentes de intuir los sentimientos de los demás.[74]

- **Empatía cognitiva.** Se refiere a nuestra capacidad de imaginar cómo la otra persona se siente y qué podría estar pensando ante una situación difícil. Es decir, comprender el punto de vista de la otra persona, así como sus sentimientos, pensamientos, necesidades y actos. Esto es lo que la Dra. Michele Borba denomina «puerta hacia la empatía», dado que permite a los estudiantes comprender el mundo desde la perspectiva de la otra persona. Esta habilidad mejora las aptitudes de comunicación y negociación de estudiantes y adultos, y es de gran utilidad para quienes intentan motivar a las personas. El que estudiantes y adultos trabajen su capacidad de adoptar diferentes perspectivas, puede reducir significativamente sus prejuicios inconscientes: es más fácil mantener una interacción positiva con personas que no se parecen a nosotros cuando somos capaces de ver las cosas desde su punto de vista. Los investigadores han llegado a la conclusión de que las estrategias de intervención concebidas para afianzar la empatía contribuyen a reducir las conductas intimidatorias.[75]

- **Empatía emocional.** Este tipo de empatía se da cuando logramos conectar física y emocionalmente con la otra persona —«siento lo que tú sientes»—; esto es, estamos en sintonía con el mundo emocional interior del otro, y ello se debe en parte a la existencia de neuronas espejo. Según el neurocientífico Dr. Marco Iacoboni, las neuronas espejo son las únicas células cerebrales que codifican las acciones de otras personas; nos permiten entender las emociones y los actos de los demás al sentir, de una forma más moderada, lo que ellos sienten[76]—por ejemplo, cuando vemos a alguien sangrar, en nuestro cerebro se activan las neuronas espejo de la hemorragia; esto estimula la actividad del cerebro que evoca las sensaciones que normalmente asociamos con la hemorragia—; por tanto, no es preciso *deducir* lo que la otra persona siente, pues de inmediato sentimos eso mismo, aunque sea de forma más leve. El Dr. Iacoboni observó asimismo una disminución de la actividad de las neuronas espejo en personas con autismo, lo que podría explicar sus problemas con la interacción social y la comprensión de las emociones de los demás.

La empatía emocional no es sólo una habilidad muy útil a la hora de forjar vínculos emocionales con los demás, también puede orientar la identidad moral de los estudiantes — si los niños y los jóvenes son capaces de entender el dolor y sufrimiento de los demás, es más probable que sepan ayudarles en los momentos difíciles y tengan menos tendencia a herirles—.

Aunque la empatía emocional aporta numerosos beneficios, también puede conducir al agotamiento si las personas no son capaces de gestionar sus propias emociones. Este es un problema frecuente entre los profesionales del trabajo social, como pueden ser educadores o profesionales sanitarios. Si te sientes abrumado por los problemas a los que se enfrentan tus alumnos y sus familias, te recomiendo que hagas de las estrategias de cuidado personal una parte fundamental de tus principios didácticos. La tercera parte de este libro presenta herramientas y tácticas que contribuirán a tu bienestar; no obstante, si persisten estos sentimientos o el agotamiento, sería bueno que pidieras ayuda profesional.

- **Empatía compasiva.** Este tipo de empatía aparece cuando las personas sienten el impulso de actuar y aliviar el sufrimiento de los demás. Ayudar a una persona mayor a cargar la compra, abrir la puerta a una madre que empuja un cochecito u ofrecerse voluntario en un hospital son ejemplos de lo que significa actuar con compasión. Si bien es cierto que algunas personas tienden a exhibir más compasión que otras, las investigaciones sugieren que la compasión es contagiosa: si eres beneficiario de un comportamiento compasivo, es más probable que tú mismo seas compasivo con los demás. El Dr. Dacher Keltner, director del Greater Good Science Center de la Universidad de California en Berkeley (EE. UU.) y autor del libro *Born to Be Good*, defiende que la compasión se propaga porque dar y compartir nos hace sentir bien: cuando las personas sienten compasión y actúan en consecuencia, adquieren un profundo sentido de humanidad compartida con las personas necesitadas.[77] Cultivar la compasión nos permite prestar más atención a la gente necesitada, lo que, a su vez, nos motiva a hacer algo por ellos.

La autoempatía también es empatía

Durante un taller sobre el cuidado personal de los educadores, pedí a los participantes que anotaran en una tarjeta lo que se dicen a sí mismos cuando cometen un error y luego les pedí que intercambiaran sus tarjetas con la persona que tenían sentada a su lado. Una de las participantes me miró con nerviosismo y murmuró: «No me atrevo a darle mi tarjeta; no quiero que sienta lo que yo siento cuando cometo un error». Como es de suponer, mantuvimos una conversación muy productiva sobre la forma en que nos dirigimos a nosotros mismos cuando las cosas no salen según lo previsto o cometemos un error. En muchos casos nos excedemos con la autocrítica y mantenemos soliloquios que van en esta línea: «Eres tonto de remate. ¿Cómo se te ocurre hacer eso?» o «siempre cometes el mismo error. ¿Cómo es posible que no aprendas?», por lo que cabría preguntarse si se nos ocurriría hablarle de ese modo a un amigo; probablemente no, seguramente trataríamos de exhibir compasión y le ayudaríamos a sentirse mejor y a entender que errar es humano. Sin embargo, cuando somos nosotros mismos los que cometemos un error, entonces se vuelven las tornas: nos resulta extremadamente difícil mostrar empatía hacia nosotros mismos.

Kristin Neff, destacada experta en autocompasión consciente, lo define como tratarse a sí mismo con amabilidad, de la misma manera que trataríamos a un amigo que está atravesando un momento difícil.[78] Significa aprender a hablarnos como si de un buen amigo se tratase y decirnos: «¿Cómo estás? Pareces triste. ¿Hay algo que pueda hacer para que te sientas mejor?» y luego proseguir haciendo cosas que nos hagan sentir seguros y queridos.

Las mismas consideraciones son aplicables a niños y jóvenes. Son muchos los estudiantes que se vuelven sumamente críticos con sus errores a una edad temprana, y ello repercute en su capacidad de lidiar con el fracaso o la decepción. Si los alumnos aprenden a desarrollar la autocompasión, podrán admitir sus errores en lugar de sentirse abrumados por ellos (y darse por vencidos) o culpar a los demás. Las investigaciones de Neff ponen asimismo de manifiesto que las personas autocompasivas asumen la responsabilidad de sus actos y tienden a disculparse si han ofendido a alguien.

En muchos casos, los estudiantes no son conscientes de que recurren al diálogo interior negativo hasta que los educadores crean un espacio en clase para reflexionar y mantener esa conversación. Para algunos alumnos, el darse cuenta de que tratarse a sí mismo con dureza no aporta nada positivo a largo plazo puede ser una experiencia extraordinariamente intensa. Ayudar a los estudiantes a cultivar la autocompasión les prepara para convertirse en adultos más resilientes, ingeniosos y felices.

«La autocompasión motiva, como lo haría un buen profesor, con amabilidad, apoyo y comprensión, no con críticas severas».

Kristin Neff

Indicadores de dominio

Principiante (de parvulario a segundo grado)
- Describe cómo se sienten los demás en función de sus expresiones faciales y corporales
- Admite que otros puedan sentir emociones diferentes a las de uno mismo en situaciones similares
- Distingue entre la introspección positiva y negativa

Principiante avanzado (de tercer a quinto grado)
- Describe los sentimientos y perspectivas expresados por los demás

- Identifica sus propios sentimientos cuando otros se hallan en situaciones difíciles
- Identifica la introspección negativa en situaciones cotidianas

Aprendiz estratégico (de sexto a octavo grado)
- Predice los sentimientos y las perspectivas de los demás y argumenta los motivos
- Analiza de qué forma el comportamiento propio puede afectar a los demás
- Identifica y explica cómo las reflexiones interiores negativas pueden afectar al rendimiento y bienestar

Nuevo experto (de noveno a duodécimo grado)
- Analiza las similitudes y diferencias entre las propias emociones y perspectivas y las de los demás
- Encuentra distintas formas de actuar con compasión en el seno de la comunidad
- Aplica estrategias para replantearse la introspección negativa

Experto en ejercicio (de nivel universitario en adelante)
- Demuestra comprender que los demás pueden tener diferentes emociones y puntos de vista
- Demuestra conocer distintas formas de actuar y vivir con compasión
- Idea estrategias para fomentar la autocompasión en la vida cotidiana

APLICACIÓN PRÁCTICA EN EL AULA

Hay muchas formas de contribuir a que los niños desarrollen la capacidad de aplicar empatía: están los juegos de rol, la realización de entrevistas, el aprendizaje a través de la prestación de servicios y un largo etcétera. Al igual que sucede con las demás habilidades HEART, es importante que, de manera sostenida e intencionada, impliques a tus alumnos en la *aplicación* de la habilidad y crees un ambiente en clase que propicie el que los estudiantes se preocupen los unos por los otros.

Enseñanza explícita

Analizar dilemas morales. Presentar a los estudiantes situaciones en las que no hay una respuesta correcta o incorrecta les invita a hacer una profunda reflexión sobre las consecuencias de determinadas decisiones y las repercusiones en el bienestar y los sentimientos de los demás. Elige el momento de una tutoría o reunión en clase para formular a tus alumnos preguntas provocativas o plantearles situaciones peliagudas y que, en grupos, expongan distintos puntos de vista y propongan soluciones. Este ejercicio es perfecto para que los estudiantes practiquen sus aptitudes de autogestión («Elegir las respuestas») y su capacidad para escuchar con atención y resolver conflictos («Reavivar las relaciones»), que analizaremos más detenidamente en el siguiente apartado. Dependiendo del tipo de dilema moral que escojas, los alumnos practicarán principalmente su empatía cognitiva.

Juego de rol. Los juegos de rol constituyen una estructura de aprendizaje en la que los estudiantes asumen el papel de un personaje real o imaginario, y lo interpretan. Lo cierto es que es un ejercicio muy interesante, pues brinda a los alumnos la oportunidad de que adopten una personalidad distinta (que puede tener valores, experiencias o prioridades diferentes a las propias) y se relacionen con los tipos de emociones y pensamientos de dicho personaje, así como con las decisiones que tomaría. También es muy útil si queremos ayudar a los estudiantes a prepararse para enfrentarse a situaciones difíciles: por ejemplo, pueden practicar cómo reaccionar si sus compañeros les presionan para que hagan algo que les suscita reticencias o cómo resolver un conflicto con su hermano o hermana. Al interpretar este tipo de situaciones, los alumnos desarrollan la empatía, al tiempo que fortalecen la experiencia y confianza en sí mismos, lo que, a su vez, les dota de más herramientas para hacer frente a estas situaciones en la vida real. Te recomiendo que, cuando estructures un ejercicio de juego de rol, sigas estos cinco pasos:

Paso 1: identificar la situación.
Propón una situación difícil, pertinente a la vida de los estudiantes; presenta el problema y, juntos, analizad los aspectos más importantes. Comparte con los alumnos el resultado previsto del juego de rol (es decir, sugiéreles una solución compasiva al problema, asegúrate de que todos expresan su opinión y subsanad el daño ocasionado). La situación hipotética debe llegar al suficiente nivel de detalle para que parezca verosímil y creíble. Pide a tus estudiantes que sugieran, de forma anónima, situaciones difíciles a las que se hayan tenido que enfrentar.

Paso 2: asignar roles.
Identificad a los personajes implicados en la situación —puedes asignar tú los roles o dejar que sean los alumnos quienes los elijan—. Lo más probable es que en la situación hipotética haya algunos personajes compasivos y otros conflictivos. Los estudiantes deben imaginarse lo que siente su personaje, comprender sus motivaciones y objetivos, y luego interpretar el papel en consecuencia. Por su parte, los alumnos que en ese momento no interpreten un papel concreto harán de espectadores.

Paso 3: interpretar la situación hipotética.
Cada alumno asume su papel e interpreta la situación. Ten en cuenta que los estudiantes pueden volverse más hostiles a medida que avanza el juego de rol, por lo que tú harás las veces de moderador —si ves que la situación se les va de las manos, detén el juego y efectúa una breve comprobación de su experiencia emocional (¿cómo se sienten? ¿Qué están pensando? ¿Cuál es su propósito?); una vez concluida la comprobación, puedes recordarles el resultado previsto—. Algunos alumnos deberán reforzar su postura, mientras que otros seguramente deban ser más flexibles. Anímales a que sigan jugando hasta que alcancen el objetivo o se agote el tiempo.

Paso 4: reflexionar sobre el juego de rol.
Reflexionar sobre el ejercicio forma parte esencial de esta actividad. Durante la sesión de reflexión, pregunta a los «actores» qué han aprendido de su personaje y cómo se han sentido al interpretar ese papel. Ayúdales a identificar de qué manera los personajes han mostrado cariño y compasión, y en qué momentos no lo han hecho. ¿Cómo se han abierto los estudiantes a nuevas

perspectivas sobre los demás? Los alumnos que actúan como espectadores también pueden compartir su parecer durante el juego de rol.

Paso 5: vincular el juego de rol con la vida real.
Se trata de que los estudiantes reflexionen sobre cómo podría esta situación hipotética desarrollarse en la vida real. ¿Qué han aprendido y cómo pueden aplicarlo en el futuro cuando se produzcan situaciones similares? ¿Qué aspectos tratarían de evitar? El objetivo es que les ayudes a dar a su aprendizaje un enfoque práctico y aplicable a la vida real.

Ejemplos:
Primera situación hipotética: tus dos mejores amigos se están burlando de una nueva alumna que se ha incorporado a vuestra clase. La niña, que es extranjera, acaba de llegar y todavía no habla bien inglés. Tú también viniste desde otro país y, por ello, sabes que ser «el nuevo de la clase» puede llegar a ser muy duro; de ahí que intentes evitar que tus amigos se burlen de ella.

Roles: dos estudiantes provocadores, una nueva alumna que proviene de otro país y un estudiante que intenta detener el pitorreo.

Segunda situación hipotética: tu amigo te está contando que ha tenido que sacrificar a su perro. Está muy triste y rompe a llorar. Nunca antes habías visto a tu amigo llorar y la verdad es que no sabes cómo reaccionar. Mientras tu amigo te está hablando de su perrito, otros dos alumnos que justamente en ese momento pasaban por ahí dicen: «¡Oh, mira qué llorón! ¿Quieres un chupete?»

Roles: el alumno dueño del perro, un estudiante que escucha a su amigo y dos compañeros provocadores que pasaban por ahí.

Tercera situación hipotética: el entrenador de tu colegio está organizando un encuentro deportivo para celebrar que el curso escolar toca a su fin. Aunque «todos pueden participar», te molesta ver que todas las actividades requieren que los alumnos sean excelentes atletas. Algunos de tus compañeros de clase están de acuerdo contigo, pero otros no comparten tu punto de vista, por lo que decides mantener una conversación al respecto con el entrenador.

Roles: entrenador, algunos estudiantes críticos con el encuentro deportivo y algunos estudiantes a favor del mismo.

Descubrir el diálogo interior negativo. Cuando mantengas la reunión matutina o una tutoría, comparte con tus alumnos una situación reciente en la que hayas cometido un error y cuéntales cómo te sentiste. Apunta en un rotafolio (también denominado papelógrafo) las cosas negativas que te dijiste a ti mismo cuando advertiste el error. Analiza junto a tus estudiantes cómo esos pensamientos influyeron en tus sentimientos y lo que hiciste después. Invita a uno o dos alumnos a que compartan un error que hayan cometido recientemente, anota su diálogo interior negativo y analizad las consecuencias. Luego, pide a la clase que proponga otro tipo de reflexiones a tener en cuenta cuando cometan un error. Anima a tus alumnos a que diseñen un cartel para la clase que refleje afirmaciones positivas que les motiven cuando cometan errores o se sientan estancados o abrumados ante una situación.

A lo largo del día, interésate por las reflexiones de tus alumnos: ¿qué se dicen a sí mismos ante una ecuación difícil? ¿Qué les dice su cerebro cuando sus amigos les excluyen? Luego, aconséjales que empleen algunas de las afirmaciones positivas que la clase ha propuesto. El objetivo es que los estudiantes tomen conciencia de cuándo albergan pensamientos negativos y los sustituyan deliberadamente por otros pensamientos más favorables y comprensivos.

Incorporación a la praxis pedagógica

Seguimiento de los momentos solidarios. Los estudiantes prestan atención a aquellas cosas que los educadores recalcamos a diario. La maestra B., docente de primer grado en Memphis (Tennessee, EE. UU.), tiene una representación visual de los momentos de asistencia que ella y sus alumnos observan en el aula. Cada vez que aprecian un momento solidario —podría tratarse de un alumno que ayuda o consuela a otro después de vivir un acontecimiento frustrante, o de un estudiante que tiene un detalle bonito con sus compañeros de clase—, toman nota de la situación, dejan constancia de ella en un pósit y elaboran un gráfico sobre ella. Cada pocas semanas, la clase dedica un rato a leer esas anotaciones y a resumir los datos recopilados. Analizan los sentimientos de los estudiantes implicados en la situación y aquello que les motivó a exhibir compasión, así como la forma en que los datos han ido cambiando con el tiempo (¿aumenta o disminuye el número de momentos solidarios que tienen lugar en clase?) y las posibles razones.

Fomentar las repeticiones. Los seres humanos no somos perfectos; constantemente cometemos errores, a menudo debido a que tomamos una decisión de forma impulsiva o por falta de información, o simplemente porque no sabemos qué otra cosa hacer. En otras ocasiones, no nos detenemos a pensar en cómo nuestros actos podrían repercutir en los demás. Fomentar las repeticiones en el aula enseña a los estudiantes que errar es humano y que siempre podemos volver a intentarlo. Este es un aspecto importante a la hora de establecer relaciones sólidas y positivas, como veremos en la siguiente habilidad del modelo HEART in Mind. También se puede fomentar las repeticiones en situaciones académicas: por ejemplo, cuando los alumnos no obtienen la nota que esperaban o cuando les faltan algunas partes de un proyecto de grupo. El hecho está en que, si brindamos a los estudiantes la oportunidad de «volver a intentarlo», les enseñamos el valor del esfuerzo frente a centrarse exclusivamente en el resultado.

Compañeros de estudios. Los niños y los jóvenes pueden asimismo fortalecer su empatía si ejercen de compañeros de estudios en beneficio de alumnos más jóvenes o de sus propios compañeros de clase. El concepto «compañero de estudios» es análogo a la noción de «compañero de lectura», pero en lugar de centrarse únicamente en la lectura, los compañeros de estudios prestan apoyo académico, social y emocional a sus condiscípulos. Si decides poner en práctica este sistema de asistencia en tu aula, lo más recomendable es que emparejes a los estudiantes en función de intereses comunes, habilidades académicas y elecciones personales. La idea es que los alumnos puedan comunicarse entre sí a lo largo del día para ver si su compañero de estudios necesita ayuda con la realización de una tarea, organización de su pupitre o elección de un libro de la biblioteca. Los compañeros de estudios pueden asimismo ayudar a otros alumnos a resolver un conflicto que haya surgido con un condiscípulo o a superar una riña que hayan tenido con un hermano o una hermana. Puedes sistematizar este concepto y aplicarlo como método de apoyo y asistencia mutua en el aula, lo que te permitirá centrarte en aquello que únicamente tú puedes enseñarles. Cuando los estudiantes se ayudan entre sí de manera constante, logran aplicar empatía, así como crear un ambiente de solidaridad y amabilidad en el aula.

El aprendizaje a través de la prestación de servicios. Los servicios a la comunidad o a la escuela figuran entre los recursos más efectivos a la hora de ayudar a los estudiantes a desarrollar la empatía. Cuando éstos participan ampliamente en actividades que benefician a otros alumnos o la comunidad, comprenden mejor a los demás seres vivos (personas, animales o plantas) y los problemas que afectan a sus medios de vida.

Dado que los proyectos de aprendizaje a través de la prestación de servicios generalmente están relacionados con la enseñanza en el aula y niveles académicos concretos, los estudiantes logran desarrollar sus aptitudes académicas y la competencia socioemocional. Este tipo de aprendizaje contempla momentos para recapacitar sobre lo sucedido durante la experiencia y a consecuencia de ella, por lo que supone un método perfecto para ayudar a los alumnos a reflexionar sobre sus habilidades HEART y su capacidad de sintonizar con los demás y compartir sus sentimientos.

Incorporación a los contenidos académicos

¿Cómo me sentiría en esta situación? (lengua y ciencias sociales). Las asignaturas de lengua y ciencias sociales ofrecen excelentes oportunidades de ayudar a los alumnos a desarrollar su capacidad de reconocer aquello que los demás sienten y experimentan. Es recomendable que, cuando leáis libros en clase y aprendáis sobre personajes históricos o de actualidad, dediquéis un rato a analizar cómo se sentirían los estudiantes en diferentes situaciones y a profundizar sobre el punto de vista de esa persona. Podrías, por ejemplo, pedir a tus alumnos que se imaginen que son Rosa Parks —la famosa activista a favor de los derechos civiles en Estados Unidos quien, habiéndose sentado en los lugares permitidos a los ciudadanos de color en un autobús de Montgomery (Alabama, EE. UU.), se negó a ceder su asiento a un pasajero blanco— y que empleen la primera persona, a fin de que puedan identificarse con los sentimientos que Rosa pudo haber albergado:

> Me llamo Rosa Parks. Siento una profunda tristeza y vergüenza por la forma en que se trata a los afroamericanos en este país. Tengo miedo, pero estoy decidida a alzarme en pro de mi gente.

El empleo de la primera persona no sólo favorece que los alumnos se identifiquen con la situación y sean sensibles a las emociones y experiencias de los demás, sino que es también una oportunidad de comprobar que la mayoría de personas pueden experimentar varias emociones al mismo tiempo. Si pones en práctica este ejercicio con regularidad, constatarás que el análisis de personajes de novelas o históricos favorece que los estudiantes adquieran el hábito de imaginar los sentimientos de los demás y sintonizar con ellos.

Entrevistar a gente para crear personajes complejos (redacción). En cierto modo, la empatía no es otra cosa que sentir curiosidad por otras personas e interesarse por sus experiencias y formas de vida. Realizar entrevistas es una técnica estupenda para satisfacer nuestra curiosidad y saber más acerca de la vida cotidiana de las personas, sus necesidades y los retos a los que se enfrentan. Cuando tus alumnos deban trabajar su capacidad de redacción, la realización de entrevistas les resultará una herramienta muy útil para recopilar información importante sobre la vida de las personas, de modo que puedan crear personajes complejos en sus redacciones al tiempo que desarrollan la empatía.

Si educas a niños pequeños, puedes proponerles que entrevisten a familiares o vecinos, mientras que si tus alumnos son más mayores, lo ideal es que entrevisten a miembros de la comunidad en general. Si dispones de recursos tecnológicos en tu aula, sería conveniente emplearlos para conectar a tus estudiantes con niños de otras zonas del mundo, para que puedan así aprender los unos de los otros y desarrollar su capacidad de apreciar otros puntos de vista.

Identificar las perspectivas de las personas en el marco de acontecimientos históricos o de actualidad (ciencia y ciencias sociales). Cuando en clase analicéis acontecimientos históricos o de actualidad, sugiere a tus alumnos que identifiquen los principales grupos que han tomado parte en el acontecimiento (por ejemplo, el norte y el sur durante la guerra civil estadounidense); para ello, indícales que respondan a una sugerencia de redacción como alguien perteneciente a uno de los colectivos identificados. Por ejemplo:

> Describe tu vida como si pertenecieras a ese grupo: el lugar en el que resides, el tipo de trabajo que realizas, tu familia y amigos, tus valores y creencias, tus necesidades, problemas y sentimientos en general.

Forma parejas de estudiantes de diferentes grupos e invítales a poner en común sus puntos de vista: un miembro de cada pareja expone primero y luego el otro debe parafrasearle. Una vez concluida esta parte del ejercicio, toda la clase deberá reflexionar conjuntamente sobre la experiencia. Puedes valerte de las siguientes indicaciones para orientar la conversación:

> ¿Qué has aprendido sobre el punto de vista de tu compañero?
> ¿Has podido identificar alguna similitud y/o diferencia?
> ¿Cuál entiendes tú que es la enseñanza que transmite esta actividad acerca de la empatía y la adopción de diferentes perspectivas?

Herramientas de evaluación

En el apéndice de este libro se facilita una tabla con los indicadores de dominio de cada habilidad HEART —el alcance y la secuencia te pueden ayudar a identificar aquellas áreas en las que tus alumnos precisan apoyo complementario—, así como una encuesta de autoevaluación que te permitirá reflexionar sobre tus propias habilidades HEART.

R:
Reavivar las relaciones

Definición

«Reavivar las relaciones» significa alimentar una red positiva y de apoyo mediante el empleo activo de aptitudes de comunicación y resolución de conflictos, y la cooperación con diversidad de personas y colectivos.

Hay un año de mi carrera docente que recuerdo con profunda nostalgia; fue un tiempo en el que pude apreciar la magia de los vínculos estrechos en todo su esplendor. Yo era nueva en la escuela y me llamaron para sustituir a un maestro muy querido que se encontraba de baja por enfermedad. Los estudiantes no me querían allí, pues era evidente que echaban mucho de menos a su antiguo maestro y contaban los días que faltaban para que regresara. Como pasa a veces en la vida, este maestro finalmente no pudo reincorporarse a su puesto de trabajo y yo pasé a ocupar su lugar. Toni, el maestro del mismo grado, llevaba más de 15 años ejerciendo la docencia en ese colegio; era cariñoso, divertido y se preocupaba mucho por los niños. En seguida congeniamos y fue muy divertido trabajar juntos y, aunque Toni tenía mucha más experiencia docente que yo, por lo general se mostraba receptivo a mis ideas y sugerencias. Rápidamente me acogió y me hizo sentir que formaba parte del equipo —siempre estaba disponible si yo precisaba apoyo con mi clase o si simplemente necesitaba desahogarme—. Gracias a su respaldo, conseguí ganarme la confianza de mis alumnos y terminó siendo un año inolvidable.

Si has vivido una experiencia similar a lo largo de tu trayectoria docente, sabrás lo importante que es contar con colegas que te brinden su apoyo y se preocupen por ti. Este tipo de vínculos no son solo cardinales para garantizar el bienestar de los profesores, sino que influyen asimismo en la forma en la que los educadores perciben su enseñanza y las relaciones que forjan con sus alumnos. Permíteme que te explique por qué:

El contexto condiciona la forma en que ponemos en práctica nuestras habilidades socioemocionales.[79] Por ejemplo, si hubiera tenido un colega que se quejara y cotilleara sobre otros profesores o que me ignorase, seguramente yo habría exhibido más comportamientos negativos. Por el contrario, cuando las personas trabajan en entornos acogedores y favorables, tienden a gestionar de forma satisfactoria los factores causantes de estrés laboral (por ejemplo, gestionar una clase en la que los alumnos muestran comportamientos problemáticos) y a pedir o prestar ayuda cuando la situación lo requiere.

Te invito ahora a que reflexiones sobre tu actual lugar de trabajo: ¿cómo afecta a tu comportamiento y a la forma en que te relacionas con los estudiantes, colegas y familias? ¿Eres capaz de ofrecer «la mejor versión de ti mismo»? Ser consciente de cómo tu entorno laboral influye en tu comportamiento te permitirá tomar decisiones diferentes cuando así lo estimes oportuno. Te recomiendo que, siempre que puedas, te rodees de colegas que te brinden apoyo.

Si bien es posible que tengas un control limitado sobre determinados aspectos del ambiente reinante en tu escuela, juegas un papel trascendental a la hora de crear, en tu clase, un entorno propicio a las relaciones positivas, las experiencias agradables y el aprendizaje significativo. Una parte importante de este esfuerzo pasa por fomentar la capacidad de los alumnos de forjar relaciones de modo que puedan aprender a trabajar con diferentes tipos de personas, tener desacuerdos productivos y saber «encontrar su lugar» en el seno del grupo.

Como seguramente hayas podido comprobar en tu vida profesional y personal, para que las relaciones sean sólidas y duraderas, es preciso cultivarlas. En cierto modo, las relaciones son como un fuego: a veces es preciso alimentarlas desde cero, usando yesca y sarmientos, mientras que, en otras ocasiones, puedes simplemente sentarte a disfrutar del calor antes de echar más leña. Este es precisamente el motivo por el que el verbo empleado en este caso para indicar la acción específica de esta habilidad es «reavivar», que significa volver a arder, dar nueva vida y energía.

Aunque las relaciones constituyen una parte importante del crecimiento y desarrollo saludable de los niños, no siempre es fácil desenvolverse en ellas y ser uno mismo.

- Se publicó una foto comprometedora suya en las redes sociales y ahora ella se niega a volver al colegio.
- Decidió jugar al pilla pilla en lugar de jugar al fútbol en la hora del recreo y sus amigos dejaron de hablarle.
- Perdieron el concurso de saltar a la comba y ahora los demás alumnos se burlan de ellos en el comedor del colegio.

No es raro que los niños se sientan aislados, rechazados, avergonzados o solos —sentimientos, por otra parte, difíciles de gestionar—. Ser capaz de honrar a este tipo de emociones (ponerles nombre y entender su porqué) es una parte importante de la ecuación, pero no es la única. Los estudiantes necesitan herramientas para desenvolverse en sus entornos cotidianos con compasión y confianza. Veamos algunos conceptos clave.

Conceptos clave

«Reavivar las relaciones» supone ser capaz de:

Servirse de la comunicación para interactuar eficazmente con los demás.
Ser capaz de expresar pensamientos e ideas de manera eficaz, ya sea de forma verbal o por escrito, es una habilidad de enorme trascendencia, no sólo en las aulas destinadas a la enseñanza primaria, sino también en el ámbito de la alta dirección. La comunicación es fundamental para la promoción profesional y para convertirse en un dirigente digno de confianza en cualquier sector. Los adultos que dominan la comunicación eficaz tienden a incrementar la productividad y a mejorar sus relaciones. El hecho está en que una comunicación deficiente favorece que las relaciones sean tensas y el entorno adquiera un cariz negativo. Por otro lado, en los entornos en los que reina una comunicación positiva y dinámica tienden a darse las condiciones propicias para el aprendizaje y la actuación profesional de alta calidad.

Si bien es cierto que la capacidad de comunicación se puede adquirir y desarrollar con el tiempo, son muchos los estudiantes que llegan a la universidad sin una hoja de ruta clara sobre cómo poner en práctica estas competencias para generar resultados positivos en sus vidas académicas y personales. Hay muchas formas de coadyuvar a practicar las aptitudes de comunicación en el entorno escolar:

- Los alumnos de primer grado pueden presentar un proyecto de aprendizaje personal a sus compañeros.
- Los estudiantes de quinto grado pueden redactar una carta dirigida al alcalde solicitándole que habilite carriles para bicicletas.
- Los alumnos de séptimo grado pueden poner en práctica el método socrático.
- Los estudiantes de instituto pueden redactar artículos de opinión que versen sobre acontecimientos de actualidad.

¡Las posibilidades son infinitas! Ahora, haz una lista mental de las actividades que actualmente tienen lugar en tu clase y en las que los alumnos deben poner en práctica sus aptitudes de comunicación de forma verbal y por escrito. ¿Qué puedes apreciar? Probablemente hayas enumerado la mayoría de las actividades que diariamente tienen lugar en la escuela. La capacidad de comunicación es necesaria para aprender y forjar relaciones positivas con los demás, por eso es fundamental que brindemos apoyo a nuestros estudiantes para que consigan desarrollar esta competencia.

El contexto determina el tipo de aptitudes de comunicación que empleamos: recurrimos a distintas estrategias dependiendo de si buscamos inspirar, convencer, apoyar o informar; y nos valemos de diferentes formatos para alcanzar nuestro objetivo (conversación en grupos reducidos, intercambio de correos electrónicos, ponencia con público, campaña en redes sociales, etc.). Al aprender qué estrategias son pertinentes y adecuadas a cada situación, los alumnos podrán comunicarse con su público de manera más efectiva.

Voice 21 es una campaña cuyo objetivo es mejorar la consideración de las competencias del lenguaje y la compresión oral —esto es, la capacidad de articular ideas y comunicarse con los demás— en las escuelas del Reino

Unido. Si bien es cierto que la campaña se centra principalmente en el lenguaje oral, ha establecido un marco que considero especialmente útil para comprender los aspectos básicos de la comunicación, que consiste en cuatro facetas que permiten un debate fructífero y una comunicación (a nivel físico, lingüístico, socioemocional y cognitivo) efectiva. A continuación, plasmaremos estas cuatro facetas para analizar cómo los educadores podemos contribuir a fomentar la capacidad de comunicación de nuestros alumnos desde una perspectiva socioemocional.

1. Faceta física. Brian está tratando de convencer a sus compañeros de clase para que se sumen al proyecto que ha propuesto; frunce el ceño, tiene los brazos cruzados y eleva el tono de voz cuando alguien le manifiesta su disconformidad. Su tono de voz y lenguaje corporal parecen indicar frustración y, quizá, cierta reticencia a considerar las opiniones de los demás. Dado que las emociones son contagiosas (consulta la página 34 en la que se profundiza sobre este aspecto), es muy probable que los compañeros de Brian reaccionen a su lenguaje corporal con frustración y reticencia. Aunque la intención de Brian era persuadir, su comunicación no verbal transmitía un mensaje muy distinto. ¡Esto también nos pasa a los adultos! Si no somos conscientes de ello, puede afectar a nuestra capacidad de convertirnos en comunicadores eficaces y alcanzar nuestros objetivos.

Las personas compartimos información sobre nuestros pensamientos, sentimientos y necesidades a través del tono de voz y lenguaje corporal que empleamos; por ello, es fundamental prestar atención a la comunicación no verbal a fin de comprender aquello que transmitimos a los demás, y modular nuestro tono de voz y lenguaje corporal si no nos ayuda a conectar con nuestro público. Los estudiantes pueden aprender a proyectar su voz, emplear una dicción clara y limpia, y aminorar la marcha si su cadencia es demasiado acelerada; también pueden practicar el tono de voz que emplean para transmitir diferentes emociones y, en el caso del lenguaje corporal, lo ideal es que analicen la postura, la expresión facial y el contacto visual cuando deban hacer presentaciones o trabajar en grupos. Otra herramienta muy productiva es grabar en vídeo a los alumnos para que luego se observen. En el apartado «Enseñanza explícita» de la página 186 se facilita más información a este respecto.

2. Faceta lingüística. Los amantes del lenguaje disfrutarán de lo lindo con esta faceta. El empleo de metáforas, humor e ironía son herramientas cuyo aprendizaje y desarrollo favorecerá que los estudiantes sepan comunicarse correctamente. Estos elementos son asignatura obligatoria en los planes de estudios de enseñanza de idiomas de muchos países —con lo cual, ya están siendo impartidos en numerosas aulas— y son determinantes en el contexto del establecimiento de relaciones positivas, pues el poder de la palabra no puede subestimarse. Mediante las palabras podemos herir, avergonzar o enfurecer, pero también ayudar, tranquilizar y calmar a quien sufre. Las palabras tienen la capacidad de coadyuvar a la conexión humana o a la generación de división y odio, y pueden incidir positiva o negativamente en la vida de los demás, así como en la nuestra propia. En consecuencia, es lógico afirmar que la elección y el empleo de las palabras no es una cuestión baladí que podamos tratar a la ligera.

Además, el lenguaje no es neutral, sino que está ligado a nuestra identidad y cultura, y puede emplearse involuntariamente para menoscabar la contribución de los estudiantes indígenas y de color. En consecuencia, fomentar las aptitudes lingüísticas de nuestros alumnos exige que aceptemos sus identidades y estilos de expresión, y «respaldemos el aprendizaje del lenguaje académico de los estudiantes recurriendo a su uso informal de la lengua».[80] El Dr. Christopher Emdin, autor del libro *For White Folks Who Teach in the Hood... and the Rest of Y'all Too: Reality Pedagogy and Urban Education (Race, Education, and Democracy)* y profesor en el Teachers College de la Universidad de Columbia (Nueva York, EE. UU.), recomienda que los docentes alternen o combinen dos o más idiomas, especialmente dentro del mismo discurso, con el objeto de contribuir a que los estudiantes valoren su propia cultura, y aprecien y comprendan las lenguas de otras culturas.[81]

3. Faceta socioemocional: comprensión auditiva, conciencia y confianza. Sabemos que la capacidad de escuchar es esencial si queremos establecer una comunicación eficaz y forjar relaciones positivas con los demás. Lamentablemente, saber escuchar no figura entre las cuestiones prioritarias en el mundo de hoy. En su libro de 2013, *Focus*, Daniel Goleman constató que la falta de concentración al escuchar ha adquirido un carácter endémico. El ritmo acelerado del trabajo y la vida en general, y las interminables listas de mensajes de texto y correos electrónicos que reclaman nuestra atención menoscaban nuestra capacidad de prestar atención y escuchar plenamente.

Tenemos tendencia a pensar que la atención es como un interruptor que se enciende o apaga —o estamos concentrados o estamos distraídos—. Según Goleman, se trata de una concepción errónea. La atención puede presentarse de muchas maneras y sus formas extremas tienden a ser las más restrictivas: cuando estamos demasiado atentos, corremos el riesgo de volvernos cortos de miras y caer presos de una mentalidad cerril; por el contrario, cuando la atención vaga, perdemos el control sobre nuestros pensamientos y nos atolondramos. Goleman explica que la *conciencia abierta* reside en una zona particularmente fértil entre esos dos polos.[82] ¿Has percibido estas dos formas extremas de atención en ti y en tus alumnos? ¿Cuándo consideras que, tanto tú como tus estudiantes, prestáis más atención?

Dorothe Bach de The Center for Teaching Excellence define la escucha radical como «Escuchar con la intención de ser un recipiente para tu interlocutor, ser un testigo empático de modo que el significado tácito tenga cabida y encuentre su propia expresión. La *escucha* radical insta tanto al hablante como al oyente a estar presente en el momento, sin emitir juicios de valor».[83]

La próxima vez que mantengas una conversación con un alumno, colega o familiar, trata de seguir estas instrucciones para escuchar correctamente:

- Relaja tu mente y tu corazón
- Dale espacio a tu interlocutor
- Manifiesta tu atención de manera tácita (recurriendo a las expresiones faciales y el lenguaje corporal)
- Fíjate en la comunicación no verbal de tu interlocutor
- Recurre al silencio
- Abstente de formular comentarios o sugerencias y de hacer interpretaciones
- Si así lo consideras oportuno, reflexiona sobre las palabras de tu interlocutor

La falta de concentración al escuchar está convirtiéndose en la norma, en vez de en la excepción, pero no tiene por qué ser así. Saber escuchar es una habilidad que se adquiere, es decir, se trata de una competencia que, con el tiempo, los estudiantes pueden desarrollar con un poco de práctica. Invita a tus alumnos a que adapten y modifiquen estos consejos para fomentar una escucha radical en el aula, de modo que podáis disponer de un lenguaje común para observar y practicar la escucha efectiva.

Además de fortalecer su capacidad de escuchar, los estudiantes también deben desarrollar su confianza, es decir, deben creer en su capacidad de hablar en público y de forjar una nueva amistad en las colonias de verano. Según mi experiencia personal, la práctica es el mejor aliado a la hora de fomentar la seguridad en uno mismo al hablar o escribir. Si queremos reafirmar la confianza de nuestros jóvenes en su capacidad dialéctica, debemos brindarles la oportunidad de que prueben a hablar en público en entornos afables (en los que reciban comentarios, apliquen cambios y vuelvan a intentarlo). Igualmente, la confianza se concita cuando los estudiantes pueden elegir temas que les suscitan interés y con los que se sienten comprometidos, pues ello favorecerá que se sientan motivados para desarrollar sus aptitudes de comunicación de manera que respeten su identidad y sus valores culturales.

Y, por último, señalar que los comunicadores eficaces pueden *leer* a su público. Al desarrollar esta conciencia, los estudiantes aprenden a comprobar el nivel de comprensión de su interlocutor o su público, a leer el lenguaje no verbal, y a prestar atención a las emociones y al efecto que sus palabras ejercen sobre su interlocutor o su público. Con toda esta información, los alumnos pueden adaptar su proceder y guiar la interacción para alcanzar sus objetivos —¡casi nada!—; conozco a muchos adultos que tienen *verdaderas* dificultades para conseguirlo. Con todo, debemos ayudar a niños y jóvenes a desarrollar estas habilidades; cuantas más oportunidades tengan de poner en práctica estas habilidades en entornos seguros, mejor preparados estarán para desenvolverse en un mundo complejo y diverso. Al final de este capítulo se proponen varias herramientas y estrategias que te resultarán de gran utilidad.

4. Faceta cognitiva. En la clase de segundo grado de mi hija, los alumnos a menudo conversan en grupos reducidos sobre los libros que leen; en ocasiones, estas conversaciones se tornan acaloradas y enardecidas, habida cuenta de los distintos puntos de vista de los estudiantes sobre sus personajes favoritos o sus temas preferidos. La maestra elaboró algunos folletos con fragmentos de oraciones para ayudar a los alumnos a dar su opinión sin herir los sentimientos de los demás y sin ser irrespetuosos. A continuación, señalaremos algunos ejemplos:

> Con todos los respetos, yo no estoy de acuerdo con _____, porque en esta página _____.
> Entiendo tu punto de vista, pero me pregunto si _____.
> Yo lo veo de otra forma.
> ¿Puedo sugerir otra idea?

Al principio, la maestra tuvo que demostrar cómo emplear estas fórmulas y recordar a los alumnos que las utilizaran, pero, con el tiempo, eran ellos mismos quienes las iban empleando —sin que se les tuviera que recordar—, no sólo en las tertulias literarias, sino también en otras situaciones. Cabe destacar que, cuando los estudiantes se acostumbran a emplear este tipo de fórmulas, sus discursos se tornan francamente elocuentes.

Una tarde, estaba yo diciéndole a mi hija que no podíamos ir a la playa ese fin de semana porque teníamos que hacer unos recados y ocuparnos de otros quehaceres, cuando me miró muy seria y me dijo: «Mamá, entiendo lo que me dices y creo que tengo la solución. ¿Y si...?» Luego, procedió a explicarme cómo *siempre* me centraba en cosas aburridas, en lugar de hacer cosas divertidas. Ella parecía tener un método para hacer ambas cosas. No pude por menos que sonreír... ¡pero reconozco que me inquietó imaginar cómo será cuando se convierta en una adolescente!

La capacidad de los estudiantes de tener discrepancias productivas es un elemento importante de la comunicación eficaz, pero es mucho más que eso: permite a los alumnos defender aquello que necesitan y desean, no sólo en la escuela, sino también en la vida en general.

Prevenir y resolver conflictos de forma constructiva
Es difícil imaginar una relación sana sin conflictos. Los conflictos son habituales, pues forman parte de la vida misma, y se dan cuando compartimos, trabajamos e interactuamos con otras personas. Generalmente se producen cuando surgen discrepancias acerca de ideas, sentimientos o necesidades entre personas o grupos. Con excesiva frecuencia, no resolvemos los conflictos sencillos ni procesamos las emociones que dimanan de ellos. Los niños y los jóvenes pueden manifestar sus emociones en forma de agresión física, cotilleos, burlas o haciendo el vacío a la otra persona o al grupo.

Cuando mi hija cursaba el segundo grado, decidió escribir un cuento sobre perros junto con Elena, una compañera de clase; las niñas crearon un documento de Google y ambas contribuyeron —por separado y a su ritmo— a redactar el cuento. Una mañana, mi hija abrió el documento y vio que su amiga había borrado casi todas las frases que mi hija había escrito el día anterior, lo cual la enfadó mucho y propició que enviara un correo electrónico a Elena *exigiendo* que volviera a incluir sus frases en el cuento. Las niñas intercambiaron algunos mensajes hirientes, hasta que los padres nos dimos cuenta de lo que estaba sucediendo: a Elena no le parecía bien el rumbo que estaba tomando el cuento y decidió, de forma unilateral, redactar una trama diferente; eso hizo que mi hija se enfadara y se sintiera desconsolada durante varios días, pues no daba crédito al hecho de que a su amiga no le gustase su trabajo. Elena también se sintió herida y decepcionada por el hecho de que el cuento no saliera como ella quería y de que su amiga no aceptara sus ideas.

En este caso, la reacción de las dos niñas ante esas emociones difíciles fue dedicarse palabras hirientes la una a la otra. No resolvieron el problema y su relación se mantuvo distante incluso meses después de ese incidente. Cuando los conflictos no se resuelven, pueden afectar a la calidad de las relaciones humanas, al ambiente del aula y a la capacidad de los estudiantes de concentrarse y aprender.

Los estudiantes deben aprender a gestionar los enfrentamientos y desarrollar su capacidad de solucionar los problemas a fin de que puedan resolver los conflictos de manera constructiva, y es labor de los educadores impartir estas habilidades en el marco del contexto sociopolítico que incide en la vida de los niños, especialmente de los estudiantes indígenas y de color. Es decir, los educadores no pueden hacer caso omiso de los conflictos a los que se enfrentan los jóvenes debido al racismo, la violencia ejercida con armas de fuego, la homofobia, el sexismo y otras formas de injusticia. Las aptitudes para resolver conflictos capacitan a los alumnos (y a los docentes) para hacer frente a estas injusticias de manera pacífica y «convertirse en los referentes y propulsores del cambio que necesitamos».[84]

Aprender a solucionar los conflictos supone:

- Expresar eficazmente nuestros puntos de vista, emociones y necesidades
- Prestar atención a los puntos de vista, las emociones y las necesidades de la otra persona
- Proponer soluciones aceptables para ambas partes
- Comprometerse a encontrar la mejor solución
- Ejecutar el plan

Aun sabiendo que los conflictos constituyen una magnífica oportunidad para aprender y desarrollarnos como personas, ¡no siempre nos resulta fácil solucionarlos! Por ello es fundamental adoptar un método de resolución de conflictos que los estudiantes y adultos puedan emplear a fin de solucionar los problemas de manera positiva y constructiva. Puedes recurrir a las habilidades socioemocionales del modelo HEART in Mind para ayudar a tus alumnos a reflexionar sobre la situación antes de que intenten solucionar el problema.

H	Honrar a las emociones	¿Qué sentimientos tuviste en su momento? ¿Qué sentimientos albergas ahora?
E	Elegir las respuestas	¿Qué decisiones tomaste? ¿Qué hiciste? El problema, ¿se agravó o se disipó?
A	Aplicar empatía	¿Cómo crees que se siente la otra persona? ¿Por qué crees que se siente así?
R	Reavivar las relaciones	¿Transmitiste tus necesidades a la otra persona? Si no fue así, ¿cómo crees que puedes expresarle tus necesidades? ¿Tuviste ocasión de conocer las necesidades de la otra persona?
T	Transformar con un propósito	¿Qué esperas de esta situación? ¿Qué quiere la otra persona? ¿Qué propósito compartís en el marco de esta situación?

Los profesores que imparten protocolos para la resolución de conflictos en sus escuelas aprecian que los estudiantes son más autónomos y menos dependientes de las técnicas de facilitación de los adultos.[85] Por añadidura, el hecho de que pueden solucionar los problemas de forma independiente, permite a los docentes dedicar tiempo a otras tareas importantes.

Colaborar con diversidad de personas y colectivos
Cuando me preparaba para obtener mi título docente, no había un solo curso que no requiriera que los estudiantes hicieran proyectos en grupo. ¡Fue un auténtico maratón del trabajo en equipo! Tras trabar amistad con algunos colegas, me di cuenta de que siempre terminaba formando equipo con las mismas personas: nos llevábamos bien, conocíamos las virtudes y los defectos de cada uno, y teníamos estilos de trabajo similares. En general, confiábamos los unos en los otros y disfrutábamos trabajando juntos; yo fantaseaba con poder trabajar en la misma escuela con esos maravillosos compañeros. Evidentemente no fue así y mi sueño se desmoronó de forma instantánea, tan pronto como me asignaron mi primer puesto docente.

Una joven e ingenua Lorea recaló en la escuela haciendo gala de un ánimo excelente y profundamente emocionada ante la idea de poder finalmente poner en práctica lo aprendido en la universidad. Tras varias semanas, caí en la cuenta de que ninguno de los profesores con más experiencia tenía el más mínimo interés en colaborar conmigo y, menos aún, en brindarme apoyo. Estaba sola ante «el peligro» y me sentía aislada y decepcionada por las condiciones de trabajo; esperaba encontrarme un grupo dinámico de docentes que planearan juntos las lecciones y se brindaran apoyo mutuo, pero me topé con personas que preferían quedarse en sus aulas y evitar el contacto con los nuevos profesores. Fue un año realmente duro.

Afortunadamente, dos años después me asignaron otro colegio con una cultura laboral muy distinta: aunque cada profesor tenía su propio estilo de enseñanza, todos nos llevábamos bien en general y éramos capaces de dirimir nuestros desacuerdos. Básicamente, nos veíamos como compañeros de equipo que colaborábamos al servicio del logro de una meta común. En este entorno me sentí profundamente aliviada: realmente era posible dar con una escuela en la que reinase un ambiente colaborativo, ¡y yo formaba parte de ella!

Como sucede con muchas otras habilidades socioemocionales, probablemente hayas aprendido a colaborar con los demás mediante la práctica y a través de un proceso de ensayo y error. En mi caso, ha sido necesario prestar más atención a las virtudes de cada componente del equipo, así como a su trasfondo y sus experiencias, en lugar de centrarme únicamente en el objetivo final. Como persona resolutiva que soy, solía dar prioridad a la eficiencia frente a la participación de otros o al hecho de conocer sus distintos puntos de vista. Como consecuencia, me fui quedando sin apoyos y terminé haciendo yo todo el trabajo, lo que me produjo una enorme frustración. ¿Te identificas con esto que explico?

Con el tiempo me fui dando cuenta de que debía adecuar mis interacciones y aportaciones al trabajo; debía analizar cómo mi posición privilegiada incidía en la dinámica de mi equipo. A veces era oportuno que fuera yo quien impulsara al grupo a centrarse en el objetivo final, pero en otras ocasiones era necesario que me hiciera a un lado y dejara que otros tomaran la iniciativa.

Tuve que aprender de los errores que cometía cuando trabajaba en equipo y solo espero que seamos capaces de preparar mejor a nuestros estudiantes para que lideren y aporten a los equipos alegría, confianza y cariño. La siguiente tabla muestra una hoja de ruta que puedes adoptar para orientar la aplicación del trabajo colaborativo en el aula.

HOJA DE RUTA PARA EL TRABAJO COLABORATIVO EN EL AULA.	
Empieza por analizar tu propio propósito.	¿Por qué quieres que los estudiantes colaboren en clase? ¿Qué habilidades esperas que desarrollen? ¿Cómo se manifiesta la colaboración positiva y efectiva en tu clase?
Elabora una breve lista de tareas y/o proyectos en los que te centrarás en profundizar en las aptitudes de colaboración de tus alumnos.	Puedes elegir tareas más complejas (por ejemplo, una unidad de aprendizaje basada en proyectos) o de menor envergadura (por ejemplo, resolver problemas matemáticos en un grupo reducido). Este ejercicio es una forma de evitar sentirse paralizado ante una larga lista de actividades que requieren del trabajo en equipo. En este caso, estás seleccionando unas cuantas para ayudarte a comenzar.
Evalúa las aptitudes de colaboración de tus estudiantes	Fíjate en el alcance y la secuencia de la habilidad «Reavivar las relaciones» del modelo HEART in Mind. ¿Detectas algún aspecto que para tus alumnos requiera de una enseñanza complementaria y/o apoyo extra? Teniendo en cuenta tu objetivo final y con tu breve lista de proyectos en la mano, determina si hay alguna habilidad que precise ser reforzada. Algunas habilidades pueden guardar relación con aspectos que hemos abordado en este capítulo, tales como la escucha activa, la comunicación efectiva o el uso de un protocolo de resolución de conflictos; mientras que otras pueden estar relacionadas con otras competencias del modelo HEART in Mind: ¿son tus alumnos conscientes de sus emociones si se sienten frustrados? («Honrar a las emociones»), ¿sopesan los pros y los contras antes de tomar una decisión? («Elegir las respuestas»), ¿son conscientes de que los demás pueden pensar o sentir de forma distinta? («Aplicar empatía»).
Traza un plan para impartir y/o reforzar estas habilidades antes de que los estudiantes comiencen a trabajar en grupo	Este puede ser un buen momento para repasar algunas de las actividades del modelo HEART in Mind que ya has abordado con tus alumnos. Como alternativa, podrías presentar nuevas lecciones centradas concretamente en lo visto en este capítulo sobre comunicación y solución de conflictos.
Asigna funciones en el equipo.	Lo ideal es que los estudiantes practiquen todas las funciones que pueden darse en un equipo (el apartado «Incorporación a la praxis pedagógica» proporciona información para poner este ejercicio en práctica) y que luego analicéis juntos cómo ha sido la experiencia. ¿Ha habido alguna función que les haya resultado más fácil o más difícil de desempeñar? ¿Por qué? ¿Qué habilidades concretas requiere cada función? La segunda parte del ejercicio supone que los alumnos trabajen en equipo sin asignarles una función concreta. ¿Qué notan respecto a ellos mismos o respecto a los demás miembros del grupo? ¿Cómo ha afectado esto a la confianza y/o capacidad del equipo de alcanzar la meta?

Forjar y mantener relaciones constructivas
«Reavivar las relaciones» es una habilidad del modelo HEART in Mind importante y de amplio alcance, que requiere que pongamos en práctica los primeros tres conjuntos de habilidades del modelo:

- «Honrar a las emociones»: sintonizar con nuestras emociones y reconocer qué —¡o quién!— nos hace sentir seguros, frustrados o asustados.
- «Elegir las respuestas»: analizar nuestras opciones y cómo respondemos cuando nuestras emociones se manifiestan.
- «Aplicar empatía»: practicar la empatía y emplear nuestra capacidad de comprender las perspectivas y emociones de los demás.

Seguidamente, llegamos a las relaciones y las cosas se complican —pues las relaciones implican un cierto nivel de vulnerabilidad y confianza en otras personas—. Como hemos señalado anteriormente, establecer relaciones puede ser una tarea difícil para muchos niños y adultos que han sufrido un trauma, por lo que es posible que tanto a ellos como a nosotros nos suponga más tiempo y esfuerzo adquirir la confianza necesaria para colaborar con los demás. La competencia cultural es un elemento fundamental a la hora de mantener relaciones constructivas con diversidad de personas y colectivos; al reconocer las limitaciones de nuestra propia cultura y aprender cuán ricas son otras, podemos cultivar la fluidez cultural y negociar eficazmente las diferencias culturales en nuestras relaciones.[86]

Los educadores *pueden* crear las condiciones adecuadas para que los estudiantes se sientan seguros y respaldados, de modo que puedan vivir plenamente la profundidad y riqueza de las relaciones positivas con otros niños y adultos. Cuando nos esforzamos con el propósito de forjar amistades, encontramos la manera de establecer vínculos emocionales, al tiempo que aportamos a la relación nuestra propia y plena identidad. Igualmente, cuando logramos solucionar los conflictos de manera productiva o le damos otra oportunidad a un amigo, aplicamos empatía y desarrollamos capacidades de resiliencia.

Indicadores de dominio

Principiante (de parvulario a segundo grado)
- Expresa sus necesidades y deseos, se turna y presta atención cuando los demás hablan
- Identifica conflictos que habitualmente se dan con los compañeros, así como formas de resolverlos
- Contribuye a los proyectos de grupo
- Entiende y aprecia la diversidad

Principiante avanzado (de tercer a quinto grado)
- Emplea técnicas para escuchar activamente y disiente de la opinión de los demás de forma constructiva
- Describe las causas y consecuencias de los conflictos y aplica algunas estrategias para resolverlos
- Analiza otras formas de trabajar en diversos grupos de manera eficaz
- Detecta las diferencias en la comprensión de las normas culturales

Aprendiz estratégico (de sexto a octavo grado)
- Analiza el poder que tienen las propias palabras para herir y/o brindar apoyo a los demás
- Define la presión insana que pueden ejercer sus condiscípulos y se sirve de habilidades para resolver los conflictos interpersonales
- Demuestra poseer habilidades sociales cuando trabaja en grupo
- Desarrolla una conciencia ante los aspectos culturales cuando establece relaciones

Nuevo experto (de noveno a duodécimo grado)
- Estudia las estrategias de comunicación efectivas y las emplea según sus necesidades personales y el contexto
- Razona cómo las aptitudes para la solución de conflictos contribuyen al trabajo colaborativo y las emplea de manera efectiva
- Analiza la influencia del poder y los privilegios en la dinámica social
- Evalúa sus propias aportaciones a los grupos, en calidad de miembro y líder, desde la óptica racial

Experto en ejercicio (de nivel universitario en adelante)
- Se vale de la comunicación asertiva para satisfacer las necesidades sin tener que incidir negativamente en los demás
- Examina la eficacia de las propias aptitudes para la solución de conflictos y planifica cómo mejorarlas
- Planifica, pone en marcha y lidera la participación en proyectos de grupo
- Desarrolla la competencia cultural y la humildad a fin de establecer relaciones constructivas

APLICACIÓN PRÁCTICA EN EL AULA

«Reavivar las relaciones» supone comunicarse de forma efectiva, solucionar los problemas de manera constructiva, trabajar en cooperación con los demás y mantener relaciones constructivas con diversidad de personas y colectivos. El objetivo final es sintonizar con los demás a nivel emocional para forjar relaciones de confianza fundamentadas en la humanidad que compartimos. Veamos ahora cómo puedes brindar estas oportunidades en tu aula.

Enseñanza explícita

Enseña a escuchar activamente. Ofrece a los estudiantes la oportunidad de que observen cómo se ve la escucha activa desde fuera y analizadlo. Para ello, puedes mostrarles un vídeo o hacer una demostración en clase y luego diseñar un cartel que incluya las observaciones de los alumnos y los puntos clave. Cuando mantengáis el debate, comentad cómo se ve la escucha activa desde dentro —¿están sus pensamientos centrados en responder al interlocutor o entender el mensaje? ¿Aprecian alguna emoción en ellos mismos o en el interlocutor?—. Si bien es cierto que para los alumnos más jóvenes puede ser más fácil identificar lo que observamos desde fuera, sería bueno que animaras a tus estudiantes de más edad a que presten atención a sus pensamientos mientras otros hablan: ¿qué sucede si el interlocutor cambia radicalmente de tema o espeta algo incoherente a propósito? ¿Se percatan de ello?

Adopta e imparte un protocolo de resolución de conflictos. Ya hemos abordado la importancia de adoptar un protocolo de resolución de conflictos que permita a tus estudiantes prevenir o solucionar los conflictos con confianza. La clave es la consistencia: si introduces el protocolo y nunca más vuelves a hablar de él, lo más probable es que tus alumnos no lo utilicen. Por ello, lo recomendable es que, cuando les presentes la idea de valerse de un protocolo, les impliques para que, aportando ellos mismos estrategias o recursos que puedan emplear, lo hagan *suyo*. Interésate asiduamente por cómo de útil les resulta y modifícalo cuando sea necesario. Ejemplifica el empleo del protocolo en conflictos que surjan con los estudiantes o que se den en otras situaciones de tu vida. En este sentido, cuanto más se impliquen los alumnos en el proceso y comprueben las múltiples aplicaciones del protocolo, mejor.

Redacta unas pautas que rijan el debate. Este tipo de pautas son muy útiles a la hora de crear una comunidad en el aula y establecen unas normas básicas para la comunicación; además, lo oportuno es que sean redactadas por los propios alumnos (y no únicamente por el docente) y de consuno con ellos. Las pautas reflejarán las expectativas del grupo a la hora de interactuar, compartir y comunicarse. Una vez redactadas, pide a los estudiantes que las lean brevemente antes de entablar conversaciones estructuradas y, cuando observes que los alumnos siguen las pautas, señálaselo (y no dejes de reconocer ante ellos las ocasiones en las que tú mismo no las sigas).

Crea una comunidad. La esencia de impartir las habilidades HEART es crear una comunidad, un lugar en el que se inculque a los estudiantes un sentimiento de pertenencia y en el que quieran participar. No hay mejor manera de ayudar a los alumnos a desarrollar su capacidad de forjar amistades y afianzar sus habilidades sociales que incorporando actividades que fomenten un sentimiento de comunidad en clase. Las reuniones matutinas, si se mantienen de forma periódica, precisamente ofrecen a los estudiantes esa oportunidad; no sólo puedes aprovecharlas para impartir tu enseñanza socioemocional explícita, sino que también sirven para que los alumnos puedan compartir, ofrecer apoyo o pedir ayuda. Pueden ser una oportunidad para que los estudiantes se unan con el objetivo de solucionar un problema (por ejemplo, un conflicto entre compañeros) y sugerir formas de remediar el daño o evitar que se produzca una situación similar en el futuro. Podrías estructurarlas de la siguiente manera:

- Saludo
- Comprobación de la experiencia emocional: ¿qué tal estáis hoy?
- Puesta en común: sin preestablecer límites, este es el momento de que los alumnos compartan algo que les gustaría que la clase supiera. Podéis elaborar juntos unas indicaciones (puede resultar curioso conocer los temas en los que tus alumnos desean ahondar). A continuación, señalaremos algunos ejemplos:

    — ¿Qué estás deseoso de que pase esta semana?

    — ¿Hay algo nuevo que hayas aprendido recientemente?

    — ¿Hay algo que te haya hecho reír últimamente?

    — ¿De qué logro estás más orgulloso?

    — ¿Podrías describir una de tus virtudes o talentos?

    — ¿Quién es tu héroe? ¿Por qué?

    — ¿Cómo podría ayudarte el grupo hoy/esta semana?

    — ¿Qué te gustaría aportar al grupo hoy/esta semana?

- Intención o llamamiento a la acción: este es el momento de que los alumnos reflexionen sobre algo que quieran lograr, una habilidad que deseen fortalecer o un enfoque que les gustaría adoptar ese día. Si habéis establecido unos valores comunes en clase o en la escuela, los estudiantes podrían elegir centrarse en un valor concreto ese día o esa semana.

Los alumnos se abren y comparten sus anécdotas cuando tienen confianza en los adultos y demás compañeros del aula. Independientemente del tipo de reunión que mantengas en clase —ya sea una en la que enseñes una lección de aprendizaje socioemocional o una en la que los estudiantes aborden un conflicto—, tu función principal es facilitar las conversaciones y fomentar la sintonía entre los alumnos. Una manera de plantear este ejercicio es que tú mismo compartas anécdotas o experiencias personales, pero evitando hablar directamente sobre ti, pues la idea es que sea un espacio de los estudiantes y en beneficio de ellos. Una forma común de articular las reuniones de clase es que los estudiantes y los maestros se sienten formando un círculo; la idea de formar un círculo indica que el poder está distribuido de manera uniforme, además de brindar la oportunidad a todos de participar en igualdad de condiciones.

Si no estás seguro de cómo organizar una reunión en clase formando un círculo o cómo facilitar este tipo de conversación en el aula, consulta el capítulo 7, en el que analizamos cómo los educadores pueden prepararse para impartir el modelo HEART in Mind en sus aulas. No es difícil, únicamente requiere de algo de práctica y una buena dosis de autenticidad.

Incorporación a la praxis pedagógica

Estructuras colaborativas. Si bien es cierto que un poco de competitividad contribuye a que los niños perfeccionen sus habilidades, realmente son las aptitudes de colaboración de los alumnos las que fomentan un desarrollo saludable y una trayectoria profesional brillante. Cuando los estudiantes colaboran, les une un objetivo común y eso favorece que se disipen las hostilidades, el miedo o el enfado hacia los demás. En la medida de lo posible, ofrece oportunidades en clase para que los alumnos trabajen de consuno para cumplir un objetivo común, pues este tipo de situaciones permiten a los estudiantes conocerse mejor y apreciar los diferentes talentos del grupo. Aunque cabe admitir que las actividades individuales pueden ser más fáciles desde el punto de vista de la gestión, las experiencias en las que los alumnos aportan su granito de arena al grupo resultan enormemente beneficiosas. A continuación, señalaremos algunos ejemplos:

- **Solucionar los problemas en grupo.** Se trata de que les presentes un problema (preferiblemente uno que pueda tener varias soluciones) y les pidas que trabajen juntos para dar con la solución.
- **Actividad que consiste en pensar, formar parejas y compartir la opinión.** Formula una pregunta y pide a los alumnos que dediquen un par de minutos a pensar en ella para, acto seguido, formar parejas e intercambiar sus opiniones al respecto. Una vez concluida esta parte del ejercicio, los estudiantes compartirán con toda la clase lo que han debatido previamente en pareja.
- **Rompecabezas.** Este es uno de mis ejercicios favoritos. A cada alumno se le asignan dos grupos diferentes, uno denominado grupo «base» y, el otro, grupo «experto». A cada grupo experto se le encomienda un tema/problema/situación diferente (por ejemplo, la contaminación del agua). Los estudiantes de ese grupo deben investigar el tema y diseñar un cartel que resuma la información más importante; una vez concluida esta parte, los alumnos deben regresar a su grupo base para instruir a sus miembros acerca del tema.

Recurre a los roles en los debates y a los conectores de inicio. Los roles en los debates brindan a los estudiantes claras posibilidades de participación, independientemente de sus habilidades HEART. El hecho de asignarles una función, disminuye la probabilidad de que se sientan excluidos o desvinculados, contribuyendo, por el contrario, a su concentración en la tarea. Haz que los roles del grupo sean rotativos para que los alumnos tengan la oportunidad de practicar diferentes formas de aportar al equipo e interactuar con sus miembros. De ese modo, podrán comprobar en qué papeles se sienten más cómodos y seguros, y qué roles, en cambio, les resultan menos naturales o incómodos. Esta reflexión les permite conocer sus virtudes y desarrollar sus habilidades. A continuación, señalaremos algunos ejemplos de los roles del grupo:

- *El capitán del equipo*: se cerciora de que todos los alumnos tengan acceso a los materiales necesarios y de que todos ellos participen.
- *El secretario:* lleva la cuenta de las preguntas formuladas en el grupo y/o los acuerdos alcanzados por éste; además, su función también es la de anotar ideas o esbozar ilustraciones que reflejen los pensamientos del grupo.
- *El cronometrador y guardameta*: controla el tiempo y cuida que el equipo se centre en solucionar el problema y/o concluir la tarea.
- *El conector*: establece vínculos entre lo que piensan y dicen los miembros del grupo, y sintetiza las ideas más importantes.

Estos roles pueden ser modificados en función de vuestras necesidades, el proyecto en cuestión y la edad de tus alumnos. Una vez que los estudiantes hayan tenido la oportunidad de practicar todos los roles, puedes ofrecer a los equipos que elijan si quieren que se les asignen más roles o no, y luego pedirles que reflexionen sobre la experiencia. Que los alumnos comprendan de qué forma aprenden mejor es la continuación natural de esta estrategia de trabajo colectivo y de fomento de las relaciones.

Los conectores de inicio son muy útiles para que los estudiantes estructuren sus pensamientos al tiempo que se muestran respetuosos con los comentarios o las opiniones de los demás. Por lo general, los alumnos sólo necesitan los conectores de inicio en etapas tempranas, dado que, con el tiempo, son capaces de emplear oraciones concienzudas sin necesidad de recordatorios. Puedes consultar ejemplos en la página 178.

Graba las presentaciones y recaba observaciones. Los vídeos son una herramienta idónea para mejorar las aptitudes de comunicación. Si hacéis presentaciones en clase, sería oportuno que las grabases para que tus alumnos puedan comprobar sus aptitudes de comunicación y presentación. Invita a los estudiantes a que reflexionen y anoten, para sus vídeos, dos aspectos destacables en los que el trabajo del alumno haya sido sobresaliente y un aspecto que sea susceptible de mejora. Por ejemplo:

— *Dos aspectos destacables: ¿qué dos cosas destacarías de tu presentación con las que estás especialmente satisfecho?*
— *Un aspecto susceptible de mejora: ¿qué te gustaría mejorar, cambiar o hacer de forma diferente la próxima vez?*

Si les grabas tres veces al año, podéis revisar las presentaciones que hayan hecho al inicio, a la mitad y al final del curso escolar y reflexionar sobre sus progresos.

Mediadores y ayudantes. Se trata de estudiantes que han sido capacitados para ayudar a otros compañeros a solucionar conflictos de manera pacífica, pues conocen bien el protocolo de resolución de conflictos de la escuela y pueden hacer las veces de mediadores cuando surge algún conflicto entre los alumnos. Por lo general, trabajan en parejas y, si es necesario, reciben apoyo complementario de un adulto. Cuando los estudiantes participan en este tipo de estrategias, se vuelven expertos en la resolución de conflictos, pues deben encontrar la forma de solucionar cada uno de los problemas; pero eso no es todo, también aprenden que son capaces de hacerlo *de forma independiente*. Lo más importante es que estas aptitudes apuntalarán el crecimiento académico y socioemocional de los alumnos.

Incorporación a los contenidos académicos

Sillas filosóficas (lengua, ciencias sociales y matemáticas). Esta estrategia es perfecta para implicar a los alumnos en un debate estructurado que verse sobre un tema concreto y, entre sus principales objetivos, figura el de que los estudiantes se abran a cambiar de opinión. Primeramente, el docente o los propios alumnos deberán formular una aseveración para que la clase la sopese —podría ir en esta línea: «comprar en las tiendas de barrio es más beneficioso para la economía que comprar en grandes superficies» o «reducir el tiempo del recreo evitará que surjan conflictos entre compañeros»—. Luego, los estudiantes dedicarán unos minutos a apuntar las ideas que la aseveración les suscite y elegirán una postura (estoy a favor, estoy en contra o estoy indeciso). Seguidamente, deberán argumentar sus respectivas posturas, alegando con claridad sus razones a favor o en contra, y empleando algunas de las estrategias de comunicación que les hayas enseñado.

Lo suyo es que los estudiantes cambien de postura en cualquier momento del debate a medida que las aportaciones de los demás les vayan suscitando nuevas ideas o reflexiones sobre el tema. Por último, deberán dedicar unos minutos a anotar afirmaciones que se hayan formulado durante la conversación y que les hayan parecido pertinentes, y a dejar constancia de si modificaron o no su postura inicial. Este ejercicio es perfecto para que los alumnos trabajen la flexibilidad mental, pues demuestra que las personas podemos cambiar de opinión cuando se nos presentan argumentos convincentes. Cambiar de opinión no es un signo de debilidad, sino un signo de crecimiento. Si deseas ampliar la información sobre esta estrategia, te recomiendo que leas el artículo *A Framework for Whole-Class Discussions* («Un marco para los debates en clase») de la profesora de preparación universitaria Jill Fletcher que está disponible en la página web de Edutopia.[87]

Sírvete de las matrices de evaluación de grupo. Cuando tus alumnos participen en proyectos colaborativos o cualquier tipo de trabajo en grupo, sería oportuno que, una vez concluido el trabajo, analizasen su rendimiento contrastándolo con una matriz de evaluación que incluya aspectos relacionados con el contenido del proyecto y las formas en que los estudiantes emplean sus habilidades HEART. A continuación, señalaremos algunos ejemplos:

- Los miembros del equipo se vieron capaces de contribuir al proyecto de grupo.
- Cuando surgieron conflictos, el grupo pudo solucionarlos de manera constructiva.
- Los miembros del equipo se valieron del contacto visual, el lenguaje corporal y un tono de voz claro para comunicarse con los demás.

- Todos los componentes del equipo sintieron que forman parte de él durante la realización del trabajo en grupo.

Lo suyo es que primeramente los alumnos rellenen una matriz de evaluación de forma individual, para luego cumplimentarla en grupo; de esa manera, podréis apreciar las diferentes perspectivas dentro de cada grupo. Además, los estudiantes pueden destacar aquellos aspectos que desearían mejorar la próxima vez que trabajen juntos en grupo, lo cual les permitirá fomentar el sentido de identificación con el proyecto y el empleo de sus habilidades HEART en entornos académicos.

Recurre a los intereses, la diversidad de identidades y culturas de los estudiantes para enriquecer los contenidos académicos. Independientemente de las asignaturas que impartas (ya sean matemáticas, ciencias, lengua o cualquier otra), puedes favorecer el desarrollo de la capacidad de tus alumnos para las relaciones humanas brindándoles la oportunidad de que compartan, se conozcan y aprendan más sobre sus identidades personales y sociales.

Es un hecho constatado que, cuando los estudiantes tienen la oportunidad de conocerse y aprender a partir de su diversidad de experiencias y puntos de vista, son capaces de forjar vínculos más sólidos. Esto tiene también cabida en el contexto del aprendizaje académico; puedes, por ejemplo, seleccionar fragmentos de libros que guarden relación con la vida de los estudiantes (un ejemplo podría ser una anécdota sobre la exclusión en las escuelas) y elegir libros de autores que sean exponentes de la cultura y el origen étnico de tus alumnos. No es raro que los estudiantes se muestren reacios a las lecturas asignadas en clase y que el motivo sea la escasa similitud de los personajes con los propios alumnos, lo que supone que no logren identificarse con las historias que leen. Por ende, es muy recomendable que crees una biblioteca diversa en clase para que podáis no sólo debatir los contenidos de las lecturas, sino también el motivo por el cual les resultan pertinentes.

Todas las oportunidades que brindes a los estudiantes para que compartan y aprendan los unos de los otros en clase tendrán una incidencia considerable en la forma en que se relacionan con los contenidos académicos y en su rendimiento escolar.

Herramientas de evaluación

En el apéndice de este libro se facilita una tabla con los indicadores de dominio de cada habilidad HEART —el alcance y la secuencia te pueden ayudar a identificar aquellas áreas en las que tus alumnos precisan apoyo complementario—, así como una encuesta de autoevaluación que te permitirá reflexionar sobre tus propias habilidades HEART.

T:
Transformar con un propósito

Definición

«Transformar con un propósito» significa utilizar las propias cualidades e intereses personales para contribuir positivamente al desarrollo propio y de los demás.

La joven activista medioambiental sueca Greta Thunberg se ha convertido en un símbolo mundial. En agosto de 2018, optó por un asueto escolar para manifestarse frente al parlamento sueco con el fin de exigir que se adoptaran medidas más ambiciosas en materia de cambio climático. Pronto, otros estudiantes se unieron a sus esfuerzos, manifestándose en sus propias comunidades y, juntos, organizaron un movimiento de huelga dentro del entorno escolar, denominado «Fridays for Future». En septiembre de 2019, Greta pronunció un discurso ante cientos de miles de personas en Nueva York, en el marco de las manifestaciones por el clima englobadas en el movimiento Global Climate Strike. Pocos días después, formuló una declaración ante las Naciones Unidas dirigida a los líderes mundiales: «¿Cómo se atreven? Me han robado mis sueños y mi infancia», les reprochó. Greta está intrínsecamente determinada a adoptar medidas respecto a un tema que le inquieta; le mueve un claro propósito y una genuina preocupación por el futuro y es un ejemplo positivo que propicia la implicación de los jóvenes en temas trascendentales.

Lamentablemente, nuestro actual sistema educativo no pretende animar a los estudiantes a que propongan y adopten medidas en relación con los problemas que detectan en sus comunidades, o a que fomenten una finalidad común.[88] El sistema se centra, cada vez más, en el rendimiento personal y los logros individuales, con la promesa de que, una vez que lleguen a la universidad, podrán participar en actividades o temas que realmente sean de su interés. En el caso de algunos alumnos, estamos hablando de *años* de espera para poder emprender una tarea que despierte su imaginación. La escuela debe ser un lugar en el que se estimulen los intereses y la curiosidad de los estudiantes, y donde puedan descubrir sus verdaderas pasiones y pulir sus talentos para el propio beneficio futuro y el de la sociedad en su conjunto. Las consecuencias de la desafección por parte de los alumnos son ciertamente abrumadoras.

Una serie de encuestas internas realizadas en 2019 en un instituto público de enseñanza secundaria suburbano de California arrojaron que el 75 % de sus alumnos presentaba niveles poco saludables de estrés y ansiedad. Este instituto no es una excepción: la tasa de estrés, ansiedad y autolesiones va en aumento en Estados Unidos. Estos factores no repercuten únicamente en las experiencias que los estudiantes tienen en la escuela, sino que también son indicios de problemas de salud mental en la edad adulta.[89]

Investigadores de la organización Challenge Success, con sede en Stanford (California, EE. UU.), han observado que el 34 % de los alumnos de secundaria y casi la mitad —esto es, el 49 %— de los estudiantes de instituto se esfuerzan mucho en la escuela, pero en raras ocasiones disfrutan de su trabajo escolar o le ven algún beneficio.[90] Estos alumnos suelen padecer más estrés académico (ocasionado por las notas, las pruebas y los exámenes) que aquellos que están más implicados con la escuela. Por su parte, la Stress in America Survey («Encuesta sobre el nivel de estrés en Estados Unidos») realizada en 2014 por la American Psychological Association puso de manifiesto que la escuela era el principal factor causante de estrés entre los adolescentes (83 %), seguido de la preocupación por acceder a una buena universidad o qué hacer una vez finalizado el instituto (69 %).[91]

Sabemos que tanto las escuelas como los docentes pueden introducir cambios que hagan frente a esta problemática y que todo empieza por confiar en la capacidad de los propios estudiantes de proponer ideas interesantes que fomenten el apoyo que reciben en el ámbito escolar. «Transformar con un propósito», esto es, la última habilidad socioemocional del modelo HEART in Mind, es lo que permite a los estudiantes expresarse con contundencia y lo que favorece que tanto educadores como alumnos se asocien para introducir cambios que verdaderamente transformen sus comunidades.

El Dr. William Damon, profesor de educación e investigador de la Universidad de Stanford (California, EE. UU.), define el propósito como la «intención estable y generalizada de lograr algo que tenga sentido para uno mismo y, al mismo tiempo, tenga trascendencia para el mundo en general, más allá de uno mismo».[92] La definición del Dr. Damon tiene dos componentes importantes que guardan relación entre sí: primeramente, el propósito debe ser pertinente y tener sentido para la persona —por lo tanto, no puede ser una imposición o algo que «hay que hacer» para complacer a los demás o tenerlos contentos— y, en segundo lugar, debe aportar algún tipo de beneficio a los demás y al mundo en general, más allá de uno mismo.

«Transformar con un propósito» se hace eco de la definición del Dr. Damon y tal vez sea la competencia socioemocional más reseñable del modelo HEART in Mind. Con excesiva frecuencia, olvidamos sintonizar con nuestra «brújula interna» o nuestros principios rectores internos (o enseñar a otros a descubrir los suyos propios) y corremos el riesgo de sentirnos perdidos, confundidos o ávidos de sentido. Se ha observado que el hecho de tener un propósito contribuye al bienestar, especialmente a gozar de buena salud y sentirse satisfecho con la vida,[93] y permite, a jóvenes y adultos, preservar su motivación y albergar una sensación de esperanza para el futuro; en definitiva, se trata del eje impulsor interno que nos incita a hacer el bien.

Tener un propósito también nos ayuda a poner en práctica premeditadamente nuestras habilidades HEART. Si tenemos claro qué debemos hacer para avanzar en la vida, es más probable que sintonicemos con nuestras emociones, prestemos atención a las decisiones que tomamos, y fomentemos la empatía y la interacción con los demás. El verbo empleado para indicar la acción específica de esta habilidad —esto es, «transformar»— cobra en este caso un sentido especial al referirse al hecho de que, cuando podemos cumplir nuestro propósito, se crea una nueva realidad —que, cabe esperar, sea mejor—.

El hecho de que nuestros estudiantes definan su propósito y busquen formas de cumplirlo puede repercutir positivamente en su grado de motivación a largo plazo para aprender y afianzar su compromiso cívico, y contribuir a que estén más centrados y gocen de mayor fortaleza de carácter a la hora de enfrentarse a los retos.

Como sucede con las demás competencias socioemocionales del modelo HEART in Mind, el propósito está condicionado por las experiencias de la vida, el contexto y las circunstancias personales.[94] En Estados Unidos existe una clara tendencia hacia el planteamiento individualista del fomento del propósito, mientras que otras culturas conciben el propósito desde una perspectiva colectiva que tiene en cuenta «lo que es mejor para el grupo».[95] No se trata de que estos enfoques sean o no correctos, sino de que son formas distintas que tienen las culturas de influir en cómo conceptualizamos y nos comportamos en el mundo. En cierto modo, «Transformar con un propósito» es una forma de que los alumnos den sentido a sus experiencias personales en un contexto determinado, de modo que puedan fijarse metas personales que organicen sus decisiones y redunden en beneficio de sus comunidades. Las trayectorias personales de los estudiantes pueden parecer muy variopintas, pero es posible respaldarlas en cada etapa de su escolarización. En ese proceso, los alumnos se beneficiarán y aprenderán de ver a adultos en la escuela que persiguen un objetivo noble y ejemplifican lo que significa vivir una vida con propósito.

Conceptos clave

«Transformar con un propósito» supone ser capaz de:

Llevar a cabo una labor de introspección: ¿qué es lo que te preocupa? ¿Qué despierta tu interés? ¿Qué es lo que más te importa?
Estas preguntas guardan relación con cómo ponemos en práctica las dos primeras habilidades socioemocionales del modelo HEART in Mind. Si nos conocemos a nosotros mismos y honramos a nuestras emociones, lo más probable es que seamos capaces de describir nuestros intereses y aquello que despierta nuestra imaginación —nuestro corazón nos revela aquello que consideramos importante—. Si prestamos atención a nuestras elecciones y escogemos nuestras respuestas de forma consciente, tomamos las riendas

y dejamos atrás el piloto automático. A través de este proceso, llevamos a cabo una labor de introspección para poder aportar nuestro granito de arena al mundo, teniendo nuestros intereses y valores como punto de referencia.

Mirar al exterior: ¿qué problemas locales o mundiales quisieras solucionar?
Primeramente, implicamos a los alumnos en el análisis y la identificación de las necesidades mundiales y las de la propia comunidad en función de los intereses de los estudiantes y las cosas que les importan —para algunos, podría tratarse de investigar refugios de animales, mientras que para otros podría ser identificar formas de reducir el uso del plástico o estudiar la historia migratoria de su familia—. Pero la labor no se detiene ahí. Los alumnos perciben el mundo de distintas maneras dependiendo de la raza, el género, el idioma materno, la clase social o la orientación sexual; asimismo, es posible que estén expuestos a microagresiones, discriminación u homofobia de forma regular. En segundo lugar, mirar al exterior implica analizar el mundo desde una perspectiva crítica para que, contando con tu orientación, los estudiantes puedan ante todo comprender el origen de estos problemas locales y globales. Si bien las desigualdades raciales, étnicas y de clase a menudo se justifican atribuyéndolas a una persona o un colectivo, debemos analizar y abordar las explicaciones sistémicas y estructurales del trato diferenciado.[96] Algunas cuestiones que los estudiantes podrían plantearse serían:

A. ¿Qué hace que este asunto sea un problema?
B. ¿Qué partes están implicadas en el problema? ¿Cuáles son sus perspectivas?
C. ¿Quién se beneficia de este problema? ¿A quiénes afecta?
D. ¿En qué contexto detectas este problema con mayor frecuencia?

Ponerse manos a la obra: ¿cómo puedes servirte de tus intereses y talentos para incidir positivamente en tu comunidad y en las necesidades globales que te preocupan?
El tercer paso consiste en armonizar los dos procesos descritos anteriormente, esto es, llevar a cabo una labor de introspección y mirar al exterior. En este paso, los estudiantes deben reflexionar sobre cómo pueden servirse de sus intereses, talentos y valores (previamente identificados en el primer

paso) para solucionar los problemas que han detectado que existen en su comunidad local y global.

Es importante que los alumnos tengan la oportunidad de cumplir su propósito mientras asisten a la escuela, así como de reflexionar y compartir la experiencia con los demás. Si educas a estudiantes más jóvenes, puedes posibilitar que tus alumnos se impliquen en proyectos de mejora de la escuela; conforme la edad de éstos vaya aumentando, pueden recurrir a las tecnologías y las organizaciones juveniles para cumplir su propósito. En este proceso, los estudiantes trabajarán otras habilidades complementarias: en primer lugar, desarrollarán una sensación de control de sus propias acciones y verán cómo sus contribuciones pueden repercutir positivamente en los demás; en segundo lugar, desarrollarán su función ejecutiva, lo que les permitirá diseñar y ejecutar satisfactoriamente un plan de acción.

Aunque todo esto pueda parecerte abrumador o incluso aterrador, considéralo un proceso iterativo para ti y tus alumnos. Lo importante es que los estudiantes tengan la oportunidad de participar de estas profundas reflexiones y conversaciones a fin de que tengan un propósito y una forma de cumplirlo. El «resultado» final no importa tanto como el proceso de identificación del propósito en sí mismo, el cual, con suerte, será sometido a revisión en múltiples ocasiones a lo largo de la vida de las personas.

Indicadores de dominio

Principiante (de parvulario a segundo grado)
- Describe sus gustos, aversiones y las cosas que son importantes
- Identifica las ventajas, los problemas y las necesidades de la escuela y la comunidad
- Determina los pasos a seguir para abordar los problemas y las necesidades de la comunidad

Principiante avanzado (de tercer a quinto grado)
- Describe sus intereses, habilidades y valores personales
- Estudia las ventajas de la comunidad e identifica los problemas, así como las posibles soluciones
- Desempeña un papel que contribuye a mejorar la escuela o la comunidad

Aprendiz estratégico (de sexto a octavo grado)
- Analiza cómo los intereses y valores personales influyen en el comportamiento y rendimiento
- Identifica las ventajas y los problemas de la comunidad local y global, así como sus causas subyacentes
- Colabora con los miembros de la comunidad al objeto de abordar los problemas de la comunidad

Nuevo experto (de noveno a duodécimo grado)
- Encuentra maneras útiles de valerse de las propias cualidades, intereses y aptitudes personales en beneficio de los demás
- Valora la incidencia de los problemas sistémicos en los resultados académicos, sociales y económicos
- Cocrea planes para abordar los problemas de la comunidad junto con sus miembros, valiéndose de las cualidades personales

Experto en ejercicio (de nivel universitario en adelante)

- Se sirve de sus intereses, valores y cualidades personales en beneficio de los demás
- Analiza las estructuras sociales, económicas y políticas que perpetúan las desigualdades y actúa en favor de su desmantelamiento
- Supervisa los progresos logrados en cuanto a la obtención de resultados equitativos y la capacidad de vivir una vida con propósito

APLICACIÓN PRÁCTICA EN EL AULA

Enseñanza explícita

«Admiro ____, porque ____». El objetivo de esta actividad y del consiguiente debate en clase es que los estudiantes identifiquen aquellos valores que aprecian en otras personas y estiman importantes, y logren incorporarlos a sus propias vidas. Para ello, propón a los alumnos que piensen en una o dos personas a las que profesen admiración (un atleta, un científico, un pariente, etc.) y anoten las características que hacen que esas personas sean dignas de admiración. Lo suyo es que los estudiantes formen parejas y comenten esos rasgos con el compañero: ¿han encontrado alguna similitud o diferencia? Una vez concluido el debate en parejas, dirígete al conjunto de la clase y averigua si desearían emular estas características que han identificado, para, acto seguido, ayudarles a identificar en qué aspectos deberían trabajar para conseguirlo. En este sentido, sería oportuno que los alumnos plasmasen sus reflexiones en un escrito o dibujo que pueda ser mostrado en clase a modo de recordatorio del compromiso que han adquirido.

Somos colaboradores. Es evidente que si los estudiantes se ven a sí mismos como colaboradores, es más probable que tomen medidas encaminadas a ayudar a otras personas de su comunidad.[97] Cuando mantengáis la reunión matutina, exponed los aspectos positivos de la escuela y la comunidad en la que residen los alumnos, y anotad las respuestas en un rotafolio. Luego, pide a los alumnos que identifiquen aquello que desearían cambiar o mejorar, y debatid las causas originarias de estos problemas.

Este debate contribuirá no sólo a que los estudiantes participen de la resolución de problemas, sino también a que comprendan cómo se originan. Esto es lo que los académicos denominan una «postura crítica» ante cuestiones de índole social, política y económica.[98] Anota las respuestas de tus alumnos en ese mismo rotafolio y, valiéndote del trabajo que previamente han realizado —esto es, identificar las características y los valores personales que les suscitan admiración—, ayúdales a elegir un par de problemas que desearían investigar más a fondo y solucionar como clase, en grupos reducidos o de forma individual. En este caso, será preciso que apliques tu criterio respecto a la magnitud de los proyectos que seleccionen los estudiantes: algunos pueden tener fácil solución, mientras que otros requerirán de la participación de otros adultos externos a la escuela.

Una buena planificación. Una vez que los alumnos hayan identificado un par de aspectos que desearían mejorar en la escuela o en su comunidad, toca organizarse. Los estudiantes (como clase en su conjunto o en grupos reducidos) deberán elaborar una lista de iniciativas necesarias para poner en marcha el proyecto. Un primer paso podría consistir en recopilar información complementaria sobre el tema, para lo cual pueden buscar en internet o entrevistar a otros estudiantes o adultos en el recinto escolar. Después de eso, deberán diseñar un sencillo plan que detalle esas actividades y las personas a las que les serán encomendadas. Haz un seguimiento de sus progresos a fin de garantizar que los planes que han trazado son viables y posibilita su ejecución. Este ejercicio puede asimismo brindar la magnífica oportunidad de implicar a las familias: organizar un mercadillo en el que participe toda la escuela, pintar un mural o plantar un jardín son ejemplos de cómo los estudiantes pueden aportar sus talentos y conocimientos más allá del aula para brindar apoyo a una necesidad de la comunidad.

Hitos de su trayectoria
Los estudiantes del colegio San Carlos Charter Learning Center participan en excursiones especiales y extracurriculares acordes a su nivel escolar y ligadas al plan de estudios básico de la escuela, que les brindan la oportunidad de aprender en base a la experiencia adquirida. Conforme la edad de los alumnos aumenta, lo hace también la complejidad de estas salidas (y el número de días que pasan fuera de casa), lo cual supone un reto para los estudiantes —si bien de naturaleza diversa para cada uno de ellos—. Para que te hagas una mejor composición de lugar respecto a este tipo de excursiones, los alumnos de segundo grado suelen hacer una salida en kayak acompañados de un progenitor, mientras que los de octavo grado pasan cuatro días en San Francisco, explorando la ciudad por su cuenta.

Este tipo de actividades, que marcan hitos importantes para niños y jóvenes, proclaman el término del curso académico con una experiencia significativa y les ofrecen la oportunidad de poner en práctica muchas de las habilidades que han ido aprendiendo durante el año. ¡Qué magnífica oportunidad para que los estudiantes practiquen sus habilidades socioemocionales HEART en un nuevo entorno! Los investigadores han constatado que las excursiones amparan eficazmente el aprendizaje de los alumnos, al tiempo que avivan su interés y motivación.[99] Por desgracia, las limitaciones económicas obligan a los centros educativos a verse en la difícil tesitura de plantearse cómo distribuir los escasos recursos y, en muchos casos, las excursiones no gozan de prioridad. Si ese es el caso de tu escuela, no te inquietes, existen otras alternativas mediante las que puedes ofrecer experiencias que marquen hitos importantes para celebrar el crecimiento de los estudiantes y clausurar el curso escolar como es debido, poniéndole el broche de oro.

Ofrecer experiencias que marquen hitos importantes
Un hito es un acontecimiento trascendental en la vida de las personas y, en buena parte, marca el comienzo de un nuevo capítulo. Estos acontecimientos significativos coadyuvan a nuestro crecimiento personal o a cambiar quiénes somos como personas de forma notable. En el contexto escolar, las

experiencias que marcan hitos importantes deben contar con los siguientes ingredientes:

1. **Procura conseguir la participación del alumno a todos los niveles.** Estamos ante una oportunidad extraordinaria para que los estudiantes empleen, compartan y celebren sus talentos singulares, en especial aquellos que posiblemente no pongan en práctica en clase. Las experiencias que marcan hitos importantes deben asimismo ofrecer la posibilidad de que los alumnos integren y transmitan su conocimiento a su manera.

2. **Desafía a los estudiantes. La experiencia debería contribuir a que los alumnos salgan de su zona de confort.** Es importante que los educadores creen un espacio seguro que empuje suavemente a los estudiantes a trascender la comodidad y la conformidad para que pueda producirse un aprendizaje significativo.

3. **Desarrolla la comunidad.** Las experiencias que marcan hitos importantes deben brindar a los alumnos la oportunidad de fraternizar con sus compañeros y profesores a un nivel más profundo. Como hemos señalado, un aprendizaje óptimo aúna el sentimiento y el pensamiento.

A continuación, señalaremos algunos ejemplos de experiencias que marcan hitos importantes y que se pueden realizar en la propia escuela:

- **Ceremonia de entrega de premios.** Organiza un acto de entrega de premios en el que a cada alumno se le reconozca un mérito (tanto académico como no académico). Esta actividad servirá para que los estudiantes reconozcan y celebren la consecución de sus logros y los de los demás, y permitirá a los alumnos clausurar el curso sintiéndose realizados y con una opinión favorable de todo lo que han conseguido como comunidad de aprendizaje. ¡No dejes de invitar a las familias y demás educadores a la ceremonia!

- **Proyecto de servicio a la escuela.** Pide a los estudiantes que primeramente identifiquen una necesidad de la escuela, y que luego planifiquen el proyecto y apoyen a los compañeros en su ejecución. Organizar un mercadillo en el que participe toda la escuela, pintar un mural o plantar un jardín son algunos de los muchos ejemplos de cómo los estudiantes pueden aportar sus talentos y conocimientos más allá del aula.

- **Desconferencia alumno-profesor**. Docentes y estudiantes pueden preparar clases breves sobre las materias que les interesan y que, en principio, no guardan relación con la escuela (música, arte, danza, carpintería, manualidades, etc.). Luego, establecerán un horario con sesiones que abarquen cada una de las materias y a las que se podrán apuntar —en función de sus intereses— no sólo los propios alumnos, sino también los profesores y las familias.

Las experiencias que marcan hitos importantes son una forma ideal de concluir el curso escolar, pues empujan suavemente a los estudiantes a que salgan de su zona de confort y ponen en valor la comunidad de aprendizaje que crean los educadores de consumo con sus alumnos. Por añadidura, las celebraciones de hitos imprimen recuerdos especiales dignos de atesorar.

Incorporación a la praxis pedagógica

Aprendizaje motivado por los intereses. La implicación de los alumnos en su aprendizaje aumenta cuando los contenidos académicos están armonizados con el propósito de éstos y con las cuestiones que les importan. Los estudiantes se muestran más dispuestos a dedicar tiempo a pensar, debatir con los demás y realizar un trabajo de calidad cuando los temas que se plantean en clase guardan relación con sus intereses. Si bien existen ciertas aptitudes y conceptos que los alumnos deben inevitablemente adquirir y aprender, respectivamente, los docentes pueden asimismo tener en cuenta los intereses de los estudiantes a la hora de preparar los contenidos didácticos, a fin de garantizar que el aprendizaje sea realmente fructífero. Tus alumnos podrían, por ejemplo, crear modelos de ciclos de vida valiéndose de los robots para niños de Lego o utilizar los datos futbolísticos para ejemplificar ecuaciones. Si aún no lo has hecho, al comienzo del curso escolar, plantéate pedir a tus alumnos que apunten las actividades que disfrutan haciendo fuera del colegio, para luego recurrir a esos temas con el objeto de:

- Proponer temas que guarden relación con sus intereses cuando deban hacer una redacción
- Personalizar las lecturas (este aspecto cobra especial relevancia si en tu clase hay alumnos cuyo nivel de lectura es inferior a la media o al nivel requerido)
- Distinguir los proyectos en grupos reducidos
- Proporcionar ejemplos en tu enseñanza académica explícita

La clave es ligar los contenidos académicos a los intereses de los alumnos y, así, favorecer su implicación y compromiso, y brindarles la oportunidad de cumplir su propósito.

Oportunidades de liderazgo. Cuando los estudiantes tienen la oportunidad de ocupar puestos de una cierta responsabilidad en clase y en la escuela, es más probable que cumplan su propósito y procuren alcanzar una meta que redunde en beneficio de su escuela y comunidad. En algunos colegios, los alumnos organizan clubes (por ejemplo, el club del cambio climático) que se reúnen a la hora del almuerzo y están abiertos a todos los estudiantes. Una opción que merecería la pena que las escuelas contemplaran es la constitución de un comité de alumnos que coadyuve en la toma de decisiones que atañen a cuestiones escolares que les afectan directamente (por ejemplo, programar iniciativas, celebraciones o conferencias dirigidas por los estudiantes). En este caso, los profesores pueden preparar a los alumnos para este tipo de oportunidades de liderazgo ayudándoles a desarrollar y practicar habilidades importantes, tales como hablar en público, escuchar activamente, mediar y tomar decisiones. Si el centro educativo en el que trabajas carece actualmente de estructuras que permitan a los estudiantes ejercer sus dotes de liderazgo, tú mismo puedes ofrecerles oportunidades en clase para que expresen sus opiniones y puntos de vista, y adquieran autonomía.

Opinión y autonomía del alumno. Si los docentes desean que sus alumnos adquieran autonomía, deben irremediablemente ceder una parte del control sobre los protocolos y las rutinas de clase o los contenidos que en ella se imparten. Es indiscutible que en muchos casos al profesor le resulta más fácil (y rápido) ser él quien elabore una lista de tareas, asigne los grupos de trabajo y prepare los planes de lecciones, pero es un hecho evidente que los estudiantes no podrán tomar decisiones propias ni actuar de forma autónoma, salvo que tengan la oportunidad de practicar, cometer errores, aprender de esos errores y seguir practicando.

En una clase de tercer grado, la maestra se percató de que los alumnos carecían de la motivación necesaria para realizar los trabajos de clase que ella les había preparado. Para favorecer su implicación y fomentar su autonomía, resolvió convertir —*con la ayuda* de los estudiantes— la lista de tareas en una «lista de necesidades». Los niños plantearon las tareas que debían llevarse a cabo a diario y las que debían realizarse de manera esporádica y, en seguida, se postularon para desarrollarlas en función de sus aptitudes e intereses personales. De ese modo, los alumnos se sintieron en mejores condiciones de contribuir a la comunidad del aula y se vieron en la obligación de señalar cualquier necesidad que no estaba siendo satisfecha.

Podrás fomentar la autonomía de los estudiantes y favorecer que expresen sus inquietudes si les permites tomar decisiones que afecten a su aprendizaje. A continuación, señalaremos algunos ejemplos:

- Ofrecer a los alumnos otras alternativas para realizar las tareas;
- Permitirles que elijan un tema que les suscite interés para, posteriormente, realizar un proyecto de clase;
- Animarles a compartir sus opiniones a través de diferentes canales (cartas, boletines informativos, *podcasts*, vídeos, presentaciones, etc.) dentro y fuera del aula;
- Organizar conferencias dirigidas por los propios alumnos;

- Animarles a que evalúen su propio trabajo y el de otros valiéndose de una matriz de evaluación;
- Recabar sus sugerencias y comentarios acerca de la enseñanza que impartes y modificar tu estrategia docente en función de esas observaciones.

Incorporación a los contenidos académicos

Aprender sobre los activistas. Si os mantenéis al corriente de los acontecimientos de actualidad, encontraréis ejemplos de personas decididas a luchar contra las injusticias. Es importante que nuestros estudiantes sepan acerca de las numerosas personas que han transformado sus vidas con un propósito en distintos ámbitos —ciencia, educación, finanzas y derecho, entre otros muchos—, y el camino que recorrieron para lograrlo. Para ello, los maestros pueden proporcionarles ejemplos concretos de personas que lo hayan conseguido para que estudien sus valores, iniciativas y la forma en que pueden haber inspirado a otros a seguir sus pasos.

Existen asimismo muchos ejemplos de jóvenes comprometidos con la transformación de sus comunidades, ¡quizá algunos de ellos estén en tu propia clase! El estudio de las figuras comprometidas con la justicia social puede formar parte de tu clase de lengua, matemáticas, ciencias sociales o ciencias naturales, según los objetivos académicos que hayas fijado. Los programas tales como Facing History and Ourselves y Teaching Tolerance fueron diseñados para incorporar a la enseñanza académica ordinaria aspectos tales como la justicia social y los problemas raciales, étnicos, de género y ambientales. Estos programas contribuyen a que alumnos y maestros desarrollen sus habilidades HEART, así como su responsabilidad cívica para que reaccionen ante las injusticias que perciben en sus escuelas y comunidades.

Debates críticos. Animar a los estudiantes a realizar reflexiones críticas es un paso importante para ayudarles a encontrar un propósito. Cuando los alumnos participan en debates críticos, analizan las causas fundamentales de las desigualdades sociales, tratando de identificar las razones estructurales y sistémicas que subyacen a las disparidades socioeconómicas, de género y raciales/étnicas en los ámbitos de la educación, salud, movilidad social y distribución de la riqueza. Podéis mantener este tipo de debates en clase de ciencias sociales o de historia, dado que muchos de estos temas se enmarcan en un contexto histórico. Además, los debates coadyuvan a desentrañar algunos de los estereotipos por los que nos dejamos llevar respecto a los distintos colectivos de personas que se dan en clase o en la comunidad. Aunque es posible que te sientas vulnerable ante este tipo de conversaciones, no olvides que son herramientas seguras que los alumnos pueden emplear para poner orden en su cabeza, aclarar sus ideas y debatir sobre temas espinosos.

Justicia social y participación de los jóvenes. Como hemos comentado, concienciar y ejemplificar constituyen el primer paso para que los estudiantes desarrollen las habilidades socioemocionales HEART. Pero debemos ir aún más lejos: debemos invitar a los alumnos a que participen de iniciativas que creen una comunidad en el aula, en la escuela y en el barrio; y deben tener la oportunidad de elegir su aprendizaje y disponer de espacios en los que expresar sus opiniones. En este proceso, estudiantes y educadores trabajan de consuno para crear un ambiente inclusivo y equitativo donde todos alberguen un sentimiento de pertenencia y muestren respeto mutuo. Para que el aprendizaje socioemocional pueda cumplir su compromiso, debe estar orientado hacia un propósito, la equidad y la justicia.

Herramientas de evaluación

En el apéndice de este libro se facilita una tabla con los indicadores de dominio de cada habilidad HEART —el alcance y la secuencia te pueden ayudar a identificar aquellas áreas en las que tus alumnos precisan apoyo complementario—, así como una encuesta de autoevaluación que te permitirá reflexionar sobre tus propias habilidades HEART.

NOTAS AL PIE

59. Martínez, Lorea. "Teachers' Voices on Social Emotional Learning: Identifying the conditions that make implementation possible." *International Journal of Emotional Education*, 8, no.2 (Noviembre de 2016).

60. Ibid.

61. Borba, Michele. *UnSelfie: Why empathetic kids succeed in our all-about-me world*. New York: Simon & Schuster, 2016.

62. "Expressing and Experiencing Emotion." University of Illinois Counselling Center. Recuperado el 24 de septiembre de 2020 de https://counselingcenter.illinois.edu/brochures/experiencing-and-expressing-emotion

63. Dweck, Carol S., and David S. Yeager. "Mindset: A View From Two Eras." *Perspectives on Psychological Science* (1 de febrero de 2019). https://doi.org/10.1177/1745691618804166

64. Kuypers, Leah. *Zones of Regulation: A Curriculum Designed To Foster Self-Regulation and Emotional Control*. Santa Clara, CA: Think Social Publishing, 2011.

65. Siegel, Daniel J., and Bryson, T. P. *The yes brain: How to cultivate courage, curiosity, and resilience in your child*. New York: Bantam, 2019.

66. Seligman, Martin. *Learned Optimism: How to Change Your Mind and Your Life*. New York, Vintage: 2006 (reimpresión).

67. Siegel, Daniel J. *The Whole-Brain Child: 12 Revolutionary Strategies to Nurture Your Child's Developing Mind*. New York: Bantam, 2012.

68. Melnick, Hanna, and Lorea Martínez. "Preparing Teachers to Support Social and Emotional Learning." Learning Policy Institute. 21 de mayo de 2019. https://learningpolicyinstitute.org/product/social-and-emotional-learning-case-study-san-jose-state-report

69. Katz, Idit, and Avi Assor. "When Choice motivates and When It Does Not." *Educational Psychology Review* 19, no. 4 (Diciembre de 2007): 429–442.

70. Flowers, Lennon. "Roots of empathy: an interview with Mary Gordon." Open Democracy. 5 de septiembre de 2013.

71. Konrath, Sara H., Edward H. O'Brien, and Courtney Hsing. "Changes in Dispositional Empathy in American College Students Over Time: A Meta-Analysis." *Personality and Social Psychology Review* (5 de agosto de 2010). https://doi.org/10.1177/1088868310377395

72. Borba, *UnSelfie*.

73. "2019 State of Workplace Empathy." Businesssolver. Recuperado el 23 de septiembre de 2020 de https://info.businessolver.com/empathy-2019-executive-summary

74. Bariso, Jason. "There Are Actually 3 Types of Empathy. Here's How They Differ—and How You Can Develop Them." Inc. 19 de septiembre de 2018. https://www.inc.com/justin-bariso/there-are-actually-3-types-of-empathy-heres-how-they-differ-and-how-you-can-develop-them-all.html

75. Walters, Glenn D., and Dorothy L. Espelage. "Cognitive/Affective Empathy, Pro-Bullying Beliefs, and Willingness to Intervene on Behalf of a Bullied Peer." *Youth & Society*. https://doi.org/10.1177/0044118X19858565

76. Iacoboni, Marco. "Imitation, Empathy, and Mirror Neurons." *Annual Review of Psychology* 60 (2009): 653–670.

77. Keltner, Dacher. *Born to Be good: The Science of a Meaningful Life*. New York: W. W. Norton & Company, 2009.

78. Neff, Kristen. *Self-Compassion: The Proven Power of Being Kind to Yourself*. New York: William Morrow Paperbacks, 2015.

79. Jones, Stephanie M., Suzanne M. Bouffard, and Richard Weissbourd. "Educators'social and emotional skills vital to learning." *Phi Delta Kappan*, no. 8 (Mayo de 2013). http://www.nationalresilienceresource.com/Education/Educators_social_and_emotional_skills.pdf

80. Torres, Julia. "Building Relationships Linguistically: Using Code Switching to Meet Students On Their Cultural Turf." Imaginarium. Recuperado el 24 de septiembre de 2020.

81. Emdin, Christopher. *For White Folks Who Teach in the Hood...and the Rest of Y'all Too: Reality Pedagogy and Urban Education.* Boston, MA: Beacon Press, 2017.

82. Goleman, Daniel. *Focus: The Hidden Driver of Excellence.* New York: Bloomsbury Publishing, 2013.

83. Bach, Dorothe, and Ram Eiseneberg. "'Thinking Where Words are Still Missing': Radical Listening as a Tool to Promote Creative Thinking and Interactional Self-Reliance." 6th Annual Conference on Higher Education Pedagogy, Virginia Tech 2014.

84. Simmons, Dena. "Why We Can't Afford Whitewashed Social Emotional Learning." *ASCD Education Update* 61, no. 4 (Abril de 2019). http://www.ascd.org/publications/newsletters/education_update/apr19/vol61/num04/Why_We_Can't_Afford_Whitewashed_Social-Emotional_Learning.aspx

85. Martínez, Lorea. "L'atenció integral al desenvolupament intel·lectual i socioemocional dels infants en les pràctiques educatives." Tesis doctoral, Universitat Autònoma de Barcelona. 2014. https://ddd.uab.cat/record/165664

86. Jagers, Robert J., Deborah Rivas-Drake, and Teresa Borowski. "Equity and Social and Emotional Learning: A Cultural Analysis." Measuring SEL. Noviembre de 2018. https://casel.org/wp-content/uploads/2020/04/equity-and-SEL-.pdf

87. Fletcher, Jill. "A Framework for Whole-Class Discussions." *Edutopia*. 7 de mayo de 2019. https://www.edutopia.org/article/framework-whole-class-discussions

88. Damon, William. *The Path to Purpose: How Young People Find Their Calling in Life.* New York: Simon & Schuster, 2009.

89. Twenge, Jean M., A. Bell Cooper, Thomas E. Joiner, Mary E. Duffy, and Sarah G. Binau. "Age, period, and cohort trends in mood disorder indicators and sucide-related outcomes in nationally represented dataset, 2015-2017." *Journal of Abnormal Psychology* 128, no. 3 (Abril de 2019): 185–199. https://doi.org/10.1037/abn0000410

90. Villeneuve, Jennifer C., Jerusha O'Conner, Samantha Selby, and Denise Clark Hope. "Easing the stress at pressure-cooker schools." *Phi Delta Kappan*. 28 de octubre de 2019. https://kappanonline.org/easing-stress-pressure-cooker-schools-villeneuve-conner-selby-pope/

91. Stress in America: Are Teens Adopting Adults' Stress Habits?" American Psychological Association. 2014. https://www.apa.org/news/press/releases/stress/2013/stress-report.pdf

92. Damon, *The Path to Purpose*.

93. Martínez, Lorea, and Susan Stillman. "Guiding Youth to Noble Goals: A Practitioner Perspective." *Journal of Character Education* 15, no. 2 (2019): 91–102.

94. Malin, Heather, Timothy S. Reilly, Brandy Quinn, and Seana Moran. "Adolescent purpose development: Exploring empathy, discovering roles, shifting priorities, and creating pathways." *Journal of Research on Adolescence* 24, no. 1 (2014): 186–199. https://doi.org/10.1111/jora.12051

95. Hatchimonji, Danielle R., Arielle C. Linsky, and Maurci J. Elias. "Fronteirs in Youth Purpose Research." *Journal of Character Education* 15, no. 2 (1 de julio de 2009). https://www.questia.com/read/1P4-2309266995/special-issue-guest-editors-introduction-frontiers

96. Jagers, "Equity and Social and Emotional Learning."

97. Borba, *UnSelfie*.

98. Watts Roderick J., Matthew A. Diemer, and Adam M. Voight. "Critical consciousness: current status and future directions." New Directions for Child and Adolescent Development 134 (Winter 2011): 43–57. https://doi.org/10.1002/cd.310

99. Behrendt, Marc, and Teresa Franklin. "A Review of Research on School Field Trips and Their Value in Education." *International Journal of Environmental and Science Education* 9, no. 3 (2014): 235–245.

Capítulo 6.
Las habilidades HEART
en el aula virtual

Los momentos de crisis e incertidumbre, como el ocasionado por la COVID-19, requieren que apoyemos a nuestros estudiantes y sus comunidades, especialmente a aquellos que se han visto mayormente perjudicados por la interrupción de la escolarización y del trabajo de manera imprevisible. Antes de la pandemia, nada hacía presagiar que muchos docentes inaugurarían el curso escolar 2020-21 de forma virtual, en lugar de dando la bienvenida a sus alumnos en persona y, sin embargo, eso fue exactamente lo que sucedió.

Durante esta pandemia que a todos nos afecta, es sumamente importante que *intensifiquemos nuestros esfuerzos con el aprendizaje socioemocional* y sigamos cultivando vínculos emocionales con nuestros estudiantes, a pesar de la distancia física. De hecho, son muchos los estados o países para los que el bienestar de los alumnos y los adultos se ha revelado como una de las máximas prioridades en respuesta a la COVID-19, especialmente en el caso de aquellas personas más vulnerables que se han visto privadas de sus derechos.[100]

A los maestros no sólo se les ha encomendado la tarea de realizar la transición de sus aulas a un entorno virtual o híbrido, sino también de hacerlo de una manera tal que cuide de forma eficaz la salud mental de los estudiantes que se han visto afectados por la pandemia —no debemos olvidar que el confinamiento, las dificultades económicas, las desigualdades raciales y el estrés hacen que los niños y los adultos estén expuestos a un mayor riesgo de padecer un trauma—.[101]

La mayoría de los docentes tratan de averiguar cómo abordar esta situación de manera proactiva, al tiempo que imparten satisfactoriamente los contenidos académicos, crean una comunidad y mantienen la cordura. Como ya hemos señalado, el modelo HEART in Mind es un poderoso instrumento para crear un entorno de aprendizaje positivo que fomente las relaciones entre los alumnos y su aprendizaje en una comunidad virtual.

UN AULA VIRTUAL CON HABILIDADES SOCIOEMOCIONALES HEART

Cada verano imparto un curso sobre inteligencia emocional a aspirantes a directores en el Teachers College de la Universidad de Columbia (Nueva York, EE. UU.). Durante el verano de 2020, nuestro habitual curso de tres días pasó a convertirse en un curso en línea que constaba de seis módulos. Antes de que repasáramos el temario, me sentí abrumada y poco preparada; recuerdo que durante semanas anduve preguntándome cómo lograríamos adaptar todas nuestras actividades prácticas y vivenciales a un entorno virtual.

Como seguramente hayas tenido ocasión de comprobar, educar en un entorno virtual no es lo mismo que compartir de manera presencial un espacio físico con tus alumnos. ¿Te preocupa que los estudiantes puedan sentirse desvinculados y pierdan el interés? Yo, desde luego, trato con muchos profesores que están profundamente angustiados. La pantalla puede convertirse en una suerte de barrera para sintonizar con los alumnos y un obstáculo a la hora de respaldar su aprendizaje, salvo que *deliberadamente* «humanices la relación virtual».[102]

Según mi experiencia personal con el curso de inteligencia emocional que citaba antes, es posible crear un aula virtual que sea alegre y solidaria. A continuación señalaré algunas lecciones importantes que aprendí:

1. **Céntrate en establecer vínculos con tus alumnos.** En un entorno virtual no es posible caminar por el parque infantil o pasarse un momento por el comedor a la hora del almuerzo; pero eso no tiene por qué desanimarnos, pues, con todo, debemos procurar buscar formas de forjar relaciones con los estudiantes y una manera de conseguirlo es mantener una comunicación más frecuente con ellos y emplear distintos métodos. Al margen de la reunión matutina, mi propuesta es que grabes videos para que tus alumnos los vean en su tiempo libre (puedes mostrarles a tu mascota o compartir con ellos tu pasatiempo favorito). También puedes escribirles correos electrónicos personalizados, llamarles por teléfono o invitarles a mantener una charla privada durante el horario de oficina. El objetivo es que los estudiantes sepan que te preocupas por su bienestar.

2. **Ofrece a los alumnos distintas estrategias para participar y aprender durante la enseñanza a distancia.** Es importante que gestiones la participación de los estudiantes cuando mantengáis una comunicación sincrónica (esto es, cuando estáis todos juntos) y cuando la comunicación sea asincrónica (es decir, cuando el alumno trabaja por su cuenta). El objetivo es garantizar la oportunidad de todos los estudiantes de participar y aprender en igualdad de condiciones, incorporando a la conversación sus opiniones y puntos de vista. Para algunos, esto se traducirá en utilizar la función de chat en lugar de responder a una pregunta delante de toda la clase, mientras que, para otros, significará recurrir a la música y el arte para transmitir su aprendizaje, en lugar de escribir una redacción. No debes olvidar lo que esto puede suponer para los alumnos que carecen de los recursos tecnológicos necesarios para participar plenamente en tu clase y es preciso que te plantees si existen otras vías a las que puedas recurrir a fin de garantizar su plena participación. En este sentido, recomiendo encarecidamente la lectura del artículo *8 Strategies to Improve Participation in Your Virtual Classroom* («8 estrategias para

mejorar la participación en el aula virtual»)[103] en el que Emmelina Minero, su autora y editora adjunta de la página web Edutopia, propone más estrategias.

3. **Sé deliberado y aplica una buena dosis de empatía.** Es importante que, en los entornos de enseñanza a distancia, se tengan en consideración las necesidades de los estudiantes al planificar la estrategia docente; de ahí que debas preguntarte: «¿Por qué encomiendo a mis alumnos esta tarea de lectura o redacción? ¿De qué manera fomentará su participación y compromiso con mi clase?». Muchos profesores coincidirán conmigo en que educar durante y después de una pandemia requiere que atendamos primeramente las necesidades básicas de los estudiantes —la necesidad de sentirse seguro y de albergar un sentimiento de pertenencia a tu clase—, antes de sumergirnos en los aspectos académicos. Presta atención a cómo los estudiantes perciben tu forma de educar (esto es, cómo implicas a tus alumnos durante las videoconferencias, los tipos de tareas que encomiendas y la manera en que estructuras tu Google Classroom). ¿Cómo sería vivir un día de la vida de uno de tus alumnos? Si aplicas empatía, es de suponer que encontrarás la manera de sintonizar con los estudiantes y te esforzarás por convertirte en un profesor virtual más eficaz.

4. **Recaba opiniones.** Aunque seguramente estés ya comunicándote con tus alumnos de forma periódica, sería útil recabar información sobre cómo marchan las cosas de una manera más formal. Para ello, puedes recurrir a uno de los muchos instrumentos de encuesta disponibles (SurveyMonkey, Google Forms, Brightspace) mediante los cuales los estudiantes pueden trasladarte sus impresiones sobre alguna tarea o proyecto concreto, y sobre el aula virtual en general. Recabar las opiniones de tus alumnos puede hacerte sentir vulnerable e intimidado —si es así, te entiendo, yo también me he encontrado en esa tesitura—, pero desde luego este ejercicio merece la pena. Los estudiantes generalmente tienen ideas brillantes sobre cómo mejorar las cosas, ¡y son expertos en tecnología! Recabar sugerencias y comentarios es también una forma de potenciar las

habilidades metacognitivas de los alumnos, dado que les anima a sopesar cómo aprenden mejor.

5. **Celebra y comparte lo que funciona bien.** La transición a un entorno de aprendizaje virtual no es tarea sencilla, por eso es importante que reconozcas y celebres las cosas que funcionan bien, ya sean importantes o de escasa trascendencia. Comparte esos pequeños logros con tus colegas a fin de que podáis seguir aprendiendo los unos de los otros mientras sorteáis los retos que plantea la enseñanza durante y después de una pandemia.

LA ENSEÑANZA A DISTANCIA CON EL MODELO HEART IN MIND

Nuestra vida emotiva se ha visto muy perturbada por la pandemia; jóvenes y adultos han padecido estrés, sentido miedo y pena, y albergado una sensación de que la magnitud de las cuestiones que deben resolverse las hace insuperables. En nuestro entorno virtual, las habilidades HEART pueden ser instrumentos eficaces para que los estudiantes fortalezcan su carácter, fraternicen unos con otros y desarrollen una sensación de control de sus propias acciones.

Honrar a las emociones

Cuando tenemos emociones intensas y carecemos de las herramientas adecuadas para gestionarlas de manera efectiva, ni somos capaces de concentrarnos ni podemos aprender. Disponer del tiempo y el espacio necesarios para comunicarnos con nuestros alumnos e interesarnos por su estado anímico ha adquirido un nuevo cariz y se ha convertido en un aspecto ineludible del aprendizaje a distancia. ¡No te saltes la reunión matutina! Pues imprime el espíritu del que quieres que el día goce y brinda apoyo a los estudiantes en su transición de casa al aula virtual. Recurre a aplicaciones tales como Mood Meter, Padlet o Mentimeter para ayudar a los alumnos a que pongan nombre a sus emociones y diseña una representación visual que incluya esos datos. El hecho de que animes a los estudiantes a identificarse con sus emociones favorecerá que obtengan información valiosa para guiar sus conductas.

Elegir las respuestas

Mantener a los estudiantes concentrados y alejados de las distracciones cuando impartimos a distancia es todo un reto, no nos engañemos: los alumnos pueden mirar directamente a la cámara, pero estar plenamente concentrados en una tarea que no guarda relación con la lección que estás impartiendo en clase. Al margen de favorecer que los estudiantes desarrollen instrumentos para regular sus emociones (respiración consciente, identificar sus sentimientos, tomarse un descanso, etc.) —algo que ya hemos abordado en el apartado «Elegir las respuestas» del capítulo 5—, también es importante enseñarles formas efectivas de administrar su tiempo y organizarse. Pueden beneficiarse del empleo de herramientas que les permitan mantenerse en la senda correcta: algo tan sencillo como el uso de temporizadores, imprimir calendarios con tareas, elegir un compañero para que las revise y cerrar todas las pestañas cuando estén en una llamada de Zoom o en un Hangout de Google son ejemplos que afianzarán la función ejecutiva de los alumnos. El objetivo no es tanto cumplir, cuanto favorecer que los estudiantes estén comprometidos y sean conscientes de las distracciones a las que se enfrentan.

Aplicar empatía

La pandemia ha afectado de manera desproporcionada a las escuelas de las comunidades desfavorecidas, en las que se producen asesinatos por motivos raciales y brutalidad policial. Una conciencia creciente sobre cómo otras personas —especialmente aquellas con diferentes orígenes y culturas— viven esta situación ha obligado a las escuelas y a los educadores a revisar las prácticas racistas y el pensamiento deficitario arraigado en nuestro sistema.[104] Conforme interactúas con tus alumnos durante el aprendizaje a distancia, crea un entorno propicio para que los estudiantes procesen la situación actual y cómo repercute en sus propias comunidades y en otras. Cuando aprendemos que existen distintas perspectivas, desarrollamos nuestra capacidad de empatizar y las herramientas necesarias para sortear las adversidades.

Reavivar las relaciones

Es posible mantener relaciones sanas y comprensivas en aulas para la educación a distancia. En este sentido, si bien es cierto que los educadores gozan de oportunidades más limitadas y restringidas para interactuar con los alumnos, tienen, no obstante, la ocasión de ser espectadores de la vida familiar de los estudiantes y de mantener una comunicación directa con sus familias y cuidadores. Esta situación es nueva para todos (alumnos, maestros y familias), por lo que será preciso seguir un proceso de ensayo y error hasta dar con el equilibrio adecuado. Empieza por elevar al máximo el efecto de la interacción con los estudiantes (conocerlos es prioritario, así como establecer vínculos positivos, y mantenerte presente y disponible para ellos). Como hemos señalado anteriormente, el empleo de varios instrumentos para forjar este tipo de relaciones con los alumnos contribuye al sentimiento de comunidad y pertenencia a tu clase.

Transformar con un propósito

En su intento por hacerse camino en el aprendizaje a distancia durante una pandemia, el fomento de un propósito coadyuvará a aumentar la capacidad de aguante de los estudiantes. En este contexto, tener un propósito significa reconocer nuestra capacidad de contribuir a la recuperación de nuestras familias y comunidades, incluso en pequeñas dosis. Implicar a los alumnos en el aprendizaje basado en proyectos y en el aprendizaje a través de la prestación de servicios avivará su curiosidad, fomentará su empatía y mejorará su participación en el aprendizaje a distancia, en un momento en el que ellos mismos identifican formas de apoyar a los demás y defender sus intereses.

En el capítulo 5 hemos tenido ocasión de analizar numerosas estrategias y actividades a las que puedes recurrir para impartir el modelo HEART in Mind e incorporarlo a tu clase. *Muchas de estas herramientas pueden ser adaptadas y empleadas de forma eficaz en un entorno virtual.* Por ejemplo:

- Puedes adaptar la forma en que los alumnos se implican en el ejercicio al convertir una actividad que consista en formar parejas y compartir la opinión, trasladando ese debate a salas virtuales para grupos reducidos durante la enseñanza a distancia.
- Puedes reemplazar la enseñanza explícita en persona por un vídeo grabado que los alumnos podrán ver cuando la comunicación sea asincrónica (es decir, cuando trabajen por su cuenta).
- Puedes proponer a los estudiantes que graben una reflexión personal sobre una lección, un libro o un vídeo en lugar de leer o compartir sus diarios de reflexión.

Independientemente del modo en que adaptes las herramientas, *es fundamental que continúes haciéndote eco de las habilidades socioemocionales HEART en tu aula y que las enseñes e incorpores a tu práctica docente de forma activa.* Incluso en los entornos virtuales es posible forjar relaciones sólidas y positivas con los alumnos, y no olvides que las relaciones útiles pueden mitigar los efectos negativos de un trauma, así como los problemas de salud mental a corto y largo plazo. Interactuar con los estudiantes e interesarse por su estado anímico, ofrecerles herramientas para regular y gestionar sus emociones, y ayudarles a fraternizar con sus compañeros puede contribuir en gran medida a cuidar su salud mental y fomentar su capacidad de aprendizaje. ¡No te rindas!

NOTAS AL PIE

100. Yoder, Nick, Jordan Posamentier, Dana Godek, Katherine Seibel, and Linda Dusenbury. "From Response to Reopening: State Efforts to Elevate Social and Emotional Learning During the Pandemic." Collaborative for Academic, Social, and Emotional Learning (CASEL). 2020.

101. Bartlett, Jessica Dym, and Rebecca Vivrette. "Ways to Promote Children's Resilience to the COVID-19 Pandemic." Child Trends. 3 de abril de 2020. https://www.childtrends.org/publications/ways-to-promote-childrens-resilience-to-the-covid-19-pandemic.

102. Moore, Michael, and Greg Kearsley. *Distance Education: A Systems View of Online Learning.* Boston, MA: Cengage Learning, 2011.

103. Minero, Emelina. "8 Strategies to Improve Participation in Your Virtual Classroom." *Edutopia*. 21 de agosto de 2020. https://www.edutopia.org/article/8-strategies-improve-participation-your-virtual-classroom

104. Cipriano, Christina, Gabrielle Rappolt-Schlichtmann, and Marc Brackett. "Supporting School Community Wellness with Social and Emotional Learning (SEL) During and After a Pandemic." Penn State College of Health and Human Development. Agosto de 2020. https://www.prevention.psu.edu/uploads/files/PSU-SEL-Crisis-Brief.pdf

Capítulo 7.
Incorporar las habilidades HEART al currículo escolar

Los estudiantes no podrán concentrarse en aprender ni recordarán las materias impartidas en clase y, por ende, no lograrán dominar los contenidos académicos si se sienten aburridos, estresados o aislados. Siendo conscientes de la importancia de las emociones en el aprendizaje, nuestro objetivo debe ser crear un ambiente escolar que satisfaga las necesidades emocionales de los alumnos y favorezca que se sientan comprometidos, animados, motivados, y deseosos y capaces de participar de los contenidos académicos de manera más intensa.

Una parte importante de la enseñanza socioemocional con el modelo HEART in Mind comporta analizar cómo incorporar de manera efectiva y eficiente este modelo a tu currículo escolar, de modo que estas habilidades no solo cobren vida en tu estrategia docente, sino que también respalden las necesidades emocionales y cognitivas de los estudiantes, lo cual se traducirá en la obtención de unos mejores resultados.

En mi experiencia trabajando con escuelas, he podido comprobar que la parte del proceso de implementación del aprendizaje socioemocional que tiene que ver con la enseñanza explícita es, generalmente, una de las principales preocupaciones y un plan bien diseñado por quienes toman decisiones presupuestarias y en materia de enseñanza. La parte que no recibe tanta atención es su incorporación a las actividades académicas. Por alguna razón, se presupone que los docentes deben apañárselas sin disponer de tiempo extra para la planificación y sin contar con ningún apoyo específico.

> *Incorporar las habilidades HEART al currículo escolar no es tanto dar con la «herramienta adecuada», cuanto emplear una variedad de instrumentos para garantizar que el aprendizaje sea significativo e interesante.*

Para conseguirlo, los docentes disponen de un arma secreta: la planificación del programa lectivo. Los profesores dedican una gran cantidad de tiempo a planificar con sus equipos, buscar recursos visuales, elaborar matrices de evaluación y preparar proyectos. Dada la cantidad de tiempo que los maestros *ya* invierten en preparar las lecciones, ¿por qué no dedicarlo a garantizar que las habilidades socioemocionales HEART queden claramente formuladas e incorporadas a las unidades didácticas?

En aras de facilitar la incorporación de las habilidades HEART al currículo escolar, he desarrollado un proceso que consta de tres pasos: en primer lugar, analizamos el esquema de las unidades didácticas desde la perspectiva del aprendizaje socioemocional; en segundo lugar, identificamos las habilidades HEART que los estudiantes precisarán para acceder a los contenidos, participar en las actividades y dominar el objetivo de aprendizaje; y, en tercer lugar, tratamos de encontrar formas de vincular los contenidos académicos con las habilidades HEART. Profundicemos, pues, en este proceso.

PASO 1.
ANALIZAR EL ESQUEMA DE LAS UNIDADES DIDÁCTICAS

Probablemente estés familiarizado con el concepto «planificación inversa» (*backward design*) para diseñar unidades de contenido y cursos. Con este enfoque pedagógico, el docente se plantea, desde un primer momento, los objetivos de aprendizaje de un curso y determina primeramente cómo evaluará a los alumnos, para luego sopesar cómo impartir los contenidos y qué actividades realizarán los estudiantes.[105] En este primer paso, atraviesas un proceso semejante, pues debes contemplar la planificación de las lecciones teniendo en cuenta las habilidades HEART y lo que ya conoces sobre la enseñanza eficaz. La estructura de una lección consta de cuatro elementos básicos:

1. **Objetivo.** El objetivo refleja el resultado que deseas obtener —esto es, aquello que esperas que tus alumnos hayan aprendido al término de la lección o unidad de estudio—. En muchos casos, este objetivo vendrá dictado por las normas del estado o país en el que ejerces la actividad docente y estará ligado a una esfera de contenido concreta (matemáticas, lengua, ciencias sociales, etc.). Me permito sugerirte que agregues un objetivo de aprendizaje socioemocional que apuntale los contenidos académicos, el cual podría guardar relación con una o varias habilidades del modelo HEART in Mind que desees que tus alumnos desarrollen conforme vayan afianzando las habilidades y los conocimientos académicos. Podrías, por ejemplo, decantarte por uno de los indicadores de dominio que hemos visto en el capítulo 5.

Lo suyo sería que compartas con los alumnos estos objetivos socioemocionales de la misma manera que compartes los objetivos académicos; de ese modo, los estudiantes sabrán a qué deberán prestar atención cuando trabajen con los contenidos y las distintas actividades que les propongas.

Echemos un vistazo a los siguientes ejemplos:

- Objetivo de carácter académico: los estudiantes deben ser capaces de describir cómo se desarrolla la trama de un relato y cómo responden o evolucionan los personajes (asignatura de lectura/lengua de sexto grado).

- Objetivo en materia de habilidades HEART: los alumnos deben ser capaces de explicar sus patrones de conducta y las cuestiones que desencadenan ciertas emociones y comportamientos («Elegir las respuestas», aprendiz estratégico).

- Objetivo de carácter académico: los estudiantes deben ser capaces de identificar otras formas de solucionar problemas complejos (asignatura de matemáticas).

- Objetivo en materia de habilidades HEART: los alumnos deben ser capaces de escuchar activamente y disentir de la opinión de los demás de manera constructiva («Reavivar las relaciones», principiante avanzado).

Indicadores:

- La lección cuenta con un objetivo académico y un objetivo o ámbito de interés de carácter socioemocional.
- Estos objetivos se comparten con los estudiantes.

2. Aliciente. El aliciente es algo que introduces al comienzo de una lección para captar la atención y el interés de los alumnos. Para ello, puedes plantear una pregunta provocativa, mostrar un vídeo inspirador o realizar una actividad breve. El aliciente es la forma que tiene el profesor de lograr que sus alumnos se impliquen más a nivel emocional en el proceso de aprendizaje, para que *deseen* ver y experimentar lo que les aguarda durante esa lección.

El aliciente debe guardar relación con los contenidos y las habilidades que impartirás o, cuando menos, fundamentarse en los intereses y experiencias personales de los estudiantes —pues el objetivo es generar un «entorno emocional» en el aula que esté armonizado con la lección—. Por ejemplo, si los alumnos van a redactar una anécdota personal, la actividad introductoria debe coadyuvar a llevar a cabo una labor de introspección y mantener un nivel de energía moderado; mientras que, si los estudiantes van a utilizar diferentes materiales para construir un prototipo, seguramente desees que el aliciente aumente su nivel de energía con vistas a que estén preparados para trabajar en grupos.

Indicadores:

- La unidad didáctica comienza con un aliciente dirigido a implicar a los estudiantes y captar su atención (una pregunta, un vídeo o una actividad breve).
- El aliciente establece vínculos con los contenidos y/o entre los alumnos.
- El aliciente genera un «entorno emocional» en el aula que está armonizado con la lección.

3. **Movilización.** Este apartado comprende tu mini lección y ofrece la oportunidad de que los estudiantes practiquen. Como su propio nombre indica, se trata de un momento en el que deseas que tus alumnos estén plenamente activos, y con sus mentes, manos y corazones completamente estimulados. Hay muchas cosas que puedes hacer para ser respetuoso con las diferencias culturales y mantener a los estudiantes comprometidos a nivel emocional y con su aprendizaje. Los siguientes indicadores, que hemos abordado a lo largo de este libro, son ejemplos de elementos importantes que deberían estar presentes en tus lecciones.

Indicadores:
- La lección incorpora el movimiento físico.
- La lección incorpora formas diferentes de brindar información (auditiva, visual, táctil, etc.).
- La lección se divide en partes e incluye actividades centradas en la atención o descansos para relajar el cerebro.
- Los estudiantes pueden elegir la forma en que muestran comprensión o realizan las tareas.

- Los materiales didácticos son respetuosos con las diferencias culturales y reflejan las identidades socioculturales de los alumnos.
- La lección aprovecha las rutinas del aula e incorpora asimismo novedades para mantener a los estudiantes comprometidos.

4. Consolidación. El filósofo estadounidense John Dewey —y una de las figuras más representativas de la pedagogía progresista en Estados Unidos— afirmó que no aprendemos de las experiencias, sino a partir de la reflexión que hacemos sobre las experiencias.[106] Reflexionar nos permite dar sentido a lo aprendido y, es de esperar, da pie a nuevas ideas e iniciativas. La consolidación es probablemente la parte más importante del proceso de aprendizaje y el aspecto que a menudo obviamos debido a las limitaciones de tiempo en clase. En esta etapa, los estudiantes dan sentido a lo aprendido al reflexionar sobre sus experiencias, cómo estas ratifican o ponen en tela de juicio lo que ya saben, y las formas en que pueden emplear las nuevas habilidades o conocimientos para conseguir sus objetivos personales y académicos. Este paso del proceso les prepara para adquirir nuevos conocimientos. Los ejercicios de consolidación variarán en función de los alumnos, el resultado que esperas obtener al impartir la lección y el tiempo del que dispones. Te ofrezco a continuación algunos ejemplos para que puedas empezar:

a) **Escribir un diario.** Los estudiantes (y educadores) pueden anotar actividades, pensamientos, sentimientos y preguntas en un diario individual o colectivo. En función de los aspectos en los que deseas que tus alumnos se centren durante los momentos de reflexión, puedes formularles preguntas concretas sobre lo que han aprendido ese día o plantearles preguntas más generales sobre su experiencia de aprendizaje y los aspectos que desean mejorar de cara al futuro. También pueden aprovechar ese momento para escribir sobre lo que les apetezca.

b) **Debate en grupo.** Hablar y escuchar son también formas de reflexionar y perfeccionar las habilidades socioemocionales HEART de los estudiantes. Puedes facilitar debates centrados en los contenidos y las habilidades que aprenden en clase o en cómo pretenden aplicarlos a otros proyectos en clase o fuera de ella. Estos espacios comunes pueden ayudar a los alumnos a dar sentido a su aprendizaje y al de los demás; asimismo proporcionan a los docentes información importante que pueden utilizar para modificar y distinguir las lecciones futuras. Un debate interesante podría, por ejemplo, iniciarse así:

Solía pensar que...
Ahora pienso que...

c) **Arte**. Es posible que algunos estudiantes prefieran expresar sus sentimientos o ideas visualmente, en lugar de hacerlo verbalmente o por escrito. Por ello, es importante que les brindes la oportunidad de dibujar, pintar o construir como fórmula que favorezca la reflexión sobre ellos mismos y su aprendizaje.

Indicadores:

- La lección incorpora tarjetas de salida, oportunidades comunes o preguntas que propicien la reflexión.
- La lección brinda la oportunidad de que los estudiantes vinculen su aprendizaje a la vida real.

OBJETIVO	La lección cuenta con un objetivo académico y un objetivo o ámbito de interés de carácter socioemocional.
	Estos objetivos se comparten con los estudiantes.
ALICIENTE	La unidad didáctica comienza con un aliciente dirigido a implicar a los estudiantes y captar su atención (una pregunta, un vídeo o una actividad breve).
	El aliciente establece vínculos con los contenidos y/o entre los alumnos.
	El aliciente genera un «entorno emocional» en el aula que está armonizado con la lección.
MOVILIZACIÓN	La lección incorpora el movimiento físico.
	La lección incorpora formas diferentes de brindar información (auditiva, visual, táctil, etc.).
	La lección se divide en partes e incluye actividades centradas en la atención o descansos para relajar el cerebro.
	Los estudiantes pueden elegir la forma en que muestran comprensión o realizan las tareas.
	Los materiales didácticos son respetuosos con las diferencias culturales y reflejan las identidades socioculturales de los alumnos.
	La lección aprovecha las rutinas del aula e incorpora asimismo novedades para mantener a los estudiantes comprometidos.
CONSOLIDACIÓN	La lección incorpora tarjetas de salida, oportunidades comunes o preguntas que propicien la reflexión.
	La lección brinda la oportunidad de que los estudiantes vinculen su aprendizaje a la vida real.

PASO 2.
IDENTIFICAR LAS HABILIDADES HEART QUE LOS ALUMNOS PRECISAN PARA ACCEDER A LOS CONTENIDOS, PARTICIPAR EN LAS ACTIVIDADES Y LOGRAR EL OBJETIVO DE APRENDIZAJE

En 2019 publiqué —de la mano del Learning Policy Institute— un estudio de caso sobre cómo brindar apoyo a los docentes en la enseñanza socioemocional.[107] Una de las profesoras de quinto grado que participó en el estudio explicó cómo, a mediados del primer semestre, se percató de que sus alumnos tenían serias dificultades para trabajar en equipo, lo cual menoscababa su capacidad de participar en actividades de índole científica que requerían que resumieran un artículo trabajando en grupo. El caso es que los estudiantes tenían dificultades para trabajar en equipo porque no se conocían bien. Con el fin de brindarles apoyo en su trabajo académico en equipo, la profesora puso en marcha una serie de actividades encaminadas a favorecer que los alumnos fraternizasen durante la reunión matutina y creó un sentimiento de comunidad mediante la realización de diferentes actividades dirigidas a fomentar el espíritu de equipo. Los estudiantes necesitaban apoyo complementario para desarrollar sus habilidades HEART (más concretamente con las habilidades «Aplicar empatía» y «Reavivar las relaciones»), a fin de poder participar plenamente en las actividades y lograr el objetivo de aprendizaje.

En este segundo paso se trata de que identifiques las habilidades HEART que los alumnos precisan para *acceder* a los contenidos, *participar* en las actividades y *lograr* el objetivo de aprendizaje. Una vez que tengas claro cuáles son esas habilidades, pondera en qué áreas podrían los estudiantes requerir de apoyo complementario:

- ¿Modificarías alguna de las actividades en función de las habilidades HEART actuales de los alumnos?
- ¿Añadirías algún apoyo pedagógico complementario?
- ¿Existe alguna habilidad HEART que no haya sido incorporada a la lección y que, por el contrario, debería haberse incorporado?
- En caso afirmativo, ¿cuándo y cómo podrías incorporarla?

Habilidades HEART

Honrar a las emociones

Elegir las respuestas

Aplicar empatía

Reavivar las relaciones

Transformar con un propósito

PASO 3.
LIGAR LOS CONTENIDOS A LAS HABILIDADES HEART

En los dos primeros pasos de la incorporación del modelo HEART in Mind al currículo escolar hemos analizado cómo las habilidades HEART pueden respaldar y mejorar el compromiso de los estudiantes con la lección y su dominio de los contenidos académicos. En este tercer paso, el proceso es inverso, es decir, nos fijamos en los propios contenidos y determinamos si existe algún vínculo que pueda establecerse con las habilidades HEART. Por ejemplo, puedes destacar las habilidades socioemocionales que identifiques (o la ausencia de ellas) cuando observéis a personas en las noticias, las redes sociales o en la propia comunidad. Imagínate que estáis leyendo el libro *Yo soy Malala*, que narra la desgarradora historia de Malala Yousfzai y su familia, desarraigada por el terrorismo mundial, y su lucha personal en pro de los derechos educativos de las niñas de todo el mundo. Cuando tus alumnos analicen el libro, sería oportuno que les preguntases:

- ¿Cuál es el sentir de Malala? («Honrar a las emociones»)
- ¿Qué alternativas tiene/tenía? («Elegir las respuestas»)
- ¿Cuál es su propósito? («Transformar con un propósito»)

Al destacar las competencias concretas de las que da muestras Malala, los alumnos empiezan a desarrollar la capacidad de reconocer estas importantes habilidades en otras personas. Si prestamos atención a esos elementos, transmitiremos un claro mensaje a los estudiantes: estas son habilidades a las que merece la pena prestar atención.

Otro ejemplo sería la resolución de problemas matemáticos en varios pasos, algo que a muchos alumnos les supone un gran esfuerzo. Antes de que dé comienzo la lección, sería buena idea que analizarais algunas de las reacciones emocionales a este tipo de problemas; en este sentido, puedes compartir con ellos tus propias experiencias (ya sean agradables o desagradables) y, con ello, ejemplificarás la habilidad «Honrar a las emociones» —si queremos que los estudiantes hablen abiertamente de sus sentimientos, debemos ser capaces de compartir los nuestros propios—. Posteriormente, podrías presentar (o repasar) algunas estrategias de introspección a las que los alumnos pueden recurrir si empiezan a sentirse frustrados o asustados, y reafirmar así la habilidad «Elegir las respuestas» —¿qué pueden decirse los estudiantes a sí mismos cuando se bloquean?—; para ello, los alumnos pueden intercambiar impresiones o tú mismo puedes proponerles algunas ideas. Entre las estrategias que favorecerán que los estudiantes vuelvan a participar en la tarea aplicando la habilidad «Elegir las respuestas» figuran: respirar hondo, releer el problema y descubrir lo que saben, o simplemente ir paso por paso.

La enseñanza con el modelo HEART in Mind mejora la calidad de la docencia. Al analizar el diseño de las lecciones, identificar aquellos aspectos en los que los alumnos requieren apoyo complementario para poner en práctica sus habilidades HEART y vincular los contenidos académicos a estas habilidades, los docentes pueden convertirse en profesionales de la incorporación del aprendizaje socioemocional al currículo escolar.

En base al trabajo realizado hasta ahora, sírvete de las indicaciones que se enumeran a continuación para reflexionar sobre tu clase y tu praxis pedagógica:

- ¿De qué modo estoy multiplicando las oportunidades de poner en práctica las habilidades HEART en mis lecciones?
- ¿Cómo apelo a las emociones e identidades socioculturales de los alumnos en mis clases?
- No veo la forma de vincular las habilidades HEART a esta lección. ¿Realmente vale la pena impartirla?

- ¿Cómo logro transmitir a mis estudiantes las habilidades HEART que resultan necesarias para alcanzar los objetivos académicos?
- ¿De qué manera preveo desarrollar las habilidades HEART necesarias para acceder a los contenidos académicos y participar en ellos?
- Cuando el rendimiento de los alumnos no es el esperado, ¿estoy teniendo en cuenta tanto las habilidades académicas como las habilidades HEART (o la ausencia de ellas) que pueden obstaculizar el aprendizaje?
- Cuando el desempeño de los alumnos no es el deseado, ¿cómo reflexiono sobre mi práctica pedagógica?
- ¿De qué forma estoy ayudando a los alumnos a desarrollar las habilidades HEART que son necesarias para conocerse y colaborar de manera satisfactoria?
- En clase, ¿cómo alimento la confianza e inculco un sentimiento de pertenencia?
- ¿Qué herramientas y estrategias estoy empleando para garantizar la seguridad física y emocional de los alumnos?
- ¿De qué manera ofrezco apoyos conductuales que propicien la participación y el crecimiento de los estudiantes?
- Cuando los alumnos necesitan hablar con un adulto, ¿cómo garantizo mi disposición y atención?

NOTAS AL PIE

105. Bowen, Ryan S. "Understanding by Design." Vanderbilt University Center for Teaching, 2017. https://cft.vanderbilt.edu/understanding-by-design/

106. Dewey, John. *Experience and Education*. New York: Free Press, 1997 (reimpresión).

107. Melnick, Hanna, and Lorea Martínez. "Preparing Teachers to Support Social and Emotional Learning." Learning Policy Institute. 21 de mayo de 2019. https://learningpolicyinstitute.org/product/social-and-emotional-learning-case-study-san-jose-state-report

Tercera Parte.

**EL EDUCADOR
CON CORAZÓN**

Trabajar con educadores es probablemente lo que más me satisface de mi trabajo. Los profesores con los que he trabajado están comprometidos con la causa, son grandes entusiastas y hacen gala de una extraordinaria valentía. Además, desean mejorar la calidad de su enseñanza porque se preocupan por el bienestar y éxito de sus alumnos, y están dispuestos a trabajar con el modelo HEART in Mind para analizar sus prácticas pedagógicas y ponerlas al servicio de la equidad. En verdad, son «un factor positivo» y los impulsores del cambio. Cada vez que trabajo con educadores, me reafirmo en que respaldar el crecimiento socioemocional de adultos, niños y jóvenes es lo más importante, pues conmueve los corazones de las personas y sus efectos son duraderos —de ahí que sienta que el tiempo que dedico a esta labor, es un tiempo bien empleado—.

Sin embargo, nuestros profesores no están bien y ello quedó de manifiesto en una encuesta realizada conjuntamente por el Yale Center for Emotional Intelligence y CASEL durante la crisis de la COVID-19, la cual reveló que *la ansiedad*, *el miedo*, *la preocupación*, *la angustia* y *la tristeza* fueron las cinco emociones más citadas entre los más de 5.000 docentes estadounidenses que participaron en la pesquisa.[108] Si estas emociones se prolongan en el tiempo, pueden repercutir de forma adversa en la salud mental de los profesores y contribuir al desgaste profesional durante y después de la pandemia.

La Dra. Kelly McGonigal —psicóloga, profesora en la Universidad de Stanford (California, EE. UU.) y autora del libro *The Upside of Stress*— sostiene que centrarse en las razones que motivaron a los docentes a dedicarse a esta profesión puede contribuir a mitigar estos sentimientos dolorosos y puede suponer un cierto alivio a la hora de superar estas situaciones inciertas que presentan grandes desafíos.[109]

Muchos maestros empiezan sus carreras profesando un profundo amor a la enseñanza y acariciando la esperanza de un futuro mejor; a menudo desean brindar a los niños oportunidades que ellos mismos no tuvieron cuando eran pequeños o consideran que han adquirido el compromiso de ayudar a aquellos en situación desfavorecida. Cuando cursaba mis estudios en el instituto en Cataluña, me ofrecí voluntaria para ayudar a inmigrantes norteafricanas recién llegadas. Sin tener previa experiencia docente, impartí clases de español en las que capacitaba a estas mujeres a leer y mantener conversaciones cotidianas. Conversábamos sobre sus tradiciones y las dificultades a las que se enfrentaban en su adaptación a un país nuevo con una cultura, un idioma y una religión diferentes; y, aunque estaban felices de estar allí, echaban de menos su país natal. Mis padres también habían emigrado desde el noreste de España a la ciudad donde crecí en Cataluña y evocaban esos mismos sentimientos —se sentían como si estuvieran entre dos sitios, sin estar plenamente en ninguno—. Esta experiencia me enseñó que mi familia y yo teníamos mucho en común con estas mujeres; compartíamos vivencias y sentimientos similares, a pesar de que las circunstancias eran otras. Lamentablemente, lo que me aportó conocer a estas mujeres y su experiencia, y el entusiasmo que ello desató en mí no era compartido por mis conciudadanos. Aumentaron las tensiones y el miedo entre los dos grupos (la gente local frente a las inmigrantes), incluso el odio hizo acto de presencia. Fue entonces cuando decidí dedicar mi vida a la enseñanza.

Y, en tu caso, ¿qué fue lo que te llevó a dedicarte a la docencia? ¿Qué fue lo que más te atrajo? Si queremos focalizar nuestra conversación sobre el educador «con corazón», que enseña con el modelo HEART in Mind y es capaz de enfrentarse a los desafíos de nuestros tiempos actuales, debemos abordar el propósito, esto es, la brújula que guía nuestros actos y las decisiones que tomamos, y la luz que nos permite seguir adelante cuando las cosas se ponen difíciles. Me gustaría invitarte a que reflexiones sobre estas dos cuestiones que te señalo a continuación (puedes anotar tus reflexiones en una hoja de papel o en un pósit si te resulta de utilidad).

- ¿Por qué me importa el trabajo que realizo?
- ¿De qué forma repercute mi trabajo en la vida de los demás?

La docencia (y el tiempo que pasamos en el aula) es agotadora, intrincada y estresante; a menudo el educador siente que está empujando una roca de enormes dimensiones, y ahí está, dándolo todo y empujando, pero la roca apenas se mueve. La crisis de la COVID-19 ha arrojado algo de luz sobre la necesidad imperiosa de atender las necesidades socioemocionales de los profesores, «admitiendo que van a sufrir indirectamente experiencias traumáticas».[110] Durante la pandemia, los profesores no sólo están padeciendo su propio trauma, sino que se ven asimismo forzados a asumir la presión adicional que supone brindar apoyo a los estudiantes que se han visto afectados por esta crisis mundial. Si bien queremos que los maestros cumplan su propósito, los sistemas educativos deben invertir en la creación de iniciativas de aprendizaje socioemocional sistémicas y sistemáticas que contemplen el respaldo a las habilidades HEART de los educadores y del personal que trabaja con niños y jóvenes. De lo contrario, seguiremos siendo testigos de la renuncia de unos 200.000 docentes, quienes cada año abandonan la profesión por culpa de las difíciles condiciones laborales, la falta de apoyo y la mala remuneración.[111]

No es de recibo pensar que las habilidades HEART de los adultos son un asunto a plantear o abordar una vez que estén en marcha los programas de aprendizaje socioemocional de las escuelas. El hecho está en que, a menos que brindemos apoyo a los adultos en el desarrollo de su capacidad socioemocional, los estudiantes y el entorno educativo se verán gravemente afectados.[112]

- **La competencia socioemocional de los docentes influye en la calidad de la relación entre profesor y alumno.** Es muy probable que los profesores tranquilos, positivos y satisfechos estén mejor preparados para tratar a los estudiantes con cariño y sensibilidad, incluso cuando éstos muestren problemas de comportamiento.

- **Los profesores ejemplifican —de forma voluntaria o involuntaria— estas habilidades.** Los maestros se enfrentan a situaciones estresantes todos los días, ¡y los estudiantes se dan cuenta! De hecho, aprenden de cómo sus profesores gestionan los conflictos o mantienen el control del aula, y si fomentan o no un ambiente sociable en clase.

- **La competencia socioemocional de los docentes influye en la organización y gestión del aula.** Los educadores deben mantener la calma, ser organizados y cultivar la confianza social si quieren gozar de una clase bien organizada que estimule la creatividad y fomente la autonomía de los alumnos.

Como es comprensible, es fundamental que los profesores practiquen sus habilidades HEART por dos razones esenciales: en primer lugar, para que puedan fomentar su fortaleza de carácter y proseguir a largo plazo con la labor que realizan y les apasiona; y, en segundo lugar, para que puedan ejemplificar e impartir estas habilidades a sus alumnos y convertirse en educadores más eficaces. Por lo general, esto no es algo que se consiga de la noche a la mañana; de la misma manera que los atletas deben practicar para mejorar sus aptitudes, los educadores también deben practicar *deliberadamente* para convertirse en maestros más eficaces y resilientes a largo plazo. La intención de los siguientes tres capítulos es precisamente brindarte ayuda con este proceso.

NOTAS AL PIE

108. Cipriano, Christina, and Marc Brackett. "Teachers are Anxious and Overwhelmed. They Need SEL Now More Than Ever." *EdSurge*. 7 de abril de 2020. https://www.edsurge.com/news/2020-04-07-teachers-are-anxious-and-overwhelmed-they-need-sel-now-more-than-ever

109. McGonigal, Kelly. *The Upside of Stress: Why Stress is Good For You, And How to Get Good at It*. New York: Avery, 2016.

110. Mader, Jackie. "As schools reopen, are teachers OK? COVID, stress, new rules, regulations and more add to anxiety." Northern Kentucky Tribune. 17 de agosto de 2020.

111. Podolsky, Anne, Tara Kini, Joseph Bishop, and Linda Darling-Hammond. "Solving the Teacher Shortage: How to Retain Excellent Educators." Learning Policy Institute. 15 de septiembre de 2016. https://learningpolicyinstitute.org/product/solving-teacher-shortage

112. Jones, Stephanie M., Suzanne M. Bouffard, and Richard Weissbourd. "Educators'social and emotional skills vital to learning." *Phi Delta Kappan*, no. 8 (Mayo de 2013). http://www.nationalresilienceresource.com/Education/Educators_social_and_emotional_skills.pdf

Capítulo 8.
Hazte oír

El aprendizaje socioemocional no sólo implica conocerse a sí mismo como educador, sino también saber enseñar e incorporar las habilidades HEART al aula. Cuando nosotros, los educadores, prestamos atención a nuestras emociones y elegimos las respuestas creamos el espacio necesario para tomar decisiones más conscientes que respalden el aprendizaje y crecimiento de los estudiantes.

En ocasiones, el análisis de nuestras habilidades HEART pone de relieve algunas perspectivas inesperadas que pueden ser difíciles de procesar. Permíteme aclararlo con un ejemplo. Conocí a Ángela cuando impartía un curso para aspirantes a directores en Nueva Orleans (Luisiana, EE. UU.). Después de trabajar un poco la alfabetización emocional y las relaciones, Ángela se percató de que, si bien era una maestra eficaz y los niños le tenían cariño, se esforzaba menos en forjar relaciones con los adultos, lo cual afectaba a su capacidad de ser percibida como un referente en la escuela. Ángela consiguió identificar el motivo, pero le costaba aceptar que tenía que «poner de su parte» para establecer relaciones positivas con los demás. En su caso, se trataba principalmente de admitir que los adultos también tenían sentimientos y crear el espacio necesario para que esas emociones pudieran manifestarse en la relación. En el fondo Ángela esperaba que cada adulto se reservara sus sentimientos para sí mismo, de modo que todos pudieran centrarse en el trabajo que tenían por delante. La realidad es que no podemos huir de nuestras emociones ni de las de los demás; de ahí la importancia de que Ángela aprendiera a ejercer la tolerancia ante la incomodidad que le producía que los demás manifestaran sus sentimientos.

Lo cierto es que le supuso un enorme esfuerzo que duró varias semanas y no fue sino hasta la última sesión que mantuvimos juntas cuando, por primera vez, pudo dar un paso adelante para poner en práctica otra forma de relacionarse con los demás. Ángela hizo gala de una enorme valentía al salir de su zona de confort e intentar adoptar comportamientos que le eran ajenos; pero el hecho está en que lo consiguió, pues adquirió una mayor conciencia de sí misma y de los demás, y ello incidió positivamente en su capacidad de forjar relaciones. Con el tiempo logró ser un referente por derecho propio gracias a este esfuerzo personal.

PONER EN PRÁCTICA EL MODELO HEART IN MIND

> «Nunca habría imaginado que mi experiencia con el curso de aprendizaje socioemocional pudiera ser tan profundamente transformadora, pero lo ha sido y, además, ha dejado una huella indeleble y perdurable en la forma en que vivo mi vida y me hago camino en el mundo».
>
> Docente de Nueva Orleans (Luisiana, EE. UU.)

Participar en este tipo de procesos requiere que los educadores sean valientes —es inevitable sentirse vulnerables al reconocer que no somos perfectos y admitir que hay margen de mejora en cuanto a nuestro sistema operativo—. La Dra. Brené Brown, autora y profesora investigadora de la Universidad de Houston (Texas, EE. UU.), afirma que: «La valentía empieza por asomarse y dejarse ver». Ese *asomarse* seguramente sea distinto para Ángela (mi antigua alumna), para los docentes con los que trabajas o para ti mismo. Las personas ponemos en práctica las habilidades HEART de manera diferente en función de nuestra identidad social, cultura, religión o vivencias; a menudo nos ponemos una careta, pues nos asusta que los demás vean nuestro verdadero yo. Como hemos visto, merece la pena identificar y prestar atención a este tipo de sentimientos para que podamos descubrir qué es lo que tememos y qué sucedería si no lo temiéramos.

¿Qué harías si no tuvieras miedo?

Tiffany, otra maestra, compañera de curso de Ángela, estaba pensando qué hacer después de terminar su formación administrativa y compartió la siguiente reflexión con la clase: «Me da miedo la incertidumbre y dudar del camino que esperaba recorrer, pero sé que el miedo significa que me importa muchísimo, no que sea una decisión equivocada».

Cuando prestamos atención a nuestras emociones, adquirimos nuevas perspectivas y conocimientos que no sólo nos permiten tomar decisiones más acertadas, sino que, en ocasiones, nos llevan por otros caminos que no creíamos posibles. Tiffany se embarcó en una formación administrativa con la idea de que, al finalizar, se convertiría en directora de escuela, pero según se acercaba la fecha de su graduación, se percató de que realmente estaba ponderando otras opciones. Aunque se sentía asustada, sabía que aprendería de ese sentimiento si le prestaba atención.

Cuando los docentes se implican en esta labor, con un equilibrio de apoyo y desafío, se sienten más satisfechos y en mejores condiciones para enfrentarse a los retos emocionales inherentes a la enseñanza. En los últimos años, una serie de intervenciones en materia de aprendizaje socioemocional basadas en la atención plena han demostrado excelentes resultados a la hora de fomentar el bienestar de los adultos sanos y reducir su nivel de estrés. [113] Por ejemplo, el programa Cultivating Awareness and Resilience in Education (CARE), desarrollado por la Dra. Tish Jennings y sus colegas, reveló una notable disminución de la angustia psicológica y las dolencias físicas de los docentes, así como un permanente y significativo aumento de la capacidad de gestión de las emociones y algunas aspectos de la atención plena.[114] Asimismo, los docentes que participaron en este estudio declararon haber mejorado su bienestar de forma constante, incluso un año después de que hubiera concluido el programa. Como reza la cita que consta al inicio de este apartado, esta labor deja una huella perdurable.

Cualquier docente puede adoptar medidas encaminadas a desarrollar su capacidad socioemocional, pero es preciso contar con el tipo de apoyo adecuado a fin de aumentar la eficacia de los educadores y preservar, a la larga, su bienestar. En ocasiones, los maestros podrán apreciar con nitidez qué habilidades HEART están infrautilizando y cuáles están empleando de manera efectiva. En la mayoría de los casos, los educadores requieren de aptitudes intrapersonales e interpersonales, un esfuerzo sostenido (mejorar la fortaleza a través de un ciclo de reflexión, acción y reflexión) y la colaboración de otras personas para poder desentrañar algunas de sus conductas adquiridas y empezar a adoptar nuevas prácticas.

¿Por dónde empezar? Como probablemente hayas observado, las habilidades HEART contemplan unos indicadores de dominio para la categoría de «Experto en ejercicio» (se refiere a las personas que cursan estudios superiores o universitarios y en adelante, con lo cual esta denominación abarca todos los adultos). Ser un experto en ejercicio significa que tenemos una base sólida para cada competencia y podemos emplear estas habilidades de forma continuada en nuestras diferentes comunidades personales y profesionales.

Honrar a las emociones

- Identifica cómo afectan las emociones a la toma de decisiones e interpreta su significado
- Valora cómo el hecho de que exprese sus emociones afecta a los demás y lo transmite adecuadamente
- Establece vías para emplear las emociones con el objetivo de lograr metas personales

Elegir las respuestas

- Adapta su comportamiento y sus emociones en función de los cambios que se producen en el entorno o en sus propios objetivos
- Emplea herramientas y estrategias para modificar patrones poco productivos
- Aporta soluciones alternativas a los problemas y mantiene el optimismo

Aplicar empatía

- Demuestra comprender que los demás pueden tener diferentes emociones y puntos de vista
- Demuestra conocer distintas formas de actuar y vivir con compasión
- Idea estrategias para fomentar la autocompasión en la vida cotidiana

Reavivar las relaciones

- Se vale de la comunicación asertiva para satisfacer las necesidades sin tener que incidir negativamente en los demás
- Examina la eficacia de las propias aptitudes para la solución de conflictos y planifica cómo mejorarlas
- Planifica, pone en marcha y lidera la participación en proyectos de grupo
- Desarrolla la competencia cultural y la humildad a fin de establecer relaciones constructivas

Transformar con un propósito

- Se sirve de sus intereses, valores y cualidades personales en beneficio de los demás
- Analiza las estructuras sociales, económicas y políticas que perpetúan las desigualdades y actúa en favor de su desmantelamiento
- Supervisa los progresos logrados en cuanto a la obtención de resultados equitativos y la capacidad de vivir una vida con propósito

El hecho de considerar estos 16 indicadores como un todo puede resultar abrumador y, tal vez, algo imposible de lograr en una sola vida. Es más pertinente verlo así: estos indicadores constituyen una forma de medir el nivel o grado en que pones en práctica una habilidad. Por ejemplo, quizá te des cuenta de que, en general, no eres especialmente compasivo contigo mismo (parece ser un mal frecuente entre los educadores); si es así y deseas mejorar, puedes empezar a trabajar en pro de este objetivo y adoptar una o dos estrategias que fomenten la autocompasión cuando tengas un mal día en clase o cometas un error. El paso que supone trabajar en aras de ese indicador es la práctica de las habilidades HEART; en ese proceso, probablemente emplearás y fortalecerás otras habilidades del modelo HEART in Mind, pues las mismas guardan relación y se complementan entre sí.

Otro aspecto a tener en cuenta al observar estos indicadores es reparar en cómo los acontecimientos de nuestra vida inciden en la forma y el grado en que empleamos las habilidades HEART. Si nos hallamos bajo una gran presión a causa de circunstancias imprevistas —tales como la enfermedad de un familiar, una transición laboral o el traslado a un nuevo estado o país—, nuestra capacidad de acceder a nuestras herramientas socioemocionales se verá afectada y nos resultará más difícil poner en práctica nuestras habilidades. Sin embargo, si te comprometes a desarrollar tus habilidades socioemocionales HEART y adoptas medidas sencillas encaminadas a ponerlas en práctica (por ejemplo, practicas la atención plena o *mindfulness* para tranquilizar el sistema nervioso), será más probable que mantengas la calma y la concentración, incluso en situaciones de estrés.

Si estás listo para comenzar, busca un lugar tranquilo y, con lápiz y papel en mano, responde a las siguientes preguntas:

1. Identifica un problema o una necesidad que tengas en tu vida personal o profesional y que desearías abordar. ¿Hay algo que guarde relación con esta cuestión que quisieras empezar a poner en práctica, mejorar o cambiar?

2. ¿Detectas alguna habilidad HEART que coadyuvaría en este proceso (es decir, alguna habilidad que ya domines?) ¿Algún indicador concreto? ¿Detectas alguna habilidad HEART que deberías desarrollar? ¿Algún indicador concreto?

3. Según tus respuestas a las preguntas anteriores, ¿cuáles son los pasos a seguir? ¿A quién puedes recurrir para que te brinde apoyo? ¿Qué recursos prevés utilizar?

4. ¿Cómo puedes saber si has resuelto el problema o abordado la necesidad? ¿Qué repercusión tendrá en ti y/o en los demás?

Poner en práctica las habilidades HEART no implica necesariamente introducir cambios radicales en nuestra forma de comportarnos o relacionarnos con los demás; a veces, simplemente la *conciencia* que adquirimos al prestar atención a estas habilidades es suficiente para conseguir grandes resultados. Hace unos años, uno de mis antiguos alumnos adultos se percató de que alimentaba pensamientos negativos siempre que se le presentaba una nueva tarea o actividad, incluso cuando la tarea parecía, a priori, divertida o interesante. Solía pensar que parecería un tonto o se sentiría avergonzado y no podía obviar los riesgos que entrañaba participar en la actividad o el tiempo que le llevaría aprenderla o ser capaz de realizarla. Estas reflexiones negativas le impedían disfrutar de las ventajas que supone hacer algo nuevo y no favorecían que quisiera participar en nuevas actividades. ¡Era un hombre de costumbres!

Tras participar en un curso de aprendizaje socioemocional, se dio cuenta del grado en que esos pensamientos negativos y emociones desagradables afectaban a su vida, por lo que decidió ponerle remedio y dar el primer paso: empezó a *prestar atención* a los momentos y el modo en que estas reflexiones negativas se sucedían. Desde fuera no se percibían grandes diferencias en su conducta —realmente parecía el mismo— y, sin embargo, cuando comenzó a ser consciente de los pensamientos y las emociones que le impedían implicarse plenamente en su trabajo y en su vida, consiguió controlarlos; y lo hizo, en primer lugar, reconociéndolos (esto es, evitando reprimirlos o ignorarlos) y, en segundo lugar, dejándolos de lado (es decir, no permitiendo que tomasen las riendas de sus actos). Aunque seguía habiendo momentos en los que decidía no participar en determinadas actividades nuevas, lo cierto es que logró adquirir una mayor sensación de control sobre sus decisiones y, cuando efectivamente decidía embarcarse en una nueva actividad, lograba realizarla y disfrutar de la experiencia.

Confío en que estas historias reales ilustren el efecto positivo que la práctica de las habilidades HEART puede ejercer en la vida personal y profesional de los adultos. Nunca es demasiado temprano o demasiado tarde para ponerlas en práctica en beneficio propio y de nuestros alumnos; cuando tenemos claro lo que significa desarrollar nuestra propia capacidad socioemocional, estamos en mejores condiciones de ayudar a los estudiantes a hacer lo propio. En el apéndice de este libro se facilita una autoevaluación de las habilidades HEART que te recomiendo que realices a fin de conocer tus puntos fuertes e identificar aquellas áreas en las que puedes crecer.

FACILITAR LA ENSEÑANZA EFICAZ DEL MODELO HEART IN MIND

Cuando eduques con el modelo HEART in Mind, la forma en que te prepares como orientador será un paso importante y necesario en el proceso de ejecución. Algunas de las conversaciones que mantendrás con tus alumnos versarán sobre temas espinosos tales como el racismo sistémico, la discriminación, la pobreza, la inseguridad alimentaria, y el trauma y el dolor que tantas familias y tantos educadores han sufrido durante la pandemia. Algunas de las actividades requerirán dejar en un segundo plano el resultado final para centrarse en el proceso de aprendizaje, mientras que en otras será preciso que ilustres una habilidad mediante una anécdota personal. Es del todo normal sentirse inseguro o incómodo la primera vez que se enseñan las habilidades HEART, pero con el tiempo ganarás confianza y encontrarás la forma de impartirlas con tu propio sello de identidad. No existe una «fórmula mágica» para enseñar estas habilidades, pero sí hay medidas que puedes adoptar para poner en marcha el modelo HEART in Mind de manera efectiva. Permíteme que, para explicarlo, recurra a una de mis tradiciones catalanas favoritas que está estrechamente ligada a las fiestas populares: *els castells*; se trata de torres humanas en las que intervienen varios grupos de personas que, con gran sincronía, van construyendo las distintas alturas subidos a los hombros, y son un verdadero ejemplo de solidaridad y espíritu de equipo.

Esta tradición, originaria de Tarragona, data de finales del siglo XVIII, cuando grupos rivales comenzaron a competir entre sí construyendo diferentes tipos de torres humanas. Como se puede apreciar en la imagen, un *castell* consta de varias partes:

- La *pinya* es la base horizontal de la construcción y el lugar donde se encuentra el grueso de las personas (denominadas *castellers*) que darán soporte al *castell*. La *pinya* tienen la doble función de estabilizar y apuntalar la estructura, y hacer las veces de cojín humano para amortiguar el impacto en caso de caída.
- El *tronc* es la estructura vertical que está formada por un determinado número de personas en cada nivel.
- Y en la parte superior encontramos la *canalla* (los chiquillos). El último *casteller* en subir a la cima de la torre es un niño o una niña que se conoce como *enxaneta* y que levanta una mano para saludar al público una vez que ha coronado el *castell*.

Para que esta torre humana ascienda, los *castellers* recurren a la «confianza relacional», que se fundamenta en cuatro ingredientes clave:

- **Técnica**: las personas que conforman la estructura horizontal deben posicionarse de una manera determinada a fin de sostener otros cuerpos sobre sus hombros sin perder el equilibrio, y esa manera determinada es entrelazando los brazos con los de la persona que tienen a su lado para mantener la estructura estable.
- **Fortaleza**: nos referimos tanto a la fortaleza física —a fin de poder sostener el peso de los demás *castellers*— como a la fortaleza emocional necesaria para gestionar el estrés cuando empiezan los temblores.
- **Trabajo en equipo**: para erigir la torre, los *castellers* tienen que ir todos a una y apoyarse mutuamente cuando se presenta alguna dificultad.

- **Práctica**: los *castells* no surgen de la nada; sus artífices, los equipos de *castellers*, invierten interminables horas en entrenar y practicar para poder construir sus hermosos y robustos *castells*.

Estas torres humanas sirven de convincente analogía para nuestra labor en materia de aprendizaje socioemocional en escuelas y aulas, y demuestran cómo los educadores pueden prepararse para llevar a cabo esta tarea. Para desarrollar las habilidades HEART de sus alumnos, los educadores deben consolidar la confianza relacional utilizando estos mismos cuatro ingredientes:

Técnica: debes adquirir fluidez en el dominio del modelo HEART in Mind —es decir, debes conocer las habilidades, estar familiarizado con los indicadores de dominio, saber cómo se perciben estas habilidades en la práctica y cómo ejemplificarlas para los estudiantes—. Asimismo, debes contar con recursos y materiales efectivos, como lo son las numerosas estrategias y actividades que se proponen en este libro.

Fortaleza: tendrás que armarte de fortaleza y valentía para superar los desafíos. Sabemos que introducir cambios nuevos no siempre es fácil, pero también somos conscientes de que de este proceso se pueden extraer enseñanzas valiosas. Recuerda que la valentía o el coraje no es la ausencia de miedo, sino precisamente nuestra capacidad de hacer algo que nos asusta. En este contexto, ser valiente significa ser abierto y franco con uno mismo, y actuar —incluso si nos sentimos inseguros o incómodos—. Para desarrollar tu fortaleza, elabora tu estrategia de aprendizaje socioemocional con el modelo HEART in Mind y practica las habilidades socioemocionales HEART todos los días. Cada interacción, ya sea con tu familia, tus alumnos o la cajera del supermercado, te brinda una magnífica oportunidad para emplear tus habilidades.

Trabajo en equipo: cuando compartimos nuestros logros y luchas con colegas, somos capaces de conseguir mucho más; a veces echamos una mano, y otras veces somos nosotros los que recibimos apoyo. Confío en que tengas colegas en tu colegio que puedan convertirse en tus compañeros de habilidades HEART. De hecho, mi sueño es que haya grupos de educadores que adopten el modelo HEART in Mind y trabajen de consuno para aplicar las estrategias propuestas, incorporando sus propias actividades y apoyándose mutuamente sobre la marcha. Si careces de colegas en el colegio o distrito en el que trabajas, recurre a la tecnología para conectarte con otros educadores con los que tengas afinidad de ideas —una opción podría ser el grupo de Facebook «HEART in Mind», pero hay otros muchos grupos virtuales relacionados con el aprendizaje socioemocional—.

Práctica: si queremos sentirnos cómodos con este tipo de aprendizaje y ser efectivos a la hora de enseñarlo a nuestros alumnos, necesitamos practicar e iterar. En ocasiones, para que una lección llegue a cumplir nuestro objetivo de aprendizaje, deberemos realizar varios intentos; no te desanimes ante esta certeza, de hecho, la práctica —aprender de lo que funciona y lo que no— es la herramienta que nos ayudará a bordar nuestro oficio y nos aportará recursos adicionales. ¡Lo difícil es empezar! Una vez que te hayas puesto manos a la obra, establece una rutina que te funcione y redunde en beneficio de los estudiantes.

Considera, por un momento, cómo estás impartiendo habilidades socioemocionales actualmente en tu clase y reflexiona sobre las siguientes preguntas:

- ¿Cuál de estos ingredientes que conforman la confianza relacional adoptas con mayor asiduidad?
- ¿Por qué es ese ingrediente importante para ti?
- Si decidieras trabajar en otro ingrediente, ¿cuál sería?
- ¿Qué repercusión tendría, en tu capacidad de facilitar la enseñanza del modelo HEART in Mind y en tus alumnos, el que fortalecieras ese otro ingrediente? ¿Cómo podrías valorar que da buenos resultados?

ALIMENTAR LA CURIOSIDAD EN VEZ DE LA CRÍTICA

Cuando los adultos practican las habilidades HEART y se preparan para enseñarlas en sus aulas, cambia la forma en que perciben a los alumnos y trabajan con ellos. He sido testigo de esta transformación en repetidas ocasiones:

los educadores pasan de un enfoque deficitario centrado en los problemas y las necesidades que no pueden abordar, a un planteamiento basado en los puntos fuertes y focalizado en apreciar las oportunidades y ventajas que esta labor aporta, y lo hacen valiéndose de las virtudes de sus alumnos y las suyas propias con la finalidad de educar a los estudiantes para que tengan un gran corazón. En este proceso, los profesores son más conscientes de hasta qué punto los modelos de pensamiento deficitario están arraigados en nuestros sistemas educativos y comienzan a crear vías para abandonar definitivamente esa mentalidad. Esta transformación sólo es posible si los educadores se implican en esta tarea con una mirada curiosa y una mente abierta, alejándose de los «no se puede» y «no se debe» y las mentalidades excesivamente críticas, para abrazar toda una gama de posibilidades.

NOTAS AL PIE

113. Jennings, Patricia A., Sebrina Doyle, Yoonkyung Oh, Damira Rasheed, Jennifer L. Frank, and Joshua L. Brown. "Long-term impacts of the CARE program on teachers' self-reported social and emotional competence and well-being." *Journal of School Psychology* 76 (Octubre de 2019): 186–202.

114. Schussler, Deborah L., Patricia A. Jennings, Jennifer E. Sharp, and Jennifer L. Frank. "Improving Teacher Awareness and Well-Being Through CARE: a Qualitative Analysis of the underlying Mechanisms." *Mindfulness* 7 (2016): 130–142.

Capítulo 9.
Aumentar la resiliencia

Muchos maestros recalan en esta profesión movidos por un profundo anhelo de mejorar las posibilidades de éxito de los estudiantes más desfavorecidos, compartir sus propias pasiones o generar experiencias que resulten atractivas a los niños. Con el tiempo, las condiciones laborales (jornadas interminables, falta de apoyo, carga emocional, prácticas discriminatorias y deficientes de carácter sistémico, etc.) terminan por pasarles factura y menoscabar su bienestar, así como su capacidad y deseo de ejercer la profesión durante muchos años. He trabajado con administradores y maestros de educación infantil, primaria, secundaria y preparatoria a lo largo y ancho de los Estados Unidos y he podido constatar que hay un patrón que se repite una y otra vez: hasta qué punto la docencia influye en el bienestar de los profesores y el escaso apoyo que reciben a la hora de adquirir aptitudes y utilizar estrategias para preservar ese bienestar.

En una sesión de formación, una maestra de secundaria me hizo la siguiente confidencia: «Cuando estoy trabajando en el colegio, lo doy todo y cuando llego a casa, estoy exhausta y no doy más de mí». También me confesó que invertía un mínimo de tres horas cada noche leyendo y respondiendo a correos electrónicos, corrigiendo exámenes y preparándose para el día siguiente. Sabía que esa situación era insostenible, pues estaba afectando a su relación matrimonial, pero no tenía ni la más remota idea de qué podía hacer al respecto. «Aparcar» sus obligaciones le haría sentir culpable y creía que no lograría ser una maestra eficaz si no dedicaba tiempo a las tareas escolares una vez en casa.

Lamentablemente, este ejemplo no es una excepción; son muchos los docentes conscientes de la necesidad de cuidarse a sí mismos, pero les supone un auténtico reto sacar tiempo para ellos, establecer límites o crear hábitos que promuevan su bienestar. Para que los maestros puedan prosperar en esta profesión, deben hacerse eco de aquella famosa instrucción que todo tripulante de cabina repite hasta la saciedad —«colóquese usted primero la máscara de oxígeno»— y fomentar su fortaleza de carácter. Los maestros que educan con reservas bajas de energía, terminan por agotarse y abandonar la profesión. Tenemos el deber moral de hacer algo al respecto y poner remedio.

Indicadores de desgaste profesional

- Agotamiento emocional: sentirse emocionalmente desbordado y agotado por el trabajo. Los docentes sienten que se agotan sus recursos emocionales.

- Despersonalización: respuestas impersonales o falta de sentimientos hacia estudiantes y colegas. Los educadores pueden abrigar desconfianza y tener una impresión deshumanizada de los demás.

- Menoscabo de la realización personal: sensación de incompetencia e infructuosidad en el trabajo. Es posible que los docentes perciban una imagen negativa de sí mismos y se sientan infelices e insatisfechos con sus logros.

Fuente: *Maslach Burnout Inventory,* Christina Maslach, Susan E. Jackson y Richard Schwab

Lo bueno es que los profesores pueden evitar el agotamiento y aumentar su fortaleza emocional si desarrollan su capacidad de aguante —esto es, la capacidad de resistir al estrés, afrontar los reveses y sortear los obstáculos—. Si bien es cierto que algunos escollos, como pueden ser el racismo sistémico, las disparidades en lo que respecta a la disciplina y la desigualdad en los resultados obtenidos por los alumnos, no pueden superarse de forma individual, los educadores resilientes son capaces de hacer gala de un alto grado de optimismo y centrar su atención en aquello que funciona bien, en lugar de únicamente ver trabas. Cuando los maestros prestan atención a sus emociones y los factores desencadenantes, están en mejores condiciones de hacer frente deliberadamente a situaciones difíciles y estresantes. En resumidas cuentas, la fortaleza de carácter significa seguir avanzando hacia nuestro objetivo a pesar de los desafíos diarios, ya sean éstos importantes o modestos.

Las habilidades HEART pueden favorecer que los docentes desarrollen estrategias efectivas para lidiar con situaciones estresantes y desarrollen su capacidad de recuperación, a fin de evitar el agotamiento y ejercer la profesión durante mucho más tiempo.

DESARROLLAR LA RESILIENCIA CON LAS HABILIDADES HEART

H: Honrar a las emociones

«¿Qué es lo que siento?»

Las emociones guían nuestra conducta y, si no las gestionamos, pueden llevarnos por un camino sinuoso —podemos volvernos reactivos, vivir en un continuo estado de estrés o sentir impotencia frente a nuestros estudiantes—. Las emociones son una inagotable fuente de información: nos indican cómo interpretamos los diversos estímulos que recibimos del mundo exterior y nos preparan para tomar decisiones y adoptar medidas. La identificación e interpretación de nuestras emociones son pasos importantes para fomentar nuestra fortaleza de carácter. Lo cierto es que, a menos que tengamos unas mínimas nociones de lo que sentimos y por qué lo sentimos, nos resultará difícil tomar decisiones conscientes sobre nuestro comportamiento.

El estrés, por ejemplo, denota tensión emocional o física; puede provenir de cualquier situación o pensamiento que nos cause frustración, preocupación o enfado. A decir verdad, el estrés es la forma que tiene nuestro cuerpo de reaccionar ante un desafío o un apuro.

Ahora, dedica un momento a recordar el estrés que sientes cuando estás trabajando en el colegio y reflexiona sobre las siguientes preguntas:

Presta atención: ¿dónde sientes el estrés? El estrés tiene manifestaciones físicas y emocionales (dolor de cabeza, irritabilidad, falta de sueño, reflexiones interiores negativas e incapacidad para concentrarse). ¿Cómo te está afectando el estrés?

Reflexiona: ¿qué situaciones, circunstancias o personas te causan estrés? Anota tus reflexiones en una hoja de papel y asígnales una «E» si deseas «erradicar» esos factores causantes de estrés; una «M» si, por el contrario, deseas «moderar» esos factores desencadenantes, o una «L» en el caso de que consideres que lo propio sería «lidiar» con ellos:

- ***«E» de erradicar.*** Se trata de elementos a los que probablemente no necesites aferrarte. Por ejemplo, si estás inundado de interminables listas de tareas pendientes, encuentra voluntarios en el ámbito escolar (estudiantes o sus familias) que te ayuden con aquellas labores que puedes delegar en ellos. Tal vez no las lleven a cabo de la misma forma que tú lo harías, pero al menos podrás tacharlas de la lista.

- ***«M» de moderar.*** Moderar la intensidad del estrés es, a veces, una solución más viable que erradicarla por completo. Aquí entraría en juego, por ejemplo, modificar tu rutina matutina o vespertina para aprovechar mejor el tiempo.

- ***«L» de lidiar.*** En algunos casos, lidiar con la situación será la única opción y tendrás que explotar tu capacidad de resolver problemas.

¿Qué opciones tienes, dada la situación? ¿Puedes observar el factor de perturbación desde otra perspectiva? ¿Quién puede ayudarte?

Decide: ¿qué puedes hacer en tu vida para mitigar y/o controlar el estrés y los factores que lo causan? ¿Detectas al menos una propuesta de esta lista que puedas poner en práctica a día de hoy?

- **Céntrate en las relaciones:** encuentra a alguien de tu red de contactos que pueda ayudarte.
- **Recurre a tu sentido del humor:** ¡ríete!
- **Ejercicio:** encuentra una actividad física que te active. Decántate por una que puedas incorporar a tu vida cotidiana, pero sé *realista*.
- **Resérvate un momento para comprobar cómo te sientes:** a menudo dedicamos un momento a comprobar la experiencia emocional de nuestros estudiantes (por ejemplo, en la reunión matutina) y de nuestros colegas, y ¿nosotros mismos? ¿Has reparado en cómo te sientes hoy?
- **Fomenta tu independencia:** aléjate de personas y situaciones tóxicas.
- **Sintoniza con tus objetivos a largo plazo:** ¿qué finalidad tiene hacer lo que haces? ¿Qué es lo que te da fuerzas para seguir adelante?

Este sencillo proceso puede contribuir a que honres a tus emociones —lo cual consigues al prestar atención a tu nivel de estrés y reflexionar sobre los factores que lo causan— para, después, reconocer tus alternativas y decidir de qué manera puedes gestionar mejor el estrés.

E: Elegir las respuestas

«¿Qué opciones tengo?»

Los seres humanos exhibimos patrones de conducta que nos permiten desenvolvernos en la vida cotidiana con relativa facilidad (desplazarnos al trabajo, cepillarnos los dientes o hacernos un café) y sin tener que reparar, de forma consciente, en cada uno de los pasos que damos. Así es como nuestro cerebro demuestra su eficiencia: apenas gasta energía, pues puede proceder casi de forma automática. Sin embargo, estos patrones de conducta no siempre son útiles; a menudo reaccionamos de forma automática ante situaciones estresantes, sin darnos tiempo para procesar nuestros sentimientos y sopesar la mejor manera de proceder. Todos mostramos conductas poco productivas que parecen hacer acto de presencia justamente cuando andamos cansados, estresados o distraídos. No es que nos lo propongamos deliberadamente y digamos: «Hoy, cuando se reúna el claustro para presentar el nuevo plan de estudios de la asignatura de matemáticas, voy a estar especialmente pendenciero y respondón». Es algo que simplemente sucede, ¿a que sí? O eso es, al menos, lo que sentimos. No obstante, podrás elegir responder de forma diferente ante esa situación si eres capaz de sintonizar contigo mismo y reconocer tus emociones.

Al hacerlo, es posible que te des cuenta de que lo que realmente sucede es que te asusta ese nuevo plan de estudios o que te duele no haber formado parte del comité que ha tomado la decisión. El origen de tu comportamiento puede no tener nada que ver con el plan de estudios en sí, sino con las emociones que se desprenden. Una vez que logres identificar lo que sientes, puedes darte tiempo y espacio para sopesar tus opciones antes de tomar una decisión. Pero, ahí radica el quid de la cuestión: solo podemos elegir si somos conscientes de nuestras alternativas. Si, para ti, ponerte en plan pendenciero y respondón cuando estás asustado o herido es un patrón de conducta, es muy probable que no veas otras alternativas. Aquí entra en juego, como hemos comentado anteriormente, la segunda habilidad socioemocional del modelo HEART in Mind, esto es, «Elegir las respuestas».

En el ámbito de la resiliencia, «Elegir las respuestas» significa ser capaz de observar tus conductas cuando te sientes abrumado o estresado por la carga emocional inherente a la enseñanza. ¿Dirías que esas conductas favorecen tu bienestar? ¿De qué manera crees que tus conductas repercuten en los demás? Si percibes que no son productivas, ni para ti ni para quienes te rodean, crea una vía alternativa eligiendo otro tipo de respuesta.

En esa reunión del claustro, una opción podría ser que identificaras tus emociones y dijeras: «Estoy inquieto porque tengo la sensación de que este plan es muy apresurado», pero también podrías respirar hondo varias veces para tranquilizar tu sistema nervioso —ello te ayudará a tolerar mejor la incomodidad que te generan esos sentimientos—; después de lo cual, podrías pedir aclaraciones sobre cuestiones relacionadas con el plan, en lugar de discutir. Abandonar patrones de conducta arraigados puede ser una tarea harto difícil, pero vale la pena el esfuerzo. Cuando caes en la cuenta de que tus emociones no tienen por qué guiar tus reacciones, disfrutas de una mayor libertad y control sobre tu vida.

«Elegir las respuestas» también significa decidir en qué centrar tu atención. Cuando estamos estresados, muchos tendemos a prestar más atención a los aspectos negativos de nuestra vida —podemos, por ejemplo, rememorar una conversación tensa que hayamos mantenido con un alumno y olvidarnos de los progresos que ha hecho la clase en la asignatura de lengua—. Esto tiene una explicación científica: los científicos creen que tenemos una tendencia innata a la negatividad, es decir, que nuestros cerebros perciben, reaccionan y recuerdan los sucesos negativos más que los positivos. Esto se debe a que nuestros antepasados debían protegerse de los depredadores y otros peligros que les acechaban, y eludir la amenaza tendría, literalmente, consecuencias fatales. En opinión del psicólogo Dr. Rick Hanson, el cerebro actúa como el velcro, en el caso de las experiencias negativas, y como el teflón, en el caso de las positivas. La tendencia a la negatividad se manifiesta de muchas formas:

- En una relación, normalmente se necesitan cinco buenas interacciones para compensar una única mala interacción.

- La gente se esforzará más por evitar perder 100 € que por ganar la misma suma.
- Las experiencias dolorosas son más fáciles de recordar que las placenteras.[115]

Esta tendencia implícita a la negatividad alimenta muchas de nuestras emociones desagradables —preocupación, tristeza, ira, inutilidad— bloqueando los mecanismos que nos permiten apreciar todo lo bueno que nos rodea. No obstante, es alentador saber que no tienes por qué aceptar este sesgo; si eliges centrar tu atención en las cosas positivas que suceden a tu alrededor, podrás contrarrestar la tendencia de tu cerebro a la negatividad. Cuando somos capaces de apreciar todo lo bueno que nos rodea, nos volvemos más resilientes y capaces de valorar, en toda su plenitud, el don de la vida.

Cuando ponemos en práctica la habilidad «Elegir las respuestas», empezamos por preguntarnos: «¿Qué opciones tengo?» Y esta cuestión no sólo guarda relación con las medidas que podríamos adoptar, sino también con nuestros patrones de pensamiento y las emociones que sentimos. Podemos alterar el desenlace de muchas situaciones cotidianas en clase (y en casa) si somos capaces de darnos el tiempo y el espacio necesarios para sopesar nuestras alternativas antes de proceder. El Dr. Daniel J. Siegel lo expresa así: «Llevar a nuestros pensamientos y sentimientos al terreno de la conciencia nos permite aprender de ellos en lugar de dejarnos arrastrar por ellos»[116]

A: Aplicar empatía

«¿Qué sienten los demás?»
«¿Qué le dirías a un amigo que se encontrara en esta misma situación?»

Cuando trabajaba con estudiantes neurodiversos, no era extraño que las reuniones con las familias transcurrieran no sin ciertas complicaciones; muchas de estas reuniones se convocaban al detectar por primera vez en el alumno alguna necesidad especial. En algunos casos, los progenitores manifestaban su malestar y ponían en tela de juicio el resultado de la evaluación, alegando que «los exámenes eran tendenciosos», «no proporcionaban suficiente información» o «el evaluador ni siquiera conocía a su hijo». En otros casos, las familias estaban en desacuerdo con el nivel de apoyo especializado integrado en el programa educativo del niño. Durante estas tensas reuniones, si no reparaba en cómo se sentían esos progenitores, corría el riesgo de erigirme en juez. Por el contrario, si me tomaba la molestia de confraternizar y entender su situación, y consideraba las diversas emociones que podrían estar albergando, exhibía más compasión y afloraban las ganas de colaborar con ellos para ayudarles a superar el mal trago. La empatía nos ayuda a sintonizar con los demás a un nivel más profundo.

Sin embargo, no siempre es fácil mostrar empatía; a menudo estamos tan inmersos en la situación, que nos resulta francamente difícil verla desde el punto de vista de la otra persona. Repasamos reiteradamente *nuestra* versión de los hechos y justificamos nuestros actos. Nos encanta tener razón, ¿verdad que sí? De ahí que sea tan importante mostrar empatía en nuestra vida cotidiana; cuando ignoramos o socavamos las perspectivas de los demás, perdemos información relevante. Recuerda que las emociones de los demás son también muy reales y es fundamental validarlas, incluso si estamos disconformes con ellas. En consecuencia, cuando te halles en una situación estresante o compleja, pregúntate: «¿Qué sienten los demás?» Trata de sintonizar con esas emociones y observa cómo percibes entonces el problema. En todo caso, dispondrás de más información para progresar.

La otra cara de la empatía, como ya hemos comentado, es la empatía hacia uno mismo. Encuentro que este es un verdadero reto para los educadores. Por alguna razón, existe el convencimiento común de que los profesores son máquinas humanas que pueden soportar cualquier grado de estrés, trauma indirecto o condiciones de trabajo deficientes y, aun así, ser un ejemplo perfecto para los niños que están educando. Muchos docentes han interiorizado esta idea y creen que no están poniendo todo de su parte para respaldar el crecimiento y desarrollo de los niños. Aquí entra en juego la autocompasión.

La autocompasión no es una forma de complacencia, sino la capacidad de tener en cuenta a la persona (es decir, tú) que está sufriendo, y de ser amable y bondadoso con ella. Cuando las cosas no marchan bien, es normal preguntarse por qué somos el objeto de esas situaciones difíciles y, por desgracia, a menudo creemos que somos los únicos a los que les pasan cosas malas. La autocompasión nos ayuda a sacar provecho de los aspectos humanos que todos compartimos y a reconocer que todas las personas experimentan emociones difíciles en múltiples ocasiones a lo largo de la vida.

Recuerdo sentirme muy sola cuando me trasladé por primera vez a Estados Unidos. Mi nivel de inglés no era precisamente alto y me veía incapaz de interactuar con otras personas; tenía que habérmelas con la barrera del idioma y sentía que no podía ser yo misma. Las primeras semanas transcurrieron compadeciéndome y convenciéndome de que jamás lograría encajar. Fue entonces cuando resolví apuntarme a clases de conversación en una escuela local para adultos. Ahí conocí a gente de muchos países —entre ellos, Rusia, México, China, India y Japón— y descubrí que no era la única que se sentía incompetente, todos estábamos en el mismo barco.

Fue una experiencia profundamente sanadora; forjé amistades que perduraron y pude corregir esa sensación de soledad. Sintonizar con los problemas de los demás me permitió ejercer la autocompasión y superar mejor esos desafíos. La Dra. Kristin Neff, investigadora y experta en la materia, nos recuerda que la autocompasión no es otro enfoque de la autoayuda, sino una estrategia basada en la investigación que respalda el bienestar emocional y fomenta un planteamiento de la vida más feliz y esperanzador.[117]

Cuando te halles en una situación difícil, pregúntate: «¿Qué le dirías a un amigo que se encontrara en esta misma situación?» Probablemente le dedicarías unas palabras de aliento, tal vez le invitarías a hacer algo divertido juntos o posiblemente le darías un abrazo. El hecho de plantearnos esta pregunta práctica nos permite dispensarnos la misma bondad y compasión que profesaríamos a los demás. No debemos olvidar que nosotros mismos también somos merecedores de esa bondad y compasión.

R: Reavivar las relaciones

«¿Cuáles son mis vínculos y fuentes de fortaleza?»

Aunque podamos creer que la resiliencia es un esfuerzo individual, en realidad se trata de un esfuerzo colectivo. Los investigadores han constatado que poseer estrechos vínculos personales contribuye a la capacidad de darle sentido a la vida. A su vez, tener un propósito y vivir una vida con sentido fomenta la fortaleza de carácter de las personas y las protege frente a los efectos perniciosos que comportan los cambios vitales trascendentales. [118]Así pues, contar con redes de apoyo sólido es crucial para que los educadores desarrollen la capacidad de superar los desafíos de forma saludable.

Algunas escuelas están haciendo un gran trabajo creando estructuras que fomenten vínculos sólidos entre los maestros. Así, en algunos centros educativos, las reuniones del claustro suponen una magnífica oportunidad para que los docentes se relacionen, tengan un conocimiento más profundo los unos de los otros, y reciban ayuda y apoyo ante situaciones difíciles. En un instituto de enseñanza secundaria del Valle de San Fernando (California, EE. UU.) en el que realicé un estudio monográfico, las reuniones del claustro siempre daban comienzo con una ronda de agradecimientos; en ella, los profesores dedicaban unos minutos a reconocer los méritos de algún colega o poner en valor alguna iniciativa que alguno de ellos estuviera llevando a cabo. Este tipo de actividad consolida la confianza en las relaciones y reafirma el espíritu de camaradería y el sentimiento de pertenencia entre el personal, dado que pone el acento en los aportes positivos de los maestros entre sí y a la comunidad escolar, al tiempo que crea un espacio para que los profesores se sientan apreciados y valorados.

Si tu colegio no ha implantado ninguna estructura que propicie las relaciones entre los docentes, entonces prima aún más, si cabe, la necesidad de que crees ese espacio para ti. La autora Elena Aguilar recomienda estimular hábitos que favorezcan el establecimiento de relaciones al comienzo del curso escolar, a fin de que los educadores puedan forjar vínculos sólidos con sus colegas y recurrir a ellos cuando surjan dificultades.[119] Hay multitud de oportunidades para que los maestros puedan fraternizar con sus colegas y aprender más sobre su vida fuera del aula; a continuación señalaremos algunos ejemplos a este respecto:

- Celebrar los cumpleaños
- Asistir a acontecimientos de carácter social
- Programar quedadas semanales o quincenales
- Formar parte de un comité
- Colaborar en la planificación de las lecciones
- Recabar y ofrecer sugerencias y comentarios
- Pedir ayuda
- Coeducar o fusionar aulas para determinados eventos

Al margen de estas propuestas, también puedes dar pasos más modestos —por ejemplo, almorzar en la sala de profesores en lugar de hacerlo en tu despacho—. El objetivo no es sobrecargar aún más tu ya de por sí amplia lista de tareas, sino abrir oportunidades para sintonizar con otros adultos durante la jornada.

Esto es igualmente válido para tus relaciones fuera del ámbito escolar. Si la enseñanza te hace sentir abrumado y emocionalmente agotado, las relaciones sociales positivas pueden ser un factor de protección (te ayudarán a mantener una mejor salud física y emocional, y te brindarán momentos felices). No importa cuánto hayan demostrado las investigaciones los numerosos beneficios que aporta el cultivo de relaciones positivas, a menudo tenemos la sensación de que dedicarles tiempo nos distrae y aleja de nuestras tareas docentes —si no me crees, simplemente recuerda cuántas veces has dudado de si visitar a un familiar o amigo porque tenías que corregir exámenes o planificar la semana—. Pero nada más lejos de la realidad, las relaciones respaldan nuestra eficacia como docentes, pues nos permiten lidiar con las dificultades y ejercer la profesión durante mucho más tiempo. Una pregunta práctica que puedes plantearte, y que te ayudará a estimular hábitos que favorezcan el establecimiento de relaciones, sería: «¿Cuáles son mis vínculos y fuentes de fortaleza?» Una pregunta elocuente donde las haya, que te obliga a fijarte en aquellas personas que te colman de gozo, risas y apoyo en la vida. Cultivar esas relaciones garantizará que vivas una vida más resiliente.

T: Transformar con un propósito

«¿Cuál es mi verdadero objetivo?»

Hace unos años, acepté colaborar en la organización de una «Jornada de aprendizaje socioemocional» en un colegio local. A pesar de que el equipo organizador no parecía tener una dirección clara, acepté de todos modos porque creí que podría serles útil. Conforme el equipo iba tomando decisiones sobre el evento, mi frustración iba en aumento, pues consideraba que había otras formas mejores de presentar la información, implicar a los participantes o seleccionar a los ponentes. Dado que lo último que deseaba era enfrentarme al grupo y confrontar sus decisiones, terminé por perder el interés y desvincularme de la iniciativa. Según se acercaba la fecha señalada para el evento, caí en la cuenta de que había olvidado la razón por la que, en primera instancia, había aceptado respaldar la iniciativa: deseaba prestar mi apoyo al grupo en un tema que no sólo era importante para ellos, sino que estaba asimismo en sintonía con los valores que yo misma propugnaba. Mi propósito no era crear el evento «perfecto» *según* mi criterio, sino brindar apoyo a ese grupo de personas. Cuando tomé conciencia de que lo prioritario era el grupo y su causa, y no yo, mis sentimientos cambiaron; de repente me sentí emocionada y orgullosa del trabajo que se había realizado hasta el momento. Al final, el evento fue un éxito rotundo. Aunque mis sentimientos iniciales eran válidos, había centrado mi atención en lo que no correspondía; estar tan pendiente del resultado había hecho que obviara el valor del proceso. Reconsiderar mi propósito me permitió apreciar la situación desde otro punto de vista y transformar mis emociones, pensamientos y actos; me recordó ineludiblemente lo que de verdad importaba en esa situación.

Como hemos comentado, la última habilidad del modelo HEART in Mind, esto es «Transformar con un propósito», guía nuestros actos cotidianos. Tener claro cuáles son nuestras intenciones y objetivos nos permite sortear los retos sin perder de vista lo que realmente importa. Sin embargo, es fundamental recordar que se trata de una práctica deliberada (no es algo que suceda *así por las buenas*). Requiere que (re)consideremos nuestro propósito de forma consciente y comprobemos si nuestros intereses, valores o aptitudes personales han variado con el paso del tiempo; y, si lo han hecho, debemos ponderar lo que ello significa para nosotros y nuestro trabajo. A veces, la necesidad de reconsiderar nuestro propósito se debe a que nos vemos atrapados en diferentes situaciones —tratando de controlar la situación o demostrar que tenemos razón— y eludimos nuestras verdaderas intenciones (como me pasó a mí cuando traté de colaborar en la organización de la jornada dedicada al aprendizaje socioemocional).

En el ámbito de la resiliencia, transformar con un propósito significa ser fieles a nuestras intenciones para tomar decisiones más acertadas y fundamentadas, y sortear los inevitables contratiempos. Una forma práctica de abordar esta cuestión es plantearse la pregunta: «¿Cuál es mi verdadero objetivo?»; a ella podemos recurrir tanto ante problemas nimios —por ejemplo, una discusión con un colega o un alumno— o ante mayores incertidumbres, como pueden ser sopesar asumir una función dirigente o cambiar de colegio. Al formularnos esta pregunta, tratamos de llegar al núcleo de la cuestión, viendo más allá de las interferencias y los pormenores que enturbian nuestra visión de las cosas. Reconocer el auténtico valor de lo que sucede y traer a la palestra nuestro propósito es todo un proceso.

Participar en este proceso nos permite ser sensatos, estar dotados de recursos y mantener el control de nuestras decisiones; pero también nos ayuda a estar abiertos a las experiencias que nos depare la vida y preparados para afrontarlas, sean cuales sean.

Fomentar la fortaleza de carácter del educador a través de cinco preguntas que se enmarcan en el modelo HEART in Mind:

H	¿Qué es lo que siento?
E	¿Qué opciones tengo?
A	¿Qué sienten los demás? ¿Qué le dirías a un amigo que se encontrara en esta misma situación?
R	¿Cuáles son mis vínculos y fuentes de fortaleza?
T	¿Cuál es mi verdadero objetivo?

NOTAS AL PIE

115. Bergeisen, Michael. "The Neuroscience of Happiness." *Greater Good* Magazine. September 22, 2010. https://greatergood.berkeley.edu/article/item/the_neuroscience_of_happiness

116. Siegel, D. J. Mindsight: *The new science of personal transformation.* New York: Bantam, 2010.

117. Neff, Kristen. *Self-Compassion: The Proven Power of Being Kind to Yourself*. New York: William Morrow Paperbacks, 2015.

118. Machielse, A. "Social Isolation, Meaning-in-Life, and Resilience." *Innovation in Aging*, 2, 2018: 25

119. Aguilar, Elena. *Onward: Cultivating Emotional Resilience in Educators*. Hoboken, NJ: John Wiley & Sons, 2018.

Capítulo 10.
Hacer el trabajo que de verdad importa

«Los dos días más importantes de tu vida son el día en que naces y el día en que sabes por qué».
—Mark Twain

A lo largo de los años he tenido ocasión de conocer a un gran número de educadores inspiradores, firmemente comprometidos con sus comunidades y con un ferviente anhelo de mejorar las posibilidades de éxito de los niños no atendidos por el sistema educativo. He conocido, además, a profesores de estudiantes de clase media y alta seriamente preocupados por el creciente nivel de ansiedad y estrés que atenaza a los jóvenes, que albergan la esperanza de educarles para que desarrollen hábitos saludables que les permitan gestionar el estrés, y que tratan de ser una fuente de inspiración en aras de que sus alumnos disfruten aprendiendo. Con independencia de las asignaturas que impartan o dónde lo hagan, los educadores generalmente recalan en la docencia con un claro sentido de su finalidad.

Sin embargo, con el tiempo, los maestros se desmotivan y cuestionan el valor de su labor o el efecto que ejercen en sus alumnos. Es posible que sepas de lo que estoy hablando porque tú mismo lo hayas vivido (o haya visto a tus colegas atravesar momentos difíciles similares) y hayas llegado a dudar de la razón que te indujo a dedicarte a la enseñanza. No te atormentes; no sólo es normal que te lo preguntes, sino, incluso, saludable. El que reconsideres el «porqué» —es decir, la finalidad— de tu labor, fortalece tu compromiso y te permite avanzar, incluso cuando debas enfrentarte a situaciones delicadas. De ahí que cobre especial importancia retomar la cuestión del propósito, esto es, ¿por qué me importa el trabajo que realizo?

Esta pregunta propicia que los educadores otorguen prioridad a su labor cuando deban lidiar con los conflictos de prelación o las interminables listas de tareas pendientes. ¿Qué sucedería si te concedieras permiso para establecer el orden de prioridad en función del trabajo que estimas más importante para ti —en calidad de educador— y para tus alumnos?

El propósito común del claustro de un instituto de enseñanza secundaria del californiano Valle de San Fernando (EE. UU.) es crear una escuela «digna de sus propios hijos». Su programa de enseñanza, praxis pedagógica y sistema de apoyo reflejan este propósito. Les mueve el firme compromiso de crear un entorno de aprendizaje en el que sus propios hijos puedan prosperar el día de mañana; una escuela en la que los alumnos estarían orgullosos de matricular a sus propios hijos. No sólo han elevado el listón de calidad, sino que los propios docentes se rinden cuentas mutuamente a la hora de mantener este compromiso en primer plano cuando toman decisiones relativas al programa. Este claro propósito motiva a los profesores a tomar decisiones de manera deliberada y elegir dar lo mejor de sí mismos como educadores todos los días, sin excepción.

Las escuelas que valoran y desarrollan las habilidades HEART de sus adultos saben que, el hecho de favorecer que los maestros sintonicen con su propósito, redunda en beneficio de la comunidad de educandos, al tiempo que propicia que sea sana y esté más comprometida. Esta es la razón por la que, en el marco de sus iniciativas en materia de aprendizaje socioemocional, cada vez más escuelas incorporan el modelo HEART in Mind con la finalidad de fomentar el crecimiento socioemocional de su personal docente. Si tu escuela no está entre ellas, puedes, no obstante, adoptar medidas para que tu propósito sea el principio rector de tu estrategia docente, al tiempo que creas aulas dignas de tus propios hijos.

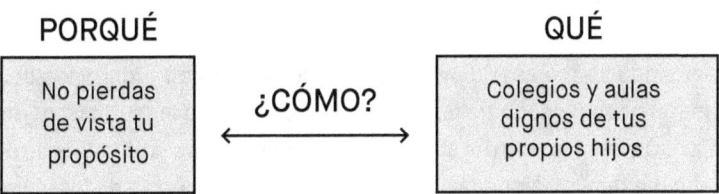

Ser un educador con corazón supone estar centrado en hacer el trabajo que de verdad importa; ello significa no perder de vista tu propósito —tu porqué— con la finalidad de crear colegios y aulas dignos de tus propios hijos. Hay tres elementos que coadyuvan a avanzar en la consecución de este noble objetivo: articular tu filosofía de la enseñanza, reafirmar tu postura y liderar desde el corazón. Eso es hacer el trabajo que de verdad importa, lo demás son tonterías.

ARTICULAR TU FILOSOFÍA DE LA ENSEÑANZA

Los maestros deben poder formular los marcos, principios y valores que sustentan su enseñanza, pues ello permite a los educadores dejar constancia de cómo toman decisiones en el aula y por qué esas decisiones son provechosas para los estudiantes. En el estudio *Preparing Teachers to Support Social Emotional Learning* («Formar a los docentes para que respalden el aprendizaje socioemocional»), que abordé junto a mi colega Hanna Melnick del Learning Policy Institute, analizamos cómo los formadores del profesorado de la Universidad Estatal de San José (California, EE. UU.) incorporaron el aprendizaje socioemocional a sus cursos.[120] Una de mis actividades favoritas del curso de gestión del aula era la que preveía la creación de una carpeta para el profesor suplente; se pidió a los futuros docentes que escribieran una carta dirigida a un maestro sustituto que pudiera tener que tomar el relevo de su clase en un momento dado. La carta en cuestión debía incluir las normas y los procedimientos del aula, así como la filosofía de la enseñanza del candidato a maestro. La carpeta debía asimismo incluir un mapa del aula, en el que los futuros docentes debían explicar cómo los distintos modelos de distribución del aula respaldaban los diferentes tipos de aprendizaje (por ejemplo, el trabajo individual o en grupo).

Esta actividad se me antojó un recurso excelente para ayudar a los docentes a formular su filosofía de la enseñanza y ajustarla a las rutinas, normas y organización del espacio del aula. En este sentido, si los profesores se preocupan de manera apasionada por fomentar la independencia de los alumnos, las rutinas de clase y el espacio físico deberían reflejar esta circunstancia; igualmente, si los educadores creen en el empleo del arte como instrumento para analizar cuestiones de identidad, deberían poder apreciarlo en los trabajos de los estudiantes.

Merece la pena hacer el ejercicio de crear una carta para un posible maestro suplente; así pues, con bolígrafo y papel en mano, describe tu filosofía de la enseñanza, las normas y rutinas del aula, y las expectativas de los alumnos. Sírvete de viñetas o dibujos si ello te ayuda a expresarte mejor. Una vez que hayas terminado, tómate un momento para reflexionar sobre estas cuestiones:

- ¿Cómo se ajusta tu filosofía de la enseñanza a tus normas y rutinas?
- ¿Consideras que de algún modo no están en sintonía? ¿Cómo?
- ¿Qué has aprendido de este ejercicio?
- ¿Hay algún cambio que desearías introducir en base a este ejercicio?

Es bastante habitual encontrar educadores que no son plenamente fieles a su filosofía de la enseñanza, bien porque creen que hay demasiados impedimentos para poner en práctica sus ideas en su actual centro educativo, bien porque no les compensa enfrentarse a la administración. También es posible que los docentes no estén seguros de cómo aplicar su filosofía de la enseñanza al tiempo que mantienen el control de sus aulas. Si este es tu caso, enfócalo con curiosidad:

- Me pregunto qué es lo que se interpone en el camino de la aplicación de mi filosofía de la enseñanza.
- Me pregunto cómo mis habilidades socioemocionales HEART pueden ayudarme a avanzar hacia mi filosofía de la enseñanza.

Hacer este tipo de reflexiones te permitirá tener presente y dar prioridad a las cosas que estimas importantes para ti —en calidad de educador—, así como para el crecimiento y desarrollo de tus alumnos.

REAFIRMAR TU POSTURA

Nunca olvidaré la primera vez que vi la película *El club de los poetas muertos*; me asombró la capacidad del profesor de literatura de transmitir a sus alumnos su pasión por la poesía y su deseo de conseguir que sus vidas fueran extraordinarias. El profesor —de nombre John Keating y encarnado por el actor Robin Williams— empleaba métodos de enseñanza poco ortodoxos para el internado elitista y conservador en el que enseñaba. Sin duda, hacía falta tener valor para impartir una asignatura que amaba y hacerlo de tal modo que dejase una huella indeleble en sus alumnos.

Yo tuve la grandísima suerte de tener un maestro como John Keating: mi profesor de ciencias sociales del instituto. Él me enseñó a amar la historia y me animó a profundizar en temas que me cautivaran; fue quien alimentó mi pasión por el aprendizaje. Además, no tenía miedo de probar cosas nuevas en clase: nos permitía presentarnos a exámenes en pareja, impartía lecciones al aire libre e hacíamos salidas para entrevistar a la gente local. Sabía cómo darle vida a sus contenidos y se esforzaba por conectar con todos los estudiantes de su clase.

¿Qué se necesitaría para que todos los profesores transmitieran a sus alumnos la pasión por aprender? En mi opinión, se necesita coraje. Como hemos señalado anteriormente, el coraje no es la ausencia de miedo, sino precisamente nuestra capacidad de hacer algo que nos asusta. Su raíz latina —esto es, «cor»— significa corazón, y en sus formas más tempranas, el término «coraje» significaba «decir lo que uno piensa y decirlo desde el corazón». Si juntamos estas dos definiciones, podemos afirmar que ser valiente, valeroso o corajudo significa actuar desde el corazón, incluso cuando tenemos miedo.

En el contexto de la enseñanza, ser valiente podría significar ceder el control a fin de facultar a nuestros estudiantes para que tomen decisiones o se formen opiniones de forma autónoma; podría significar también centrarse en el proceso de aprendizaje —con todo lo que conlleva—, en lugar de en el resultado final; y, por añadidura, podría significar analizar nuestros propios privilegios y prejuicios. Pero sobre todo, ser valiente significa reafirmar tu postura para hacer el trabajo que de verdad importa: no el trabajo que otros te hayan señalado que debe hacerse en base a tal reglamento o tal otra norma, sino el trabajo que sabes que es pertinente y necesario a fin de brindar a los alumnos la oportunidad real de crecer y prosperar.

La enseñanza es un acto de valentía, pues nos obliga a escuchar las opiniones —algunas internas, otras externas— que cuestionan, critican, socavan o bloquean nuestro mejor trabajo. Nuestros estudiantes bien merecen que sorteemos las trabas que se interponen en el camino de una enseñanza de la máxima calidad y venzamos el miedo que nos infunde desconocer a dónde llegaremos una vez que hayamos emprendido la marcha. Si queremos hacer el trabajo que de verdad importa, no podemos partir de la complacencia o la desesperación, sino del coraje, la confianza y la esperanza.

LIDERAR DESDE EL CORAZÓN

Las personas que lideran desde el corazón fomentan el sentimiento de pertenencia, la confianza y el compromiso en el seno de sus equipos, y ello permite a cada individuo dar lo mejor de sí mismo para obtener excelentes resultados.[121] Estos líderes no tienen por qué ser forzosamente aquellos que ostenten un cargo que les acredite como tales (director, superintendente, etc.), sino aquellas personas que están consagradas a incentivar a los demás a que sueñen más, hagan más y aprendan más.

Ha llegado la hora de que los educadores se vean a sí mismos como líderes, no sólo de sus alumnos, sino también de los adultos con los que trabajan. No es infrecuente que los profesores especulen con el efecto que provocan en sus estudiantes, pero es posible que no adviertan la influencia positiva que pueden ejercer en sus colegas u otros adultos del ámbito escolar. No se trata de qué cargo ostentas en la escuela, sino de cómo empleas tus habilidades HEART, cumples tu propósito y reafirmas tu postura. Cuando los profesores se perciben como líderes en esta tarea, son capaces de atraer a otros maestros que comulguen con esa visión a fin de que, juntos, puedan lograr realizar una labor que redunde en beneficio de los alumnos.

En este sentido, las investigaciones en materia de implementación del aprendizaje socioemocional son tajantes: cuando se trata de impartir habilidades socioemocionales a los estudiantes, un enfoque para todo el sistema escolar es la táctica más eficaz.[122] Con todo, no es necesario que esperes a que la dirección o superintendencia de tu centro educativo se ponga las pilas; tú mismo puedes ser fuente de inspiración para los demás si compartes tu propia praxis, respaldas los intentos de otros profesores y aunáis esfuerzos como comunidad de aprendizaje.

Cuando lideras desde el corazón, te vales de tus puntos fuertes para motivar a los demás, con el objeto de que aporten su granito de arena en pro del crecimiento y desarrollo de los alumnos. Si bien no existe una fórmula mágica para ejercer un gran liderazgo, los líderes eficaces consolidan su capacidad de dirección en base a los siguientes principios:[123]

- Predicar con el ejemplo. Adoptas y practicas tus habilidades HEART con regularidad. Tienes claro cuál es tu propósito y filosofía de la enseñanza, y, en consecuencia, reafirmas tu postura.

- Liderar con confianza. Compartes tus conocimientos y sabiduría con los demás, al tiempo que recabas sugerencias y comentarios. Estás constantemente aprendiendo de ti y de cómo incorporar el modelo HEART in Mind a tu escuela.
- Liderar con humildad. Reconoces tus puntos débiles y errores. Buscas orientación y apoyo, al tiempo que denotas confianza —incluso cuando pides ayuda—.
- Liderar con integridad. Eres honesto y muestras un constante cumplimiento de los principios y valores morales y éticos sólidos. Son precisamente estos valores los que guían tus acciones cotidianas, incluso cuando te ves en la tesitura de tomar decisiones difíciles.

Michael Fullan —autor, conferenciante y autoridad en reforma educativa y liderazgo a nivel mundial—, analiza cómo el liderato inevitablemente implica tratar de introducir cambios significativos. En el caso del aprendizaje socioemocional, al igual que sucede con otras iniciativas escolares, será difícil efectuar estas modificaciones sin que previamente se hayan producido cambios en las actitudes individuales.[124] Centrarnos en las habilidades HEART coadyuva a articular cómo y por qué podemos cambiar nuestras actitudes individuales y, a su vez, favorecer que otros hagan lo propio.

A lo largo de este libro, hemos tenido ocasión de analizar varios conceptos (los factores desencadenantes de emociones, la empatía, la importancia de la escucha activa, el valor del propósito, etc.) que pueden ayudar al profesorado y la administración a estudiar estos cambios a través de un lenguaje y un marco común. Si aprovechamos nuestras habilidades HEART para liderar el cambio, podremos brindar apoyo no sólo a nosotros mismos, sino también a los demás en aras de abandonar los juicios de valor, los reproches y las quejas, para abrazarnos a la curiosidad, el compromiso y la responsabilidad.

Cuando los actores de la comunidad de aprendizaje establecen este compromiso común, se crean magníficas oportunidades para que los niños, y los adultos que trabajan con ellos, congenien, compartan y den lo mejor de sí mismos.

NOTAS AL PIE

120. Melnick, Hanna, and Lorea Martínez. "Preparing Teachers to Support Social and Emotional Learning." Learning Policy Institute. 21 de mayo de 2019. https://learningpolicyinstitute.org/product/social-and-emotional-learning-case-study-san-jose-state-report

121. Freedman, Joshua. *At The Heart of Leadership: How to Get Results with Emotional Intelligence.* Six Seconds, 2012.

122. Durlak, Joseph A., Celine E. Domitrovich, Roger P. Weissberg, and Thomas P. Gullotta, eds. *Handbook of Social Emotional Learning: Research and Practice.* New York, NY: Guilford Press, 2016

123. Daskal, Lolly. *The Leadership Gap: What Gets Between You and Your Greatness.* New York: Portfolio, 2017.

124. Fullan, Michael. *Leadership & Sustainability: System Thinkers in Action.* Thousand Oaks, CA: Corwin, 2004.

Cuarta parte.

**PEDAGOGÍA
CON CORAZÓN**

Capítulo 11.
La enseñanza y el aprendizaje con el modelo HEART in Mind

En un mundo en rápida evolución, los niños no sólo deben saber álgebra y conocer las consecuencias económicas de la Segunda Guerra Mundial, precisan también de herramientas que les permitan adaptarse, enfrentarse al fracaso y la decepción, y encarar el trabajo en equipo. Elegir entre las actividades académicas y el aprendizaje socioemocional es una falsa dicotomía, pues los estudiantes deben estar académicamente formados y socioemocionalmente preparados. El aprendizaje socioemocional, con la aplicación práctica del modelo HEART in Mind, tiene el potencial de crear aulas donde los estudiantes pueden sentirse profundamente comprometidos con los contenidos académicos, además de aprender y valorar a sus compañeros de clase, y contribuir al desarrollo de sus comunidades. El aprendizaje socioemocional no es una moda pasajera en el marco de la reforma educativa, sino un nuevo paradigma en la enseñanza y el aprendizaje, y una herramienta primordial para desarrollar comunidades prósperas y educar a nuestros alumnos para que sean ciudadanos solidarios y comprometidos.

La enseñanza con el modelo HEART in Mind se fundamenta en la premisa de que no sólo es posible, sino también imperativo ayudar a los docentes a implantar prácticas que abarquen todas las facetas del alumno e integren su desarrollo cognitivo y socioemocional. El modelo HEART in Mind ofrece a los educadores un marco para la enseñanza y práctica de las habilidades socioemocionales que les permite asimismo analizar y perfeccionar su estrategia docente desde el prisma del aprendizaje socioemocional. Cuando los maestros participan en este proceso, están en mejores condiciones de comprender a los alumnos y comunicarse con ellos, se sienten facultados para «detener la clase» en un momento dado si creen conveniente abordar los problemas del aula, y disponen de más instrumentos para atender las necesidades de los estudiantes.[125] Mediante la aplicación de las herramientas y estrategias que hemos analizado en este libro, los docentes pueden desarrollar su fortaleza de carácter y la de sus alumnos, de modo que todos podamos actuar de consuno para vencer los grandes desafíos de nuestra época —entre ellos, el racismo sistémico, las desiguales repercusiones de una pandemia y la mentalidad deficiente de nuestro sistema educativo—. Con todo, para obtener resultados positivos es preciso que el profesorado esté dispuesto a hacer una cosa: intentarlo.

LA PRÁCTICA ES PRIMORDIAL

Los hallazgos de mi tesis doctoral pusieron de manifiesto que la *experiencia* de la enseñanza socioemocional influye positivamente en la visión pedagógica de los profesores respecto al aprendizaje socioemocional; dado que, cuando éstos ponen en marcha de forma continuada programas y prácticas de aprendizaje socioemocional, desarrollan su pedagogía en este ámbito y fortalecen su compromiso con todas las facetas del alumno.

Igualmente, cuando en el proceso de aplicación adoptan una mentalidad de «aprender sobre la marcha», logran verse a sí mismos como aprendices, dan paso a la colaboración entre el profesorado y están en mejores condiciones de brindarse apoyo mutuo cuando surja algún reto.

LOS DESAFÍOS PUEDEN SER PRODUCTIVOS

Me atrevo a aseverar que, cuando adoptes el modelo HEART in Mind en tu clase y escuela, te verás en la tesitura de tener que sortear barreras y obstáculos de carácter interno (sentirse inseguro, no lograr destinar tiempo de clase para el aprendizaje socioemocional, tener dificultades para modificar los hábitos, etc.) o externo (falta de recursos, apoyo administrativo o compromiso del personal); y, en este sentido, quiero tranquilizarte y asegurarte que será del todo normal.

Lo importante es ser consciente de que las dificultades no tienen por qué ser factores decisivos a la hora de aplicar el aprendizaje socioemocional; de hecho, algunas de ellas pueden coadyuvar a fortalecer la visión, unir a las personas o planificar mejor el futuro. En consecuencia, es fundamental que aceptes que las dificultades son pasos necesarios del proceso.

- *Limitaciones de tiempo.* El tiempo es un recurso muy preciado en el ámbito escolar; parece que nunca disponemos de tiempo suficiente para hacer todo lo que desearíamos y se nos exige. En el contexto del aprendizaje socioemocional, a los docentes puede resultarles difícil incorporar la enseñanza explícita de las habilidades HEART a su programa diario, o respetar su alcance y secuencia.

  Consejos: si bien puede antojársete más fácil saltarte la lección de aprendizaje socioemocional cuando vas rezagado con la enseñanza de otras unidades académicas, lo cierto es que ayudar a los estudiantes a desarrollar estas habilidades y crear un entorno cohesivo en el aula respaldará el aprendizaje de otras habilidades y contenidos. Si necesitas más tiempo, puedes omitir una o dos actividades, pero no prescindas por completo del tiempo destinado al aprendizaje socioemocional.

- *Necesidad de otorgar un trato diferencial.* Independientemente de lo bien que emplees las estrategias propuestas en este libro o las lecciones que tú mismo crees, probablemente tendrás que concretarlas y modificarlas según las necesidades de los estudiantes.

Consejos: acepta la necesidad de otorgar un trato diferencial como un proceso continuo. Cuando empieces tu enseñanza socioemocional, es posible que te resulte difícil concretar cada actividad, pero con el tiempo aprenderás qué encaja bien con tu postura, con las necesidades de tus alumnos y con el entorno del aula.

- *La importancia del desarrollo profesional.* Para realizar esta labor de manera efectiva, los profesores precisan de apoyo para desarrollar sus habilidades HEART y adoptar prácticas de aprendizaje socioemocional en su clase.

Consejos: incorpora la enseñanza del modelo HEART in Mind a tu escuela en el marco de media jornada o una jornada completa de formación, o únete al foro en línea de la comunidad para plantear dudas, compartir recursos y celebrar los éxitos. La tecnología ha facilitado enormemente la creación, por parte del profesorado, de comunidades de aprendizaje virtuales. Dispones de numerosos recursos en la página web www.loreamartinez.com.

EMPIEZA POR TI

Hay muchas formas de educar con el modelo HEART in Mind (empezando por ti), entre ellas, practicar y ejemplificar estas importantes habilidades, hacerlas extensivas a tus alumnos, y crear un ambiente de aprendizaje comprensivo, de confianza y equitativo. Habrá días en los que sientas que apenas has avanzado, pero —so pena de sonar reiterativa— ello forma parte del proceso. Si esto sucede, empieza de nuevo; paso por paso, avanzando gradualmente en tu propia educación y creando una comunidad en la que niños y jóvenes puedan prosperar y estar preparados para el futuro.

Si bien es cierto que existen numerosas iniciativas escolares cuyo objetivo es enseñar a los estudiantes las habilidades necesarias para, el día de mañana, acceder a la universidad y ejercer una profesión, el aprendizaje socioemocional es la única que pretende educar a niños y jóvenes para que encuentren la fortaleza interior que impulse su propio aprendizaje y les permita dar lo mejor de sí mismos. Adoptar las habilidades HEART es importante porque requiere que las personas que trabajan con niños sean plenamente humanas y pongan asimismo en valor las cualidades humanas de nuestros niños y jóvenes.

Si queremos mejorar las posibilidades de éxito de los niños, debemos decantarnos por una elección distinta. Te invito, sin reservas y de todo corazón, a emprender conmigo esta labor con coraje y confianza para crear un futuro mejor para nosotros y nuestros hijos. Tienes en tu mano la solución y el poder, ¡elige pues educar con el modelo HEART in Mind!

NOTAS AL PIE

125. Martínez, Lorea. "Teachers' Voices on Social Emotional Learning: Identifying the conditions that make implementation possible." *International Journal of Emotional Education*, 8, no.2 (Noviembre de 2016).

APÉNDICE

ALCANCE Y SECUENCIA DE LAS HABILIDADES DEL MODELO HEART IN MIND

Puedes descargarte esta herramienta en la página web: www.loreamartinez.com/espanol.

Honrar a las emociones

PRINCIPIANTE	PRINCIPIANTE AVANZADO	APRENDIZ ESTRATÉGICO	NUEVO EXPERTO	EXPERTO EN EJERCICIO
Emplea diversas palabras para identificar emociones.	Describe una variedad de emociones.	Reconoce los distintos grados de intensidad de sus emociones.	Analiza los factores que suscitan emociones difíciles, como pueden ser el estrés o el miedo.	Identifica cómo afectan las emociones a la toma de decisiones e interpreta su significado.
Vincula sus sentimientos a las sensaciones corporales.	Identifica las razones que explican sus emociones.	Identifica la complejidad y el significado de los sentimientos.	Establece vías para interpretar y expresar las emociones.	Valora cómo el hecho de que exprese sus emociones afecta a los demás y lo transmite adecuadamente.
Describe cómo las emociones están relacionadas con el comportamiento	Expresa su sentir a los demás.	Demuestra saber cómo y cuándo expresar los sentimientos adecuadamente.	Aplica estrategias para hacer un uso eficiente de las emociones.	Establece vías para emplear las emociones con el objetivo de lograr metas personales.

Elegir las respuestas

PRINCIPIANTE	PRINCIPIANTE AVANZADO	APRENDIZ ESTRATÉGICO	NUEVO EXPERTO	EXPERTO EN EJERCICIO
Identifica herramientas que le permitan lidiar con las emociones intensas.	Recurre a las herramientas de autogestión para gestionar sus emociones.	Sabe gestionar el comportamiento y las emociones para seguir prestando atención y mantener la concentración.	Demuestra su capacidad de gestionar la conducta y las emociones para no perder de vista sus propios objetivos.	Adapta su comportamiento y sus emociones en función de los cambios que se producen en el entorno o en sus propios objetivos.
Describe patrones de conducta.	Reconoce sus reacciones típicas ante situaciones cotidianas.	Explica sus propios patrones de conducta y aquello que desencadena determinadas emociones y comportamientos.	Prevé patrones de conducta y se sirve de herramientas para modificar actitudes poco productivas.	Emplea herramientas y estrategias para modificar patrones poco productivos.
Identifica los retos que se afrontan en situaciones cotidianas.	Demuestra su capacidad de análisis ante situaciones difíciles.	Analiza por qué consiguió alcanzar (o no) un objetivo.	Identifica el papel que juegan la actitud y las reflexiones internas en la consecución del éxito.	Aporta soluciones alternativas a los problemas y mantiene el optimismo.
		Pone en práctica su capacidad de análisis ante situaciones cotidianas.	Utiliza estrategias para hacer frente a diversas situaciones de estrés.	

Aplicar empatía

PRINCIPIANTE	PRINCIPIANTE AVANZADO	APRENDIZ ESTRATÉGICO	NUEVO EXPERTO	EXPERTO EN EJERCICIO
Describe cómo se sienten los demás en función de sus expresiones faciales y corporales.	Describe los sentimientos y perspectivas expresados por los demás.	Predice los sentimientos y las perspectivas de los demás y argumenta los motivos.	Analiza las similitudes y diferencias entre las propias emociones y perspectivas y las de los demás.	Demuestra comprender que los demás pueden tener diferentes emociones y puntos de vista.
Admite que otros puedan sentir emociones diferentes a las de uno mismo en situaciones similares.	Identifica sus propios sentimientos cuando otros se hallan en situaciones difíciles.	Analiza de qué forma el comportamiento propio puede afectar a los demás.	Encuentra distintas formas de actuar con compasión en el seno de la comunidad.	Demuestra conocer distintas formas de actuar y vivir con compasión.
Distingue entre la introspección positiva y negativa.	Identifica la introspección negativa en situaciones cotidianas.	Identifica y explica cómo las reflexiones interiores negativas pueden afectar al rendimiento y bienestar.	Aplica estrategias para replantearse la introspección negativa.	Idea estrategias para fomentar la autocompasión en la vida cotidiana.

Reavivar las relaciones

PRINCIPIANTE	PRINCIPIANTE AVANZADO	APRENDIZ ESTRATÉGICO	NUEVO EXPERTO	EXPERTO EN EJERCICIO
Expresa sus necesidades y deseos, se turna y presta atención cuando los demás hablan.	Emplea técnicas para escuchar activamente y disiente de la opinión de los demás de forma constructiva.	Analiza el poder que tienen las propias palabras para herir y/o brindar apoyo a los demás.	Estudia las estrategias de comunicación efectivas y las emplea según sus necesidades personales y el contexto.	Se vale de la comunicación asertiva para satisfacer las necesidades sin tener que incidir negativamente en los demás.
Identifica conflictos que habitualmente se dan con los compañeros, así como formas de resolverlos.	Describe las causas y consecuencias de los conflictos y aplica algunas estrategias para resolverlos.	Define la presión insana que pueden ejercer sus condiscípulos y se sirve de habilidades para resolver los conflictos interpersonales.	Razona cómo las aptitudes para la solución de conflictos contribuyen al trabajo colaborativo y las emplea de manera efectiva.	Examina la eficacia de las propias aptitudes para la solución de conflictos y planifica cómo mejorarlas.
Contribuye a los proyectos de grupo.	Analiza otras formas de trabajar en diversos grupos de manera eficaz.	Demuestra poseer habilidades sociales cuando trabaja en grupo.	Evalúa sus propias aportaciones a los grupos, en calidad de miembro y líder, desde la óptica racial.	Planifica, pone en marcha y lidera la participación en proyectos de grupo.
Entiende y aprecia la diversidad.	Detecta las diferencias en la comprensión de las normas culturales.	Desarrolla una conciencia ante los aspectos culturales cuando establece relaciones.	Analiza la influencia del poder y los privilegios en la dinámica social.	Desarrolla la competencia cultural y la humildad a fin de establecer relaciones constructivas.

Transformar con un propósito

PRINCIPIANTE	PRINCIPIANTE AVANZADO	APRENDIZ ESTRATÉGICO	NUEVO EXPERTO	EXPERTO EN EJERCICIO
Describe sus gustos, aversiones y las cosas que son importantes.	Describe sus intereses, habilidades y valores personales.	Analiza cómo los intereses y valores personales influyen en el comportamiento y rendimiento.	Encuentra maneras útiles de valerse de las propias cualidades, intereses y aptitudes personales en beneficio de los demás.	Se sirve de sus intereses, valores y cualidades personales en beneficio de los demás.
Identifica las ventajas, los problemas y las necesidades de la escuela y la comunidad.	Estudia las ventajas de la comunidad e identifica los problemas, así como las posibles soluciones.	Identifica las ventajas y los problemas de la comunidad local y global, así como sus causas subyacentes.	Valora la incidencia de los problemas sistémicos en los resultados académicos, sociales y económicos.	Analiza las estructuras sociales, económicas y políticas que perpetúan las desigualdades y actúa en favor de su desmantelamiento
Determina los pasos a seguir para abordar los problemas y las necesidades de la comunidad.	Desempeña un papel que contribuye a mejorar la escuela o la comunidad.	Colabora con los miembros de la comunidad al objeto de abordar los problemas de la comunidad.	Cocrea planes para abordar los problemas de la comunidad junto con sus miembros, valiéndose de las cualidades personales.	Supervisa los progresos logrados en cuanto a la obtención de resultados equitativos y la capacidad de vivir una vida con propósito.

AUTOEVALUACIÓN DE LAS HABILIDADES HEART DE LOS ADULTOS

Esta herramienta está diseñada para fomentar la autorreflexión y, como tal, su objetivo es que identifiques las áreas en las que pones en práctica tus habilidades socioemocionales HEART y valores si son tus puntos fuertes. Cuando reflexiones sobre los resultados, podrás identificar habilidades que no estás poniendo en práctica de manera suficientemente deliberada. ¿Suponen, tal vez, un reto para ti? Si es así, plantéate elegir una o dos cuestiones en las que desearías trabajar. Luego, enumera una o dos cosas que esté en tu mano realizar para comenzar a hacer gala de esa habilidad.

Honrar a las emociones

	CASI NUNCA	DE VEZ EN CUANDO	A MENUDO
Soy capaz de identificar, interpretar y poner nombre a mis emociones en el momento.			
Puedo identificar cómo mis emociones inciden en mi proceso de toma de decisiones.			
Estoy en condiciones de prever cómo mi forma de expresar mis emociones puede afectar a los demás.			
Sé cómo y cuándo comunicar mis emociones, según el contexto y la situación.			
Puedo emplear mis emociones para lograr mis objetivos personales.			

Elegir las respuestas

	CASI NUNCA	DE VEZ EN CUANDO	A MENUDO
Estoy capacitado para adaptar mi conducta y mis emociones en función de los cambios en el entorno.			
Puedo reconocer mis patrones de conducta y emplear herramientas para modificar aquellas que considero poco productivas.			
Me valgo de instrumentos para hacer frente al estrés, los fracasos y los reveses de la vida con actitud positiva.			
Estoy en condiciones de proponer soluciones alternativas a los problemas.			
Soy capaz de generar optimismo y mantenerlo.			

Aplicar empatía

	CASI NUNCA	DE VEZ EN CUANDO	A MENUDO
Soy comprensivo con aquellas personas que exhiben emociones y defienden perspectivas diferentes a las mías.			
Sé empatizar con los demás.			
Actúo con compasión.			
Aplico estrategias para redefinir mis reflexiones interiores negativas.			
Practico el autocuidado y la autocompasión.			

Reavivar las relaciones

	CASI NUNCA	DE VEZ EN CUANDO	A MENUDO
Soy capaz de comunicarme de manera asertiva y constructiva.			
Practico la escucha activa.			
Puedo resolver conflictos y salvar satisfactoriamente situaciones peliagudas.			
Soy una persona digna de confianza.			
Estoy en condiciones de trabajar con diversidad de personas y colectivos para alcanzar metas comunes.			

Transformar con un propósito

	CASI NUNCA	DE VEZ EN CUANDO	A MENUDO
Observo los cambios que se producen respecto a mis intereses y valores personales.			
Recurro a mis virtudes para contribuir positivamente al desarrollo de otras personas.			
Contribuyo de forma activa al desarrollo de mi comunidad.			
Entiendo por qué existen problemas sistémicos y pongo los medios necesarios para remediarlos.			
Trato de asegurar resultados equitativos para todos y de vivir una vida con propósito.			

Agradecimientos

Pedagogía con corazón: Guía para educadores sobre la educación emocional con el modelo HEART in Mind® es un libro inspirado en las numerosas experiencias y personas que han ido moldeando mi identidad como educadora y académica. Este libro conjuga mi pasión por la enseñanza con un propósito, el aprendizaje socioemocional (SEL, por sus siglas en inglés), la excelencia y equidad, y el compromiso de ofrecer mejores oportunidades para niños y niñas. Confío en que esta obra constituya una importante aportación para aquellos educadores que trabajan con entusiasmo y vocación en la formación de nuestros jóvenes.

Mi agradecimiento a todos los estudiantes, docentes, directores y padres que han contribuido a mi crecimiento y continúan inspirándome y, con ello, permitiendo que siga desarrollando una labor que me apasiona. Quisiera destacar mi agradecimiento a mi compañero, el maestro Toni Díaz del CEIP Costa i Llobera de Barcelona, donde dio comienzo mi carrera docente, así como a mis amigos y colegas de Six Seconds: Josh Freedman, la Dra. Anabel Jensen, Ilaria Boffa y Michael Eatman —entre otros— en quienes he hallado una gran familia de personas resolutas y con ideas afines. Mi sentido agradecimiento a la Dra. Susan Stillman, mi mentora y amiga querida, y la persona que con gran ahínco me animó a forjarme una carrera centrada en el aprendizaje socioemocional, apoyándome incondicionalmente ante cualquier vicisitud.

Quisiera expresar mi aprecio sin reservas a mi mentor, el Dr. Miquel Àngel Essomba de la Universitat Autònoma de Barcelona por su inestimable orientación y apoyo en la realización de un doctorado que me llevaría a descubrir mi pasión por el aprendizaje socioemocional. Debo asimismo un cariñoso agradecimiento al Dr. Rafael Bisquerra tanto por sus numerosas aportaciones al campo de la educación emocional en España y a nivel internacional, como por inspirarme a profundizar en esta materia y dar continuidad a esta labor en Estados Unidos. Contar con tus sabias palabras en el prólogo de esta obra es un sueño hecho realidad.

Gracias asimismo al Dr. Brian Perkins, así como a mis colegas y alumnos del Teachers College de la Universidad de Columbia por brindarme la oportunidad de enseñar y aprender juntos; su compromiso e integridad me impulsan a seguir adelante a pesar de los constantes desafíos. Quiero también dedicar una especial muestra de gratitud y aprecio a la Dra. Yvette Jackson, quien se ha convertido en la luz que guía mi camino. Es un honor para mí poder contar con tu sabiduría en el prólogo de la edición inglesa de esta obra. Por supuesto gracias también a mis colegas investigadores de Learning Policy Institute, por su rigor y su firme compromiso con la excelencia.

Hago extensivo mi reconocimiento a David Rust y al grupo de aprendizaje de la Hispanic Information and Telecommunications Network (HITN) por creer en mi trabajo e invitarme a formar parte de su misión en apoyo a las familias hispanas y latinas. Mi compromiso de ayudar a aquellos que han sido desatendidos por el sistema educativo se ha visto fortalecido gracias a su labor.

Mi más profundo agradecimiento a quienes han revisado con gran cariño y esmero este libro: Dra. Tia Barnes, Dra. Deborah Donahue-Keegan, Dra. Yvette Jackson, Maricela Montoy-Wilson, Dra. Susan Stillman y Dra. Shannon Wanless. No sólo me aportaron valiosas ideas y sugerencias, sino que también me dedicaron reflexiones alentadoras y me brindaron todo su apoyo. Cualquier error que persista únicamente se me puede atribuir a mí.

Deseo también manifestar mi gratitud al equipo que ha hecho posible este proyecto a través de su labor de edición, gestión de proyectos y orientación en materia de publicación: Julie Broad, Jaqueline Kyle, Melissa Sobey, Kelly Ragan, Judith Cressy y muchos otros que colaboraron incansablemente, sin hacerse notar. Agradezco especialmente a Alissa Looney la maestría y destreza de las que ha hecho gala para crear imágenes elocuentes.

Un agradecimiento muy especial va dedicado a Patricia Fernández, la brillante traductora que se apasionó con este libro como si ella misma lo hubiera escrito. Tu pasión por el trabajo bien hecho, tu empatía con el lector y tu compromiso con la autora te hacen la mejor compañera de viaje que podía haber tenido. Gracias asimismo al equipo de Tres Tipos Gráficos por todo su fantástico trabajo de diseño y maquetación del libro.

Por último, quisiera agradecer a mi familia y amigos su amor y apoyo incondicionales. A mis padres Rafi y Benito: gracias por enseñarme tantas cosas; a mi hermana Noelia, a Jordi y a mi ahijada Alèxia: gracias por apoyarme y darme ánimo durante todo este proceso. Estoy profundamente agradecida a mi abuelita Teresa, quien —sin ningún género de duda— me sigue cuidando desde el cielo. Gracias a Edgar e Irene por su constante apoyo, sin importar la hora que fuera. A mis niñas bonitas, Teresa y Clara, por levantarme siempre el ánimo con su cariño, sus risas y sus gansadas. Y a mi amado esposo, John Rethans, por no permitir que me rindiera ni renunciara a este sueño.

www.ingramcontent.com/pod-product-compliance
Lightning Source LLC
Chambersburg PA
CBHW071805080526
44589CB00012B/687